A INVENÇÃO REPUBLICANA

RENATO LESSA

A INVENÇÃO REPUBLICANA

CAMPOS SALES, AS BASES E A DECADÊNCIA
DA PRIMEIRA REPÚBLICA BRASILEIRA

3ª edição revista e aumentada

Copyright © 2015 Renato Lessa

EDITOR
José Mario Pereira

EDITORA ASSISTENTE
Christine Ajuz

REVISÃO
Cristina Pereira
José Grillo

PRODUÇÃO
Mariângela Felix

CAPA
Miriam Lerner

DIAGRAMAÇÃO
Arte das Letras

CIP-BRASIL. CATALOGAÇÃO NA FONTE.
SINDICATO NACIONAL DOS EDITORES DE LIVROS, RJ.

L632i
3. ed.

Lessa, Renato, 1954-
A invenção republicana: Campos Sales, as bases e a decadência da Primeira Republica brasileira / Renato Lessa. – 3ª ed. – Rio de Janeiro: Topbooks, 2015.
335 p.; 23 cm.

Inclui anexos
ISBN 978-85-7475-250-1

1. Salles, Campos, 1841-1913. 2. Brasil - História – República Velha, 1889-1930. 3. Brasil - Política e governo – 1889-1930. I. Título.

15-24747	CDD: 981.05
	CDU: 94 (81) 1889/1930

TODOS OS DIREITOS RESERVADOS POR
Topbooks Editora e Distribuidora de Livros Ltda.
Rua Visconde de Inhaúma, 58 / gr. 203 – Centro
Rio de Janeiro – CEP: 20091-007
Telefax: (21) 2233-8718 e 2283-1039
topbooks@topbooks.com.br/www.topbooks.com.br
Estamos também no Facebook.

Para Laura Lessa

amor me move
só por ele eu falo

DANTE, *Divina Comédia*
Inferno II, 71

e

Luís de Castro Faria
in memoriam

Pelo menos ele tinha seu senso de ordem, e uma
ordem estúpida é ainda melhor do que nenhuma.

THOMAS MANN, *Dr. Fausto*

SUMÁRIO

Prefácio à 3ª edição – *Celso Lafer* 13
Nota Introdutória à 3ª edição (2015) 19
Introdução à 2ª edição (2000) 33
Introdução à 1ª edição (1988) 44

Parte i
A DÉCADA DO CAOS (1889-1898)

I – Absurdo, aventura e veto 61
II – Os anos entrópicos (1889-1894) 97
III – A colmeia oligárquica (1894-1898) 130

Parte ii
A POLÍTICA DEMIÚRGICA (1898-1902)

IV – Saindo do caos: os procedimentos do pacto 165
V – Os fundamentos da Nova Ordem: os valores do pacto...... 193

Parte iii
AS FORMAS DA DECADÊNCIA

VI – Os novos âmbitos do absurdo 219

Conclusão 256

ANEXOS

I – *Messiânicos* e *carcomidos*: simbologia e
conflito político na campanha presidencial de 1930
(uma análise retórica das plataformas eleitorais de 1930) 265

II – Oligarquias 318

Bibliografia 329

PREFÁCIO À 3ª EDIÇÃO

Celso Lafer

O Brasil Império tem merecido muita pesquisa e análise, o que se explica dada a relevância que teve na configuração da especificidade da Independência e no papel desempenhado por suas instituições na consolidação da unidade nacional, com destaque para a ação de D. Pedro II no exercício do Poder Moderador. A Revolução de 1930, por sua vez, por ter sido consensualmente considerada um evento cujos desdobramentos assinalam as grandes transformações que deram origem, com a Era Vargas, à emergência do Brasil moderno, vem sendo o marco a partir do qual a historiografia e a ciência política brasileira têm se debruçado para elaborar estudos de grande relevo. Isso deixa em relativa penumbra a Primeira República, que, com frequência, é tida como um hiato entre o "velho" do Império e o "novo" iniciado com a Era Vargas.

Essa percepção de um hiato histórico não leva em conta a complexidade própria da Primeira República, a sua agenda de problemas e as soluções que encontrou, que explicam as características de sua persistência institucional nos 41 anos de sua duração histórica – 41 anos que tiveram implicações que se prolongam até os nossos dias. Foi a Primeira República que implantou a estrutura federativa do Estado brasileiro, que levou à criação do Supremo Tribunal Federal e ao controle da constitucionalidade das leis, que conduziu à criação do Tribunal de Contas, que separou a Igreja do Estado, que animou a imigração, que consolidou a delimitação jurídica das fronteiras do país – para dar alguns exemplos da relevância do período da Primeira República.

É por essa razão que cabe saudar a publicação da terceira edição, revista e ampliada, de *A invenção republicana* de Renato Lessa. Trata-se de uma notável contribuição ao modo de operar da política da Primeira República, que explica a sua duração e amplia o entendimento da sua lógica, objeto, *inter alia*, de importantes estudos de Maria do Carmo Campello de Souza e Fernando Henrique Cardoso. Uma contribuição que associa, de maneira superior, a História e a Teoria Política, em especial um de seus temas recorrentes – a governabilidade –, e que destaca a autonomia da política ao esclarecer como os dados socioeconômicos são moldados por atos da invenção política e institucional no processo de criação da ordem pública da Primeira República.

O ato da invenção política que assegurou a governabilidade da Primeira República, após os anos entrópicos que se sucederam à sua proclamação, se deve ao presidente Campos Sales. Foi ele que concebeu o que qualificou de "política dos estados", que veio a ser conhecida como a política dos governadores, ponto de partida de uma recorrente alternância entre São Paulo e Minas Gerais na Presidência da República – a chamada política do café com leite.

Campos Sales é, assim, o grande personagem de *A invenção republicana*, personagem importante não apenas por sua ação, mas também porque, depois de sua gestão presidencial, é, no cenário brasileiro, um raro caso de presidente que refletiu "de dentro", e não "de fora", sobre a sua experiência política, elaborando-a na perspectiva de um governante de cariz realista, com a consistência e a precisão de um pensador. Refiro-me ao *Da Propaganda à Presidência*, que foi o ponto de partida da abrangente e arguta elaboração de Renato Lessa, que deu, no seu livro, o devido alcance à invenção institucional de Campos Sales, valendo-se, ao mesmo tempo, do repertório teórico das categorias da Teoria Política, dos dados da História e da análise dos atores políticos do período, de seus interesses e de suas paixões.

A linha de análise de Lessa aponta que a República, ao trazer a negação dos critérios de organização do espaço público do Império, inaugurou um período de dilatada incerteza política que explica a entropia que assinalou os seus anos iniciais. O desafio da governabilidade caracterizou, assim, o pós-Proclamação da República, como avaliado com circunstanciada finura analítica por Renato Lessa.

A resposta a esse desafio foi dada por Campos Sales, e a engenharia política do pacto oligárquico que concebeu foi a de encontrar um equivalente funcional do Poder Moderador, ajustado às realidades políticas do país, da época. A invenção política de Campos Sales combinava a relevância da unidade nacional (legado do Império) com os particularismos estaduais, estes sendo, nas palavras de Raimundo Faoro, a expressão da "distribuição natural do poder" no Brasil entre as oligarquias estaduais. Estas, no âmbito dos seus respectivos estados, exerciam plenamente o poder, e a contrapartida que davam era assegurar, pelo controle do voto, por meio do sistema coronelista vigente nos municípios num país ainda muito rural, um Congresso dócil ao presidente da República. O exercício da Presidência, por sua vez, em eleições presidenciais controladas, cabia, de maneira rotativa, aos grandes estados, aos quais incumbia a direção dos negócios da República.

Eis aqui, em síntese, a fórmula da "política dos estados" concebida por Campos Sales, que foi, por assim dizer, a "constituição material", subjacente à primeira Constituição republicana. A fórmula de sua engenharia política baseava-se em procedimentos, mas tinha o lastro de valores. São características dos procedimentos o ter atribuído às oligarquias estaduais a definição de "povo político", ou seja, nos termos de Renato Lessa, a relação entre o *demos* e o acesso à *polis*.

Como dizia Campos Sales, "a presunção, salvo prova em contrário, é a favor daquele que se diz eleito pela política dominante no respectivo estado". A ação e o surgimento das oposições ficavam, assim, confinadas ao âmbito dos estados, e eram circunscritas pelo manejo das fraudes e da violência do processo eleitoral, pela política dominante no estado, complementados, por sua vez, pela Comissão de Verificação dos Poderes do Congresso Nacional. Este era uma espécie de segunda instância de controle, que permitia, quando necessário, a exclusão de parlamentares oposicionistas. O Poder Legislativo Nacional traduzia a distribuição estadual de poder, cuja docilidade em relação ao Executivo provinha do grau do acordo entre o presidente da República e a política dominante nos estados.

O valor da "ideia a realizar" do modelo Campos Sales era conferir ao presidente da República a capacidade de administrar com eficiência o país, e tratar de seus problemas reais, contendo o ímpeto dos particularismos oligárquicos. Modelar, nesse sentido, é a análise de Renato Lessa sobre como Campos Sales compôs o seu Ministério. Ele não considerou o seu modelo uma "hábil manobra" de curto prazo. Fez de Rodrigues Alves o seu sucessor, para dar sequência à obra de gestão governamental por ele inaugurada. Como afirmou em *Da Propaganda à Presidência*, "o espírito do meu governo deve ter continuidade no que vier a lhe suceder. Se isso não acontecer, se se der uma inversão na ordem política ou administrativa, estarão inutilizados os meus esforços e perdido o terreno que ganhamos".

É muito sugestiva também, nesse contexto, a observação de Renato Lessa de que o modelo Campos Sales pode ser entendido como uma reedição seletiva do modelo do Visconde do Uruguai, destituído, evidentemente, da preocupação com a hipercentralização política do Império, derrocada com a República, mas com ênfase num padrão concentrado de decisões administrativas nas mãos do presidente da República.

No trato do tema da governabilidade, são muito pertinentes, como o leitor verá, as observações do autor, documentadas pelos índices de rotatividade ministerial e de instabilidade governamental na Primeira República. Da mesma forma, são pertinentes as análises das tensões entre procedimentos e valores, que vieram a ser a base da decadência do modelo Campos Sales, e que contribuíram para a Revolução de 1930.

Esta terceira edição de *A invenção republicana* é enriquecida por dois apêndices: um sobre oligarquia, complemento lógico de quem se ocupou, no corpo do seu livro, com a construção do condomínio oligárquico vigente na Primeira República; o outro apêndice é uma arguta análise da retórica das plataformas eleitorais de 1930, que é parte do embate entre "messiânicos" e "carcomidos".

Cabe notar que a plataforma de Júlio Prestes – a dos "carcomidos" – tem muito da eficiência administrativa e de uma agenda de modernização que caracterizou a visão paulista da política na Primeira República. Não é, portanto, no plano das ideias, e sim no manejo da política e na "fadiga dos materiais" do modelo Campos Sales, que se encontra a explicação para a derrocada da Primeira República.

Em síntese, o tempo confirmou que este livro é um autêntico "clássico" da bibliografia brasileira da ciência política, e importante contribuição para ampliar o entendimento de um relevante período da História do nosso país.

Agosto de 2015

NOTA INTRODUTÓRIA
À 3ª EDIÇÃO
(2015)

Quinze anos passaram, desde a segunda edição de *A invenção republicana*. Entre a segunda (2000) e a primeira (1988) edição houve, ainda, um lapso de doze anos. Vinte e sete anos transitaram no mundo e em minha vida, desde que o livro veio a lume pela primeira vez, o que faz com que se imponha ao empreendimento da terceira edição um dilema: ao mesmo tempo que, dada a dilação do tempo, é algo a ser justificado, é matéria sobre a qual muito pouco deve ser dito. Dar uma explicação mínima para a reincidência e, ao mesmo tempo, evitar a tentação da reescritura e da suplementação: trata-se de algo que tentarei equilibrar na nota que se segue.

Nesta nova edição resisti à tentação – ou, se calhar, ao imperativo – de tudo reescrever. Não que tenha abjurado argumentos centrais do ensaio. O impulso da reescritura reside antes na fantasia de que, com o passar do tempo, estamos aptos a suplementar e corrigir o que fizemos por meio de atos e palavras. Se fosse humanamente possível, era bem o caso de admitir que o inverso teria sido mais útil e apropriado, ou seja, suplementar e corrigir por antecipação nossas ações e alucinações, antes mesmo que a incompletude e o desvario venham a estabelecer seu inelutável império sobre nossas vidas. De qualquer modo, limitei-me a intervenções tópicas, com pequenos acréscimos e supressões e uma que outra mitigação de exageros estilísticos, sem suprimir da imagem atual o vulto do autor original. Ocupei-me sobretudo de eliminar marcadores linguísticos de certeza: ímpetos de demonstração cederam espaço ao desejo de sugerir e argumentar. Nada aqui se demonstra. É mesmo o caso de reconhecer que o que aqui se almeja seja menos o convencimento e mais o riso condescendente do leitor, um esgar de simpatia e empatia pelos meus motivos; um deixar-se levar pelas sugestões e hipóteses apresentadas, ainda que se venham a revelar como pouco críveis. Procurei eliminar, ainda, alguns barbarismos politológicos, que teimaram em permanecer quando da revisão a que procedi para a segunda edição, mas não a ponto de apagar a evidência de que o livro resultou de um ambiente intelectual no qual a linguagem da ciência política compareceu, ainda que associada e, por não poucas vezes, submetida a argumentos de natureza filosófica e histórica.

A mudança de maior vulto introduzida na presente edição diz respeito ao acréscimo de dois anexos. O primeiro contém uma análise das plataformas presidenciais dos candidatos à Presidência da República – Júlio Prestes e Getúlio Vargas –, na campanha eleitoral de 1929/1930. Trata-se de ensaio cuja elaboração iniciei no fim da década de 1970, quando pertencia ao corpo de pesquisadores do Centro de Pesquisas e Documentação em História Contemporânea do Brasil – CPDOC –, da Fundação Getúlio Vargas. Anos mais tarde retomei o texto abandonado, em função de conversas com o saudoso Edmundo Campos Coelho, então professor de sociologia do Instituto Universitário de Pesquisas do Rio de Janeiro – Iuperj –, a quem sou grato pela escuta e pelas sugestões sobre o papel da retórica no âmbito das ciências sociais[1]. Resolvi submeter o ensaio em questão a uma revisão de estilo e incluí-lo na presente edição, com a convicção de que mantém com o livro uma afinidade temática forte. Com efeito, o capítulo final de *A invenção republicana* abriga algumas suposições a respeito da crise final do regime de 1891, no contexto dos anos 1929 e 1930, ao qual se encontram plenamente vinculadas as duas plataformas analisadas. Tanto quanto sei, é a única análise pormenorizada sobre o conteúdo de dois documentos inscritos no cenário de crise final da Primeira República brasileira.

O segundo anexo contém a íntegra do verbete *Oligarquias,* que, a pedido de Alzira Alves Abreu, escrevi para o *Dicionário histórico-biográfico da Primeira República*, por ela organizado no CPDOC[2]. A inclusão nesta edição justifica-se, ela também, pela afinidade com os temas deste livro.

As razões para a elaboração do ensaio que viria a receber o título de *A invenção republicana* estão postas – e seguem íntegras – tanto nas introduções às edições anteriores como em passagens do próprio texto. Sua primeira versão resultou de tese de mestrado, defendida em 1987, depois de quase uma década de envolvimento tanto com as dimensões históricas que circundam o tema – a Primeira República brasileira e sua crise –, quanto com um renitente trabalho de imersão no campo da filosofia política, em geral, e no da tradição do ceticismo filosófico, em particular. Tal fusão um tanto bizarra, concedo, foi

---

[1] Edmundo Campos Coelho, precocemente falecido em 2001, além de leitor fino e atento a heterodoxias, foi autor de um dos livros mais inteligentes e bem construídos a respeito do papel político do Exército brasileiro, *Em busca de identidade: o Exército e a política na sociedade brasileira.* Rio de Janeiro: Forense Universitária, 1976. Trata-se de obra incontornável. Vali-me da análise de Edmundo Campos quando cuidei, no capítulo 2 deste livro, da presença militar nos primeiros anos da República.

[2] Ver http://cpdoc.fgv.br/dicionario-primeira-republica.

propiciada pelo privilégio de ter desfrutado – como estudante e pesquisador – da cultura intelectual e institucional de duas das mais importantes casas de pesquisa e ensino do país, no campo das ciências sociais no final do século passado, a saber, os já mencionados CPDOC e Iuperj. Duas instituições na altura contaminadas por forte ambiente de inovação intelectual e experimentação, a primeira pelas condições excelentes e profissionais que proporcionava para a prática da pesquisa a respeito da história política brasileira e a segunda pela abertura que então mantinha com relação a diversas linguagens no campo das humanidades, e não apenas aos aspectos técnicos e inerentes ao tratamento da política tal como ela é.

Por força de hábitos mentais muito arraigados, inclinamo-nos a pensar a história brasileira como uma série composta por fragmentos de tempo descontínuos e desconectados. Um revisionismo histórico e político infrene, ao que parece, assola-nos, a sugerir que estamos sempre a recomeçar e que tudo que antecede a cada recomeço não conta como exemplo ou mesmo como chave elucidativa do que se lhe sucede.

Ainda que a atitude não dispense certo componente mitológico, a narrativa que os norte-americanos fazem a respeito de si mesmos, de modo invariável, evoca a saga dos *Founding Fathers* e a dos *Framers* da Constituição de 1787. Não raro, interpretam e lidam com dilemas contemporâneos na suposição de poder contar com iluminação derivada da consulta sistemática a suas origens. A presença de um sistema judicial, fundado na *Common Law*, com sua dependência da jurisprudência e da tradição, reforça o vínculo que faz do passado uma orientação para lidar com o presente e o futuro. Como resultado, tem-se sempre a sensação da imanência de uma história de larga duração, na qual o presente e os desenhos de futuro não fazem sentido sem a evocação e a orientação dos atos de fundação.

Um dos mitos nacionais brasileiros mais resilientes, ao contrário, fixa-nos no que virá. Em certo sentido, nosso passado é composto por imagens pretéritas do porvir. Tal projeção acaba por fazer com que a inteligibilidade do presente dependa da capacidade de construir cenários e de proceder a uma espécie de colonização do futuro. Nada de errado com isso, já que a presença de um componente alucinatório é condição necessária para a invenção e para a mudança. O problema consiste nas suposições de que não há passado e de que não há linhas de continuidade que marcam nossos dilemas e escolhas civilizacionais.

Por força da desconsideração das linhas de médio e longo prazo, períodos não tão remotos da história política, social e cultural do país, tais como os tempos da Primeira República, ganham foros de coisas indistintas, vagas, dissolvidas em eras remotas e intransitivas; tempos que não nos transmitem sensações de nexo e de ascendência: no fundo, não teríamos vindo de lá; seríamos, em termos históricos, seres sem anterioridade. Os retratos de nossos antepassados, registrados naqueles tempos, sugerem, com efeito, um vínculo com países distantes, dos quais sua descendência brasileira parece ter-se exilado.

Os episódios que marcam tais tempos remotos fenecem, ainda, diante da crítica corrosiva, por meio de implacáveis exercícios de ressentimento retrospectivo: teria sido falsa a independência, hipócrita a abolição, inócua a República de 1889, incompleta a democracia de 1946 e, por fim, decepcionante o processo de redemocratização iniciado com a Constituição de 1988. A imagem de uma história de acumulações negativas impôs-se ao país como requisito compulsório da consciência crítica. Quando fazemos narrativas de longo prazo, servem elas para instituir passivos históricos, graves frustrações civilizatórias e imperativos de reparação.

Um dos sinais desse verdadeiro cronocídio é a ausência, por suposta obsolescência, de esforços de construção de narrativas históricas autorais de longo prazo. O último grande empreendimento de uma História do Brasil, dotada de lastro intelectual significativo e fundacional, foi o da célebre *História geral da civilização brasileira*, grande projeto lançado por Sérgio Buarque de Holanda, há quase meio século, e continuado por Boris Fausto, que se ocupou do período republicano[3]. O volume dedicado à obra político-institucional do Segundo Reinado, escrito por Sérgio Buarque de Holanda, constitui, a meu juízo, o ápice da escritura histórica no país.

Avançou-se imenso, por certo, no que diz respeito à pesquisa histórica no Brasil, dotada hoje de notáveis ilhas de excelência. Nesse quadro de inequívoco progresso avançamos menos, contudo, no que diz respeito à atenção a linhas de continuidade e ao desabamento do tempo sobre a duração das coisas.

Um dos períodos ainda descurados na inquirição histórica brasileira diz respeito à Primeira República (1889-1930). Se compararmos com a quantidade de estudos, ensaios, teses e livros dedicados tanto ao século XIX brasileiro quanto ao período colonial, o contraste será gritante. Tal sensação de escassez talvez se deva à superstição de que a sociedade e a política nos anos da República Velha seriam dotadas de baixa complexidade. Um país agrário, dominado por oligarquias regionais, com peso reduzido do cenário urbano e industrial, com classes médias diminutas, dependentes do emprego pú-

---

[3] Cf. Sérgio Buarque de Hollanda. *História geral da civilização brasileira*, tomos I e II. São Paulo, Difel, 1960 e Boris Fausto, *História geral da civilização brasileira*, tomos III. São Paulo, Difel, 1977.

blico e de serviços aos empreendimentos agrários, entre outras características, não teria apresentado a seus estudiosos maiores exigências de complexidade analítica. A vida política, por exemplo, seria meramente algo que gravita em torno das implicações da lógica agrário-exportadora. No mais, um país governado por poucos – por oligarcas – que se ocupam dos postos públicos como se fossem prebendas para neles fixar seus interesses materiais, de família e/ou de classe.

Um dos argumentos de primeira filosofia inscritos neste livro sugere que o quadro cultural e institucional no qual se inscrevia a política brasileira do período era dotado de razoável complexidade. O desenho das instituições e dos hábitos políticos não derivou tão somente de imperativos postos pela "estrutura econômica" ou "material" da sociedade. Elementos de, digamos, *cultura imaterial* estiveram lá presentes. Crenças a respeito do que deve ser uma ordem política – acompanhada de crenças a respeito *do que não deve ser* – cumpriram papel relevante, tal como indica o esforço de operadores políticos da estatura do presidente Campos Sales, que nos governou entre 1898 e 1902.

Em outros termos, esteve sempre presente na construção do meu argumento uma recusa em perceber a Primeira República brasileira como um ordenamento social e político simples. Isto é, como uma forma social cuja complexidade não teria excedido o âmbito do predomínio das elites agrárias e o da conformação da ordem política como reflexo de seus interesses de classe. A configuração da ordem política seria tão somente a de um arranjo cujo sentido decorreria de uma projeção natural da economia sobre a vida pública. Não se trata, por outro lado, de negar a existência de tais vínculos. Em medida em nada pequena, o sentido da política é afetado pelo que se passa na vida social, algo esquecido pelo institucionalismo triunfante no âmbito da ciência política. No entanto, o modo pelo qual dimensões econômicas, sociais ou culturais afetam a vida política é, por sua vez, afetado por circunstâncias por vezes imprevisíveis, derivadas do absurdo da vida, das próprias confusões e perplexidades da política e de dinâmicas inerciais e arcaicas, que sempre subsistem no meio de nós.

Graças às crenças e ao tirocínio hiper-realistas de Campos Sales, a estabilidade republicana foi alcançada pela definição de um *modus vivendi* – não isento de tensões – entre a autoridade presidencial e as oligarquias estaduais que controlavam as unidades da federação. A posteridade atribuiu ao arranjo o nome de "Política dos Governadores". O próprio Campos Sales preferiu usar a expressão "Política dos Estados". Qualquer que seja o nome adotado, fixou-se na política brasileira, com claras implicações de longo prazo, um padrão pelo qual – para usar expressão da lavra do ex-presidente Fernando Henrique Cardoso – o país é ingovernável sem a presença governativa do "atraso". Em outros termos, as oligarquias impõem ao país seu ritmo, suas crenças, seus hábitos patrimoniais heterodoxos e seus ímpetos demofóbicos. Por realismo, os que se apresentam como "modernizadores" não podem dispensar o reconhecimento da existência daquilo que Raymundo Faoro, em cunhagem inspirada, designou como "a distribuição natural do poder". A estabilidade política dá-se, então, ao preço de pesado conservadorismo cultural e social, quando não de tolerância à heterodoxia penal. Os obcecados pelo tema da estabilidade política perdem de vista o quanto as chamadas "bases da governabilidade" – a uma só vez, piso e teto do sistema político – fixam o limite da inovação política e social e da deterioração tanto da cultura política como da ética social.

Em termos mais específicos, um dos argumento deste livro é o de que o arranjo político implantado no governo Campos

Sales – 1898-1902 – foi diretamente marcado pela experiência caótica dos dez primeiros anos de regime republicano. Isto levou-me a sustentar que a República consolidada a partir daquele quatriênio demarcou-se não tanto do legado da Monarquia, quanto da experiência da sua própria infância. Ao mesmo tempo, procurei indicar que a Política dos Governadores – ou dos Estados –, mais do que um arranjo conjuntural com vistas a garantir estabilidade política momentânea, movida assim por questões emergenciais, pode ser melhor caracterizada como ato de invenção política e institucional; uma iniciativa que acabou por marcar toda a história da Primeira República, com implicações para a posteridade.

O termo "invenção", substantivo aposto ao título do livro, releva esta ênfase: ordens políticas são *inventadas*, não decorrem da dinâmica espontânea dos fatos. É que a ideia de ordem é inerentemente antinatural: as coisas por si sós, em sua dinâmica espontânea e natural, são erráticas e amorfas. Cabe ao espírito humano, movido por uma alucinação que lhe é própria, inventar e simular formas de ordem, como contraponto ao caráter centrífugo e desordenado das coisas. Somos mesmo movidos por um desejo infrene de suplementação da experiência do mundo. É mesmo a natureza da política que aqui se apresenta: uma atividade humana que *suplementa a experiência*, por meio de *atos de invenção*.

Que não se tome a ênfase no termo "invenção" como sinal de intervenção onipotente dos sujeitos políticos, que seriam capazes de criar artefactos institucionais do nada, com pleno controle sobre seus efeitos. Não se trata disso. Os esforços de invenção são inerentes à natureza humana e, por extensão, à política, mas sempre efetuados em cenários de ignorância e incerteza, além de atravessados pela presença de mapas cognitivos e crenças de natureza diversa. Na querela entre construtivismo e espontaneísmo – entre as ideias de *ordem como derivada da prefiguração racional* e *ordem derivada do acaso* – seria mesmo o caso de adotar a seguinte postura: *esforços construtivistas são elementos sempre presentes em processos cuja dinâmica é aberta ao acaso e à incerteza*. A tensão aí implicada é a que se afirma entre a presença de processos espontâneos e a operação de inúmeros esforços por dotar a toleima humana de um mínimo de ordem e sentido. Construtivismo e espontaneísmo são, pois, partes complementares e tensas do processo de fabricação humana do mundo. Desconheço construtivista que não tenha sido vitimado pelo acaso e pela surpresa, assim como espontaneísta que não tenha opiniões a respeito de como as coisas devem ser.

Na Introdução à segunda edição de *A invenção republicana* creio ter formulado com a maior clareza de que sou capaz o que seria a inscrição (in)disciplinar deste ensaio. Na altura disse que se trata de *um exercício de história política filosoficamente orientado*. De qualquer modo, aspectos tais como incerteza, ação das crenças, modelos cognitivos e geração de efeitos não pretendidos bem constituem o *bedrock* da minha narrativa a respeito do que se passou durante a Primeira República brasileira. A abordagem, portanto, é marcada pela adesão a uma perspectiva a um só tempo construtivista e cética: inventamos o mundo, mas não sabemos bem do que se trata, que mundo acaba por ser inventado. Quando concebi a formulação central do ensaio e quando o escrevi, ainda não conhecia a obra seminal do filósofo norte-americano Nelson Goodman, *Ways of Worldmaking*[4]. Anos depois, ao fazê-lo, foi uma alegria reconhecer que minhas intuições filosóficas

---

[4] Cf. Nelson Goodman. *Ways of Worldmaking*. Indianapolis, Hackett Publishing, 1978.

podiam ser abrigadas na perspectiva aberta por Goodman
– ele mesmo caudatário declarado das seminais *Filosofia das formas simbólicas*, de Ernest Cassirer, e *Investigações filosóficas*, de Ludwig Wittgenstein –, sobretudo a partir da ideia de fabricação de mundos por meio de símbolos.

Passados mais de 130 anos da implantação da República, é o caso de perguntar: a obra política e institucional de Campos Sales (ainda) faz sentido? Ou, em outros termos: a Primeira República ainda está entre nós?

Como nenhum outro presidente, Campos Sales contou sua história de próprio punho. Disse, de forma clara, como as coisas foram feitas. Em passagem memorável, referida em pormenor neste livro, Campos Sales declina da sugestão de convocar uma ampla reunião, com todos os chefes estaduais, para garantir apoio a seu governo. Dizendo-se infenso às grandes reuniões, o presidente sai-se com esta: quem procura ouvir as opiniões alheias arrisca-se a mudar as suas próprias. Ao que acrescenta de modo singelo: "e era exatamente isto o que eu queria evitar". Seu livro *Da propaganda à presidência* é obra inestimável para a elucidação dos padrões políticos consolidados na Primeira República e, em medida considerável, ainda presentes no meio de nós. *Da propaganda à presidência* tem o mérito – lido hoje há quase século e meio de distância – de trazer-nos o passado que nos pertence e nos constituiu, e de o poder pôr na algibeira.

Passado não é o que passou na linha do tempo. É, antes, o que se deposita no fundo e condiciona a geologia das camadas que lhe sucedem na ordem do tempo. A história das sociedades tem parte com o que Freud descreveu em *O mal-estar na cultura*, a respeito das camadas que formam o inconsciente. Ao imaginar uma tópica do inconsciente, em um primeiro momento, Freud lançou mão de imagens arqueológicas, ao comparar a mente a uma superposição incontável de cidades soterradas no curso da longa duração, utilizando para tal o exemplo da arqueologia romana, que tão bem conhecia. Em seguida, acrescenta à intuição arqueológica o suplemento de que, ao falarmos da mente e do inconsciente, todas as camadas são atuais e copresentes, de algum modo, na configuração do que nos é contemporâneo. A descoberta, fundamental para a psicanálise, é de imensa utilidade para a reflexão sobre a história, um experimento no qual acidentes configuram necessidades. Possui particular relevância diante da aversão à diacronia – com a correspondente obsessão pela sincronia – que tão bem marca o gueto cultural e epistemológico no qual se confinou parte da ciência política contemporânea.

O *modo da presença* da Primeira República no nosso presente – e, se calhar, no nosso futuro – não diz respeito à continuidade na forma das instituições. Com efeito, em praticamente nada o Estado brasileiro contemporâneo se assemelha aos modos de operação do minúsculo Estado oligárquico. Não creio que seja por tais meandros que alguma aproximação possa ser feita. A linha de continuidade pode ser detectada, a meu juízo, em duas dimensões fundamentais:

1. O mito do país ingovernável sem o concurso de elites predatórias. Trata-se de um mantra que se inscreveu no coração da filosofia pública brasileira, a sustentar a existência de uma natureza indelével e inerente ao sistema político e a sua cultura.

2. Uma concepção de representação segundo a qual o vínculo entre representantes e representados – vale dizer, entre eleitos e eleitores ou entre *polis* e *demos* – possui menos relevância do que o que se estabelece entre os representantes e o governo. A teoria e a prática que disto resultam estabelecem uma doutrina segundo a qual representação signifi-

ca coextensividade entre segmentos da *polis* e ocupação de espaços no governo. O governo representativo, nesta chave, é aquele que abriga em suas estruturas e operações segmentos significativos da *polis*, em detrimento das relações entre esta e o universo dos eleitores. Representação, portanto, significa *fazer-se representar no governo*, por parte dos representantes. Não se trata do *regime dos representados*, mas do *regime da representação dos representantes*. Tal substrato esteve presente no Modelo Campos Sales e constitui, ao mesmo tempo, um dos elementos essenciais do assim chamado "presidencialismo de coalizão". Não há como negar, por sua vez, que a fórmula atualmente vigente seja um arranjo político-institucional que preserva mecanismos sociais e culturais de natureza oligárquica.

* * *

Para uma Introdução que acenou com a brevidade, esta já se faz longa. Altura de encerrar, não sem antes reconhecer a presença, nas últimas décadas, de importantes pesquisas e análises a respeito da Primeira República. Em meio a um conjunto significativo de livros e artigos, dois trabalhos, a meu juízo, parecem-me notáveis.

O livro de Cristina Buarque de Hollanda, *Modos da representação política: o experimento da Primeira República brasileira*, ilumina com raro brilho um aspecto descurado pelas análises da história política da Primeira República: o tema da representação[5]. Em grande medida, introduz um forte reparo ao risco de generalização em que incorri ao vincular a repre-

---

[5] Cristina Buarque de Hollanda. *Modos da representação política: o experimento da Primeira República brasileira*. Belo Horizonte, Editora UFMG, 2009.

sentação exclusivamente à presença da *polis* no governo. O livro de Cristina indica, com farta e inédita pesquisa, que a despeito de tudo, o parlamento brasileiro no período da República Velha abrigou intenso debate – ao qual se vincularam publicistas e intelectuais não políticos – a respeito de formas e modelos de representação. Um dos heróis de seu livro – o bravo Joaquim Francisco de Assis Brasil –, responsável pelo Código Eleitoral de 1932, elaborou suas concepções de representação, presentes no atual desenho do sistema eleitoral brasileiro, durante os debates ocorridos na Primeira República.

A historiadora portuguesa Isabel Corrêa da Silva escreveu livro luminoso e original, em busca de uma aproximação entre as repúblicas brasileira e portuguesa, na obra *Espelho fraterno: o Brasil e o republicanismo português na transição para o século XX*[6]. O livro explora, de modo brilhante e inédito e com olho crítico, a suposição de que o advento da República no Brasil teria impactado diretamente e influenciado normativamente o movimento republicano português. Além de sustentar-se em farta pesquisa bibliográfica – praticamente tudo o que se escreveu sobre o assunto –, o livro analisa, ainda, as atitudes da comunidade portuguesa no Brasil, com relação ao advento do novo regime em Portugal, em 1910[7].

Dois livros brilhantes, a indicar que novos caminhos de investigação seguem abertos, a respeito da Primeira República brasileira.

Rio de Janeiro, março de 2015.

---

[6] Isabel Corrêa da Silva. *Espelho fraterno: o Brasil e o republicanismo português na transição para o século XX*, Lisboa, Divina Comédia, 2013.

[7] Devem ser mencionados, ainda, os livros de Ana Luiza Backes. *Fundamentos da ordem republicana: repensando o Pacto de Campos Sales*. Brasília, Câmara dos Deputados, Coordenação de Publicações, 2006 e de Claudia Viscardi, *O teatro das oligarquias*. Belo Horizonte, Fino Traço, 2009.

INTRODUÇÃO
À 2ª EDIÇÃO
(2000)

Richard Ellman, em seu monumental *James Joyce*, reproduz um diálogo havido entre seu principal personagem e seu então secretário, Samuel Beckett. Os termos da rápida peça de conversação não pararam de me encantar, desde que a mim se apresentaram, em janeiro de 1988, em uma cabine de trem, em algum lugar entre Dublin e Dundalk, na República da Irlanda. Não sei se contaminado pela paisagem, pela úmida aridez invernal das árvores desfolhadas ou pela invencível memória química dos excessos de Guiness, o diálogo revelado por Ellman acabou por me perder. Em meio a infindável silêncio, que tornaria desprezível e diminuto o *ápeiron* de Anaximandro de Mileto, Joyce dirige a Beckett a seguinte pergunta: *Como o idealista Hume pode ter escrito uma história?* Sitiado por um silêncio similar – contido em um inverno tal como o que eu via, acho eu – Beckett retruca, como que a insinuar a ausência de qualquer aberração: *Trata-se de uma história de representações*[8].

---

[8] Richard Ellman. *James Joyce*. Oxford, Oxford University Press, 1987, p. 648.

A dúvida de Joyce foi com certeza provocada pela leitura da extensa *História da Inglaterra*[9], escrita por David Hume, editada postumamente em 1788, e que percorre a história daquela nação desde a invasão de Júlio Cesar até a Revolução de 1688. O aspecto mais notável desse ensaio histórico de Hume foi o da importância que conferiu às representações, crenças, superstições e capacidades de improvisação como *bases objetivas* – vale a provocação – de escolhas e padrões institucionais. Em uma passagem admirável daquela obra, Hume apresenta, de forma abertamente elogiosa, o patrimônio institucional inglês e sua experiência histórica. A excelência desse legado foi por ele resumida na expressão *happy security*. O elogio percorre algumas linhas, para desembocar no seguinte comentário: tudo isso sustentado por alguns poucos absurdos puritanos (*puritanical absurdities*)[10].

O historiador em Hume esclarece e enriquece aspectos importantes de sua reflexão política. Neste último campo, *le bon David* é tido como ferrenho realista e institucionalista. Comentadores do porte de Duncan Forbes[11] atestam esta dimensão da ciência humeana da política: uma atividade intelectual que descreve, observa e estabelece proposições consistentes a respeito do desempenho das instituições. O otimismo epistemológico de Duncan Forbes parece ter sido autorizado pelo próprio David Hume em seu ensaio *That Politics may be*

---

[9] David Hume. *History of England, from the Invasion of Julius Cesar to the Revolution of 1688*. Indianapolis, Liberty Fund, 1983.

[10] A passagem completa deve ser registrada: *On the whole, the English have no reason to be in love with the Picture of absolute monarchy, or to prefer the unlimited authority of the prince, and his unbounded prerrogatives, to that noble liberty, that sweet equality, and the happy security by which they are presente distinguished above all nations in the universe.* Cf. David Hume, op. cit., vol IV, p. 215.

[11] Duncan Forbes. *Hume's Philosphical Politics*. Cambridge, Cambridge University Press, 1975.

reduced to a Science[12]. O que a ironia do comentário de Hume, na *História da Inglaterra*, sugere é que instituições e regimes políticos não resultam de causas e determinações necessárias, cuja interpretação correta exigiria a mediação de entes extraordinários. Eles podem simplesmente ter por fundamento superstições, crenças e comportamentos ditados pela expediência e pelo acaso. Semelhante combinação de acidentes e idiossincrasias não retira das instituições e dos seus resultados históricos um milímetro de objetividade. Ao contrário, é essa mescla que constitui a matéria nobre da (des)ordem histórica, protagonizada por homens comuns, por entes que erram, agem, arriscam e ignoram.

A invenção republicana, ensaio originalmente escrito em 1987, trata do impacto de algumas superstições institucionais sobre um período crítico da história política brasileira, o da inauguração do regime republicano. Trata-se, em boa medida, de uma *história de representações*. Lendo hoje os originais do livro, escrito há uma década, resulta ainda mais evidente que não me propus na ocasião a escrever uma história da implantação do modelo político oligárquico no Brasil. É certo que marcas e sinais dessa história serão aqui encontrados, mas o que me motivou – e disso não me arrependo – foi destacar, além do papel de diversas concepções de ordem e de excelência institucional na configuração do mundo público, presentes no momento de inauguração da República, o modo pelo qual essas imagens interagiram com o mundo da política real ou, segundo a apropriada expressão de Raymundo Faoro, com o mundo da *distribuição natural do poder.*

---

[12] David Hume. *Essays: Moral, Political, and Literary*. Indianapolis, Liberty Fund, 1985 (1742), pp. 14-31.

O livro trata da vitória de um conjunto de imagens e representações a respeito da política e da sociedade brasileiras que resultou em um arranjo institucional com alguma durabilidade – cerca de três décadas. Arranjo dotado de duas características formais fortes: (i) a transformação de um conjunto de soluções de expediência, voltadas para problemas de curto prazo, em um modelo permanente de interação entre atores e instituições e (ii) a presença de uma forte tensão, no seu interior, entre formas distintas de comportamento político e de concepção a respeito do papel das instituições e do poder público. Em termos mais precisos, o arranjo político estabelecido por Campos Sales visava tão somente obter aquiescência das principais oligarquias estaduais e controlar a dinâmica legisltativa, para obter do Congresso maioria incondicional para governar. Os mecanismos empregados para obter esse resultado de curto prazo acabaram, contudo, por criar procedimentos permanentes que viriam a marcar toda a história da Primeira República brasileira. Sendo assim, o que era contingente transformou-se em necessidade.

Por outro lado, o modelo implantado por Campos Sales ¬ o da *política dos estados*, ou *dos governadores* – visava estabelecer uma camada protetora em torno do governo federal, isolando-o das demandas particularistas de oligarquias estaduais. O governo é apresentado por Campos Sales como um ente despolitizado, voltado para a obra de administração do país, para o altruísmo e o bem público. Mas, o arranjo prático estabelecido para dotar o presidente de tal autonomia pressupôs o livre curso para o exercício da predação e violência oligárquicas nos diversos estados da federação. Seria fácil lidar com esse paradoxo, alegando que os valores e opiniões emitidos pelos atores políticos envolvidos nesse processo de criação política e institucional não passam de derivações ou fantasias, dotadas da finalidade de encobrir a realidade. Seria fácil, mas não para mim. Tendo feito com que desistisse da conquista de um atalho que conduza à assim chamada realidade última das coisas, o ceticismo fez-me antes de tudo um crédulo: até prova em contrário, fantasias e superstições políticas e institucionais são dotadas da capacidade de produzir efeitos práticos e publicamente perceptíveis. Uma ideia não se faz inteligível pela descoberta dos supostos interesses ocultos que a movem, mas pelos seus efeitos visíveis. Não estou, pois – como não estava há dez anos –, em condições de atestar a falsidade ou correção das razões fornecidas pelos atores políticos para dotar de significado as suas ações e escolhas.

Mas, não pretendi com o livro tratar apenas do tema da invenção institucional, tendo por base histórica a fundação da Primeira República. Nele se encontra, ainda, uma sugestão para o entendimento da crise final do regime, em 1930. Com efeito, o livro, tendo tomado como ponto de partida o tema da invenção institucional, acolhe em seu final outro domínio que segue a me fascinar, o da decadência política e institucional. Em outras palavras, trata-se do megatema da *falibilidade humana* e da *obsolescência necessária das instituições*. Concedo que tal fascínio possa ser debitado a alguma inclinação pessoal bizarra, mas creio que a dimensão humana ordinária, que inclui os artefactos que ela implanta no mundo, é melhor revelada pelo ângulo da imperfeição e da capacidade de inventar coisas perecíveis.

Ao contrário do que uma aproximação rápida pode sugerir, *invenção* e *decadência* estão fortemente associadas. A criação de novos contextos institucionais põe em ação no mundo uma miríade de lógicas e processos, cujos efeitos não podem ser antecipados de modo pleno. Mais do que isso, os componentes desse processo não são dotados do que poderíamos designar como *propriedades simpáticas*. Em outras palavras, não há garantia de que sejam mutuamente adequados e de que, de forma combinada, terão um desempenho agregado ótimo. Seria ingenuidade supor que em processos de tal complexidade, cada componente seja dotado de algo como um código genético que garanta a possibilidade de convergência e complementaridade com outros aspectos envolvidos. A invenção institucional, além de revolver o passado, é uma atividade aberta ao erro, à ignorância e à inescrutabilidade do futuro.

Se considerarmos a história institucional republicana, a Primeira República brasileira foi sua fórmula política mais perene. Seus cerca de trinta anos – se contarmos do governo Campos Sales à Revolução de 1930 – superam, em duração, qualquer período subsequente de nossa trajetória política. Os regimes de 1964 (cerca de vinte anos) e 1946 (dezoito anos) ocupam nessa história, respectivamente, o segundo e o terceiro lugares. Não obstante, seguimos sabendo pouco a respeito do regime político destruído em 1930[13].

Antes de tudo, é importante reconhecer a enorme distância existencial estabelecida entre o Brasil contemporâneo e o Brasil da Primeira República. Não me refiro à óbvia descontinuidade institucional existente entre os dois momentos, mas ao extremo grau de estranhamento entre eles. Ainda que sobrevivências atávicas possam ser detectadas – e, ainda

---

[13] Nota da 3ª edição: a comparação de durabilidade deve ser, é evidente, revista. Se esse foi o quadro em 1998 – data de redação desta introdução – a situação que se apresenta em 2013 é parcialmente distinta: segue valendo o juízo de durabilidade maior da Primeira República (cerca de trinta anos), mas a República de 1988 já vem nos seus calcanhares: completa em 2015 vinte e sete anos de existência.

assim, mais como acusações do que como marcas rigorosas de continuidade –, aquele passado parece não explicar o que hoje somos. Nossa experiência do histórico parece fazer do passado algo sempre muito remoto. O passado é desprovido de qualquer positividade: começo, tradição inaugural, mito de origem, referência civilizatória, oráculo etc. É tão somente algo *por onde já se passou* e cujas peculiaridades não iluminam momentos subsequentes; é algo remoto, inessencial para o que se seguiu e, sobretudo, existencialmente estranho.

O Brasil da Primeira República tem a fisionomia de uma outra sociedade, de uma outra história: nós não nos reconhecemos nesse passado, da mesma forma que não investigamos nossa sociedade colonial como forma de autoconhecimento civilizatório, talvez porque ela nos envergonhe, por tacanha, violenta e, a crer em Oliveira Vianna, não solidária. Quando nos debruçamos sobre tais objetos, os afirmamos como estranhos e como portadores de uma alteridade radical. É como se não resultássemos, de alguma forma, daquele passado.

Ignoro as razões de nosso desconhecimento relativo da experiência institucional da Primeira República. De certo modo, o estoque disponível de conhecimento a respeito das instituições e da política brasileiras sob a Monarquia é superior. Sigo, portanto, sustentando o registro que fiz na Introdução à 1ª edição deste livro, ao destacar nosso desconhecimento a respeito de itens cruciais para a avaliação de qualquer ordem política: formação e desempenho das burocracias públicas, papel e comportamento do Legislativo, geração e domesticação das crises políticas, entre outros. Desconfio de que parte dessa lacuna se deve à superstição de que a experiência política e social da Primeira República é próxima à de uma *sociedade simples*, para usar de modo intencional vocabulário em desuso. A *simplicidade* da República Velha, tão distante da *complexidade* do Brasil contemporâneo, faz, por exemplo, com que Prudente de Moraes possa ser visto como uma espécie do gênero que inclui Tomé de Souza ou o conde dos Arcos, mas não inclui Getúlio Vargas ou próceres ainda mais recentes.

A ilusão de simplicidade deu curso à indigência analítica. A exposição de oligarcas agrários, seu assalto ao Tesouro, as falcatruas eleitorais, o folclore coronelista, tudo isso deu alento à surrada hipótese de que o exercício do poder político é um efeito do predomínio econômico e social. Aqui pode estar, com efeito, uma das razões do desinteresse analítico pelo experimento institucional da Primeira República: a sensação de que tudo já foi explicado. Ainda assim, nos últimos anos, aspectos parciais da vida brasileira, nos anos finais do Império e no início da República, passaram a ser considerados para fins de pesquisa. A última década testemunhou um considerável aumento de interesse analítico, por exemplo, pelas cidades. A análise do urbano libertou-se de sua circunstância acadêmica inicial, a dos estudos urbanos – protagonizados por urbanistas, sociólogos, demógrafos, antropólogos e, com menor frequência, cientistas políticos – e passou a habitar a agenda nobre das disciplinas que lidam com a vida social. Em outras palavras, de uma *especialidade*, o urbano passou a ser um *problema* que atravessa várias disciplinas. É de se notar, por exemplo, o enorme interesse analítico manifesto por historiadores sobre o assunto. No entanto, novidades com relação a objetos de análise não garantem inovações intelectuais. Velhos paradigmas podem se apoderar de objetos inéditos. Assim, as cidades, com frequência, se apresentam como novas circunstâncias sobre as quais é possível detectar a marcha deletéria e inelutável do capital, fazendo de qualquer preferência arquitetônica, higiênica ou urbanística a ponta de uma trama urdida pelas estruturas e pelas classes dominantes. Parece não passar pela mente de analistas assim caracterizados a hipótese de que as assim denominadas classes dominantes sejam bestiais – e não no belo sentido luso do termo, é claro. Creio, enfim, que é hipótese digna de respeito a suposição de que as elites sociais possam ser possuídas por doses elevadas de truculência e estupidez, ainda que eu não possa prová-lo com índices e medidas. Mas, a despeito disso, a hipótese é crível.

Da mesma forma, a utilização indiscriminada de ecos foucaultianos faz da associação entre cientistas e administradores um grandioso dispositivo de *articulação* – e essa palavra é compulsória, embora incompreensível fora de uma análise ortopédica – entre Saber e Poder. A grafia maiúscula induz o leitor a supor que o mundo é movido por processos igualmente maiúsculos. Mas, assim como as aspas não resolvem nossa pobreza de vocabulário, as letras maiúsculas não fazem com que magicamente os objetos designados tenham uma grandiosidade necessária.

Embora possa estar a ser injusto com a importante produção na última década, muitas análises parecem obcecadas pela ideia de que tudo possui uma explicação. Mesmo cenas e acontecimentos bizarros podem ser reduzidos a relações de causalidade, que fazem do patológico algo normal e inscrito na ordem regular das coisas. Parece não haver erro no mundo; os atores sempre sabem o que querem.

A lacuna à qual me referi segue intocada, a despeito deste livro. O limite de minhas intenções é o de persuadir o leitor de que há algo que merece ser investigado. Convencê-lo de que o experimento político e institucional da Primeira República deve ser estudado e incorporado ao estoque disponível de conhecimentos a respeito da experiência republicana brasileira.

A República não derivou de qualquer crise institucional do Império. As instituições imperiais não estavam em colapso. Da mesma forma, as principais facções políticas – os partidos Liberal e Conservador – eram partidos da ordem, com maior ou menor ímpeto reformista. A despeito disso, o regime foi desfeito em poucas horas. Um regime septuagenário ruiu em menos de dois dias. O evento, no mínimo, deve incomodar as nossas superstições a respeito de consolidações institucionais e da baixa vulnerabilidade de regimes estáveis à aventura política. O mergulho na República foi uma aventura, não contraditada por qualquer esforço sério de restauração monárquica. O que este livro procura narrar são as formas e os valores da ordem que se seguiu a tal aventura, assim como sua vulnerabilidade, filha dileta de seu sucesso. A narrativa, ainda que sustentada em um forte cuidado e atenção àquilo que meus colegas respeitosamente chamam de *a empiria*, tem como orientação normativa a aversão a qualquer determinismo cego, à ideia de que a história pode ser explicada e à tentativa de banir o absurdo como aspecto central das relações humanas. Trata-se, sobretudo, de um exercício de história política, filosoficamente orientado. Sem as lentes do ceticismo, ele seria um empreendimento impossível.

Na presente edição, optei por não introduzir qualquer modificação substantiva no texto. Procurei, tão somente, fazer correções e simplificações de estilo. Ainda assim, fui econômico e paciente com o estilo de dez anos atrás, na esperança de idêntica benevolência por parte do leitor. Se há algo neste livro imune à erosão do tempo, trata-se da parte que se refere aos agradecimentos pessoais e institucionais, feitos há dez anos, quando da 1ª edição. A distância entre as duas edições não foi suficiente para torná-los obsoletos. Como então, hoje eu sigo orgulhoso dos meus nexos.

    Museu Emilio Goeldi (Floresta Nacional do Caxiuanã, Pará), agosto de 1997/Ilha de Itacuruçá (Rio de Janeiro), janeiro de 1998.

INTRODUÇÃO
À 1ª EDIÇÃO
(1988)

Moses Finley, em seu magnífico livro sobre o mundo de Ulisses, registrou uma instigante característica do espírito humano, presente nos momentos em que se torna compulsório classificar e mensurar o enigma do tempo[14]. Diante do passado remoto, as perspectivas de ordenamento e quantificação do tempo tendem a fabricar domínios compactados: milênios valem por séculos e estes, convertidos em anos, se transformam em unidades mínimas de medida do tempo. Milênios egípcios e séculos gregos emergem como módulos de tempo compactado, capazes de geometricamente reduzir a variedade da vida à unidade numérica da razão.

O desconforto de Finley – adorador confesso da *paideia* grega – parece, em uma primeira aproximação, nada nos dizer de aplicável à cena brasileira e a seu diminuto passado. Além do fato de que parece não haver nesse passado algo a autorizar qualquer nostalgia, semelhante à que se pode sentir diante das ruínas da Acrópole ou do Palácio de Cnossos. No entanto, a diminuta parcela do espírito humano que se ocupou em pensar e escrever sobre o Brasil também tratou do tempo de

---

[14] Moses Finley. *The World of Odisseus.* New York, The Viking Press, 1965.

forma plástica. Ao contrário dos séculos que Moses Finley tratou de descompactar, há na história brasileira momentos cuja compreensão parece derivar da capacidade do analista em decompor infinitamente o tempo em pequenas e intermináveis unidades, conectadas arbitrariamente pelas cronologias, tidas como procedimentos indispensáveis de pesquisa histórica. Aqui, minutos indignos se converteram em séculos, enquanto que os séculos gregos, pródigos em dignidade, podem ser congelados em poucos parágrafos.

O período de tempo analisado neste livro pertence à família dos tempos compactados. A Primeira República, com seus 41 anos de duração, foi até tempos recentes representada como uma noite monótona, a exibir um enfadonho rodízio de oligarcas agrários, emoldurados pelo latifúndio exportador e pelo folclore coronelista. Com efeito, até meados da década de 1970, a literatura disponível sobre a República Velha se resumia praticamente a textos de época, a memórias e histórias republicanas, das quais as elaboradas por José Maria Bello e Edgar Carone são as que mais se destacam[15]. Vários estudos, publicados na década de 1970 e no início da de 1980 sobre a dimensão regionalista da política brasileira, foram importantes no esforço de descompactação da ordem oligárquica, tal como testemunham os trabalhos de Joseph Love, John Wirth, Robert Levine e Eul Soo Pang[16]. Ao lado desses esforços de

---

[15] Refiro-me especialmente a José Maria Bello. *História da República (1889-1902)*. Rio de Janeiro, Civilização Brasileira, 1954 e Edgar Carone. *A República Velha*. São Paulo, Difel, 1974.
[16] De Joseph Love, ver *O regionalismo gaúcho*. São Paulo, Perspectiva, 1975, e *A locomotiva: São Paulo na Federação Brasileira (1889-1937)*. Rio de Janeiro, Paz e Terra, 1982; de John Wirth. *O fiel da balança: Minas Gerais na Federação Brasileira (1889-1937)*. Rio de Janeiro, Paz e Terra, 1982; de Robert Levine, *A velha usina: Pernambuco na Federação Brasileira (1889-1937)*. Rio de Janeiro, Paz e Terra, 1980; de Eul Soo Pang. *Coronelismo e oligarquias: a Bahia na Primeira República Brasileira*. Rio de Janeiro, Civilização Brasileira, 1979.

investigação, foi considerável a proliferação de teses e pesquisas sobre diversos aspectos parciais da sociedade brasileira sob a Primeira República, tais como movimentos sociais urbanos – com ênfase na análise do comportamento operário[17] – e o papel das Forças Armadas no período, este último em texto já clássico de José Murilo de Carvalho[18].

De fato, a produção acadêmica nos últimos 15 anos sobre a Primeira República parece estar atribuindo maior dignidade temática ao período. Temas e questões suscitados em outros contextos nacionais, ou por épocas mais recentes da história brasileira, vêm sendo de modo crescente incorporados ao esforço de conhecimento sobre o período. Do meu ponto de vista, um exemplo evidente de incorporação de questões provenientes de outros contextos é o interesse cada vez maior a respeito de um cenário antes tido como diminuto e minoritário no continente agrário brasileiro: a cena urbana, e, em particular, a cidade do Rio de Janeiro – a ecologia dos bestializados inventados por Aristides Lobo[19].

Ainda assim, e a despeito do evidente aumento do interesse analítico sobre a Primeira República, creio que sabemos pouco a respeito da *ordem política* que se implantou no Brasil com o golpe republicano de 1889. Aspectos fundamentais para o entendimento de *qualquer* ordem política contemporânea, tais como formação e desempenho das burocracias públicas, papel e comportamento do Legislativo e geração e modos de

---

[17] Do meu ponto de vista, os mais importantes são: Boris Fausto. *Trabalho urbano e conflito social (1890-1920).* São Paulo, Difel, 1976 e Sheldon Maram. *Anarquistas, imigrantes e o movimento operário brasileiro (1890-1920).* Rio de Janeiro, Paz e Terra, 1979.
[18] José Murilo de Carvalho. "As Forças Armadas na 1ª República: o Poder Desestabilizador", in Boris Fausto (org.). *História geral da civilização brasileira,* III/2. São Paulo, Difel, 1977.
[19] José Murilo de Carvalho. *Os bestializados: o Rio de Janeiro e a República que não foi.* Rio de Janeiro, Cia. das Letras, 1987.

domesticação de crises políticas, entre outros, permanecem inexplorados com relação aos anos da Primeira República. Em termos mais enfáticos, ainda não foram desenvolvidas pesquisas sobre o período com alcance semelhante aos trabalhos de Sérgio Buarque de Hollanda, Fernando Uricoechea e José Murilo de Carvalho, que trataram, por diferentes caminhos, da ordem política imperial e da construção do Estado Nacional brasileiro no século XIX[20].

Embora reconheça a lacuna, meu interesse neste ensaio não é o de empreender tarefa semelhante à dos autores acima citados, mas tão somente investigar o que julgo ser a *gênese da ordem política brasileira,* inaugurada com o século XX, e indicar tanto suas virtudes estabilizadoras como as bases possíveis de sua decadência. O que os capítulos seguintes procurarão construir é apenas uma versão, que julgo plausível, a respeito da geração da ordem pública no Brasil da Primeira República. Como estratégia de investigação, e de modo deliberado, evitarei buscar em fenômenos de natureza estrutural a explicação para comportamentos e opções presentes no cenário político. Os atores não falam o idioma das estruturas, fato que põe o analista diante do seguinte dilema: ou ignora o que os atores dizem e fazem, supondo que estão o tempo todo enganados a respeito de si mesmos, ou toma o seu comportamento – mescla de discurso e ação – como único modo de acesso ao mundo real. Até prova em contrário, a realidade é aquilo que os atores dizem que ela é. Quando o dissenso a respeito do que é real é dilatado, o apelo às estruturas intencionais pode gerar textos racionais e logicamente consistentes, mas desertos ou compostos por personagens unidimensionais. Por

---

[20] Sérgio Buarque de Hollanda. *História geral da civilização brasileira*, II/5. São Paulo, Difel, 1972; Fernando Uricoechea. *O minotauro imperial: a burocratização do Estado patrimonial brasileiro no século XIX*. São Paulo, Difel, 1978 e José Murilo de Carvalho. *A construção da ordem: a elite política imperial.* Rio de Janeiro, Campus, 1980.

tal razão, opto pela abstenção a estabelecer qualquer conexão causal entre a *estrutura econômica*, o *capitalismo internacional* e outras entidades imateriais, com os aspectos visíveis presentes no processo de construção da ordem republicana.

De modo mais claro, meu interesse não será o de refutar a difundida crença de que o Estado brasileiro na Primeira República falava exemplarmente o idioma das oligarquias agrárias. Não seria prudente fazê-lo, mesmo porque não havia outra elite disponível, com recursos competitivos, para ocupar o governo. Pretendo tão somente suspender o juízo diante da torturante questão de saber quais as relações causais que se estabelecem entre a essência e a aparência da sociedade. Do meu ponto de vista, a aparência já estabelece um número excessivo de problemas a investigar.

O objetivo central deste ensaio é o de analisar a gênese e a implantação da ordem política republicana, tomando como evidência e passo inicial a fórmula política aplicada no governo do presidente Manoel Ferraz de Campos Sales, no período de 1898 a 1902. Outros analistas já trataram de modo competente as características e as implicações daquela fórmula, consagrada pela literatura com o nome de *política dos governadores*. Menção especial merecem os trabalhos de Maria do Carmo Campello de Souza e Fernando Henrique Cardoso, que apresentam os aspectos mais relevantes do modelo inaugurado por Campos Sales: a criação extralegal de um condomínio de oligarcas – os chefes estaduais – como corpo dotado de prerrogativa de definir a composição do Executivo e do Legislativo federais e do controle sobre a dinâmica legislativa, através da Comissão de Verificação de Poderes[21].

---

[21] Maria do Carmo Campello de Souza. "O processo político-partidário na Primeira República", in Carlos Guilherme da Motta (org.). *Brasil em perspectiva*. São Paulo, Difel, 1974 e Fernando Henrique Cardoso, "Dos governos

O texto de Maria do Carmo Campello de Souza procura, a partir da apresentação das características práticas do que chamarei de *Modelo Campos Sales*, descrever o processo político-partidário da Primeira República. Sua ênfase incide sobre os momentos de maior instabilidade, presentes nas sucessões presidenciais, nos quais os cálculos políticos eram em grande medida refeitos. Já Fernando Henrique Cardoso considera com maior detalhamento o Modelo Campos Sales, mas acaba por limitá-lo a um mero arranjo político adequado às necessidades do predomínio econômico dos fazendeiros de café. A República Velha se apresenta, assim, como um arranjo institucional *simples*, um campo de provas ideal para confirmar a supremacia das estruturas econômicas sobre os outros planos da vida social. A ausência de pesquisa histórica a respeito do modelo político e institucional vigente no período, em grande medida, pode ser debitada na conta dessa suposição de baixa complexidade. De qualquer modo, ambos os textos foram fundamentais para minha reflexão sobre o período. Mas no correr da argumentação, procurarei operar com perspectivas distintas, ainda que não necessariamente opostas.

Para considerar o impacto e o alcance do Modelo Campos Sales, procederei em primeiro lugar a uma análise do legado político do Império e dos problemas suscitados pela primeira década republicana, aqui denominada com a expressão *os anos entrópicos*, por razões que serão vistas adiante. O objetivo da remissão é duplo: trata-se de, por um lado, considerar o quadro histórico que antecedeu ao governo Campos Sales e, por outro, de especificar os problemas político-institucionais

---

militares a Prudente – Campos Sales", in Boris Fausto (org.), op. cit., III/1. São Paulo, Difel, 1975.

que, naquele contexto, deveriam ser considerados de forma compulsória para a criação de uma ordem política rotinizada e dotada de padrões mínimos de estabilidade. O segundo aspecto é de longe o mais relevante, pois implica considerar as respostas dadas pelo Modelo Campos Sales ao seguinte leque de questões: (i) relações entre Executivo e Legislativo; (ii) relações entre o poder central e os estados; (iii) modo de integração entre *polis*, *demos* e governo[22].

Polis, no correr da análise, será entendida como o conjunto dos atores que, além da posse de direitos políticos formais, ocupam de fato posições privilegiadas na estrutura do poder, em seus diversos nichos: Executivos estaduais, burocracias, Legislativos estaduais e Congresso Nacional. Dessa forma, a *polis* circunscreve a totalidade dos atores com probabilidade de acesso aos postos de governo e de representação. O *demos* representa a diminuta parcela da população que possui direitos políticos formais sendo incorporada, portanto, ao processo eleitoral[23].

Na consideração do período anterior ao governo Campos Sales, procurarei mostrar de que modo o modelo institucional adotado no Império estabeleceu nexos precisos de integração entre o governo, a *polis* e o *demos*. Da mesma forma, pretendo demonstrar que a suspensão daqueles nexos, a partir de 1889, abriu caminho para uma experiência política aqui qualificada como *entrópica*. Com o termo pretendo designar a primeira década republicana, caracterizada, além da

---

[22] O problema e a terminologia foram inspirados por Wanderley Guilherme dos Santos, em seu texto "O século de Michels: competição oligopólica, lógica autoritária e transição na América Latina", in Revista *Dados*, v. 28, nº 3, 1985.
[23] Segundo o estabelecido pelo primeiro regulamento eleitoral da República – o Regulamento Alvim – e pela própria Constituição de 1891, a franquia eleitoral incluía homens adultos, com mais de 21 anos, alfabetizados e naturais do país (nota acrescentada à 3ª edição).

ausência de mecanismos institucionais minimamente rotinizadores, pelo comportamento errático dos atores, que no tratamento das fontes de instabilidade acabaram por introduzir ainda mais incerteza e confusão. A versão explicativa construída para interpretar o período incorporará ainda as ideias de *absurdo* e *tragédia*. A primeira, de inspiração beckettiana, aplica-se a um contexto no qual a experiência vivida pelos atores não é representada como *experiência comum*, e sim marcada pela superposição de inúmeros sentidos, projetos e versões a respeito do que se passa, sem que haja qualquer mecanismo de integração. O absurdo, aqui, não é a mera ausência de sentido, mas sim a sua proliferação desenfreada. A ideia de tragédia parece-me apropriada, na medida em que os anos entrópicos apresentam a seus protagonistas uma dilatada quantidade de desafios, impedindo a qualquer dos atores a posse de um mapa cognitivo capaz de erradicar a ignorância sobre o que se passava. Como se verá, nem mesmo aqueles atores que puderam derivar do caos da primeira década republicana alguma ordem e estabilidade encontrarão pleno descanso no futuro. O próprio mecanismo inventado para erradicar o caos republicano levou a novas situações trágicas no futuro.

No tratamento do Modelo Campos Sales, a estratégia seguida será diferente da dos autores que já se ocuparam do assunto. Minha hipótese é a de que o modelo referido contém dois aspectos distintos: o que se refere a *procedimentos* e o que diz respeito a *valores substantivos*[24]. O primeiro é composto por um conjunto de práticas postas em ação para obter estabilidade e dotar a República de um padrão mínimo

---

[24] Para um tratamento rigoroso dessa distinção, ver James Fishkin. *Tyranny and Legitimacy: A Critique of Political Teories*. Baltimore and London: The Johns Hopkins University Press, 1979.

de governabilidade. Elas se resumem à montagem da *política dos governadores* e à operação da Comissão de Verificação de Poderes. O segundo aspecto diz respeito aos valores que Campos Sales atribuiu ao seu modelo, notadamente uma concepção despolitizadora e administrativa do governo, dotado da atribuição de resguardar o interesse nacional. Como se verá no correr da análise, enquanto os procedimentos do modelo concedem plena autonomia aos chefes estaduais para tratar dos *demoi* locais, por métodos heterodoxos, o aspecto substantivo do mesmo modelo representa a comunidade política nacional, e seus representantes, como um agregado de altruístas.

O modelo, portanto, prescreveu ambas as condutas, e o embate político do fim dos anos 1920 foi protagonizado por duas facções que agiram dentro da ortodoxia de Campos Sales. No tratamento do modelo, portanto, procurarei demonstrar que o arranjo que, a partir de 1898, propiciou estabilidade política ao regime republicano era construído sobre premissas opostas, cuja incompatibilidade deve ser considerada na análise da crise do regime, em 1930.

A hipótese sugerida sobre a existência de dois aspectos distintos no interior do modelo torna plausível um tratamento endógeno a respeito da crise da República Velha. A despeito da ação de forças exógenas, tais como a rebeldia militar dos anos 1920, o protesto operário nascente e o desencanto das camadas média urbanas, o próprio modelo continha os fundamentos de sua decadência, dada a incompatibilidade entre procedimentos, que autorizavam uma ética egoísta e predatória, e valores que, obcecados pelo ideal de pura administração, exigiam dos atores um comportamento baseado em uma ética altruística.

A criação do modelo Campos Sales pode ser percebida também como exemplo de política demiúrgica, aparentada com um padrão designado por Friedrich Hayek como *construtivista*[25]. Segundo Hayek, a premissa básica do construtivismo é a de que a ordem deriva da vontade dos atores, os quais, a partir do uso privilegiado de sua razão, podem reinventar e melhorar ordens existentes. Seguindo a tradição da Ilustração Escocesa, do século XVIII, Hayek parte da premissa oposta, a saber, a de que existe no mundo uma inerradicável dose de ignorância a respeito dos limites da ordem e de seus fundamentos. Isso se deve ao fato de que a *autoria* da ordem é absolutamente inimputável a qualquer um dos seus membros isolados: *a ordem é produto da ação, e não da vontade*. O axioma posto por Adam Ferguson passou a constituir a base do espontaneísmo hayekiano[26]. Ainda que não esteja disposto a adotar a totalidade do programa hayekiano, sobretudo em seus desdobramentos políticos e sociais canônicos, a concepção de ação e o peso que confere ao papel da ignorância têm forte presença neste ensaio.

O construtivismo de Campos Sales é evidente quando se consideram os valores do seu modelo: aversão às paixões, ao tumulto da capital da República, aos partidos, enfim, a tudo aquilo que designa movimento, espontaneidade e incerteza. Daí sua obsessão por um Estado mergulhado no ideal científico de administração, infenso às ambições e, como ele gostava de dizer, à *perfídia das reservas mentais*. Mas, apesar de seu componente construtivista, Campos

---

[25] O tema aparece disperso em toda a obra política e filosófica de Hayek. Em especial, nos livros *Law, Legislation and Liberty*, v. 1, *Rules and Order*. Chicago, The University of Chicago Press, 1973 e *Nuevos Estudios*. Buenos Aires, Eudeba, 1981.
[26] Adam Ferguson. "Unintended establishments" in Louis Schneider. *The Scottish Moralists: on Hunjan Nature and Society*. Chicago, The University of Chicago Press, 1967.

Sales foi obrigado a lidar com a conformação espontânea da ordem brasileira: a proliferação dos poderes locais, a dificuldade histórica por parte das elites em discriminar entre o que é público e privado, quando se trata de administrar os recursos do Tesouro, e uma ética social que, já na época, se configurava como abertamente predatória. Em suma, tudo aquilo que Raymundo Faoro de modo admirável resumiu com a seguinte fórmula: *a distribuição natural do poder*. Desta forma, creio que este livro poderá ser lido alegoricamente, como um estudo de caso a respeito da erosão inevitável da razão construtivista, diante da espontaneidade social, entendida como o conjunto das ações humanas cujos efeitos escapam ao desígnio dos mortais e, talvez, dos imortais. Esta possibilidade de leitura poderá atrair, portanto, além dos estudiosos da história política brasileira, aqueles que, como eu, estão assolados por crescentes taxas de enfado com este país contrafactual.

Algumas palavras sobre a estrutura do livro. No primeiro capítulo, o legado imperial brasileiro é apresentado, bem como os limites das reformas que foram propostas pelas elites. Com tal apresentação, pretendo caracterizar o conjunto de instituições e procedimentos de regulação dos conflitos, vetados pelo golpe republicano de 1889. A partir da utilização da ideia arendtiana de *banalidade*, tento demonstrar, ainda, que o momento historicamente grandioso da derrubada de um regime septuagenário não implica de modo necessário a existência de atores grandiosos. Como se verá, ações banais e superficiais podem configurar momentos dramáticos e alterar drasticamente o leque de alternativas abertas para o futuro.

O segundo capítulo tratará dos primeiros anos do novo regime, concentrando-se nos governos de Deodoro da Fonseca e Floriano Peixoto. Trata-se de um ensaio que tentará extrair da ideia de entropia alguma utilidade analítica, para o caso em questão. Este capítulo procurará indicar que o comportamento dos atores, mesmo quando voltado para reduzir a instabilidade, acaba por gerar cada vez mais incerteza e ingovernabilidade.

A primeira parte do livro encerra-se com o terceiro capítulo, a respeito do governo de Prudente de Moraes (1894/1898). Período marcado, ainda, por enorme dose de caoticidade, a despeito da progressiva retração de segmentos militares e jacobinos. O capítulo enfatizará as dificuldades de institucionalização plena da República, apesar da vigência da Constituição de 1891.

Os dois primeiros capítulos da segunda parte tratam exclusivamente da formulação e das características do Modelo Campos Sales. O primeiro deles, o quarto do livro, descreverá a montagem do governo Campos Sales e focalizará prioritariamente os mecanismos gerados para a obtenção de estabilidade. Dessa forma serão analisadas a chamada Política dos Governadores e a reforma do regimento da Câmara dos Deputados, que alterou a composição da Comissão de Verificação dos Poderes, encarregada de decidir a respeito da renovação do Legislativo.

No quinto capítulo, são analisados os aspectos valorativos, ou doutrinários, das reflexões de Campos Sales a respeito da política corrente no Brasil. A suposição que sustenta este exercício é a de que as opiniões do estadista a respeito da *boa sociedade* não configuram simplesmente um aspecto residual ou racionalizador de suas *verdadeiras intenções*. Ao contrário, partirei da premissa de que elas formalizam um conjunto de *teorias* sobre questões relevantes para a geração da ordem pública, tais como o papel do governo, os limites da ação social autônoma, a função dos partidos, os interesses, a administração e as paixões.

O último capítulo do livro – abrigado em sua terceira parte – tem por finalidade mostrar que os dois componentes do modelo – os procedimentos e os valores – partem de premissas distintas, podendo, pois, desenvolver um padrão tenso de interação, propiciando, por esta via, a interpretação de que a decadência da ordem oligárquica, a partir dos anos 1920, não pode ser debitada exclusivamente à ação de fatores externos ao modelo. Se os seus componentes partem de premissas distintas e autorizam formas conflitantes de ação política, as bases da decadência podem ser localizadas em suas próprias regras de operação.

Na elaboração deste livro contei com o apoio inestimável de Wanderley Guilherme dos Santos, amigo sempre presente com sua orientação e estímulo. Aspásia Alcântara de Camargo acompanhou o início de minha pesquisa. A ela devo, além de sugestões, uma arriscada aposta na minha capacidade de desenvolver o tema. José Murilo de Carvalho e Mário Brockman Machado foram leitores atentos e críticos embora nem sempre obedecidos, fato que, certamente, depõe contra a qualidade do livro. O Iuperj, casa à qual estou ligado desde os tempos de estudante de mestrado (1977-1978), forneceu-me grande apoio institucional, sem o qual este ensaio dificilmente seria escrito. Ali encontrei, além de estímulo intelectual, o incentivo de amigos, tais como Olavo Brasil de Lima Jr. que, ainda que não estivessem diretamente envolvidos com minha pesquisa, colaboraram decisivamente para que viesse a ser produzida. A essas pessoas e ao Iuperj registro a minha gratidão. Claudia Chigres, em particular e imprudentemente, jamais duvidou, a despeito de meu ceticismo, de minha capacidade e de meu ânimo para concluir este ensaio. A conclusão foi puro acidente, viabilizado por sua paciência e carinho[27].

Rio de Janeiro, 1987

---

[27] Nota da 3ª edição: Os agradecimentos, aqui reproduzidos, referem-se ao *status quo* existencial, institucional e profissional vigente em 1987, ocasião do lançamento da 1ª edição.

PARTE 1
A DÉCADA DO CAOS
(1889-1898)

Quando penso na alternativa de miséria e de crime em que vivem aqueles países sou forçado a pensar que para eles o despotismo seria um benefício.

Alexis de Tocqueville
apud Joaquim Nabuco
O dever dos monarquistas
Rio de Janeiro
Tipografia Leizinger, 1895

I
ABSURDO, AVENTURA E VETO

Em tais condições imaginar que só a República tem raízes, ou que ela as lançou em uma camada mais profunda do que a Monarquia, do que a religião, do que a família, do que a propriedade, parece a inversão de toda a ciência social. É preciso não esquecer o modo como ela se fundou. O general Deodoro não foi senão um segundo Caramuru. Assim como Diogo Álvares se fez quase adorar pelos indígenas disparando uma espingarda, ele fez aclamar a República no Campo de Santana dando uma salva de 21 tiros. O povo de 15 de novembro, que não conhecia a linguagem política da artilharia, é o mesmo gentio do Descobrimento que não conhecia a detonação da pólvora.

JOAQUIM NABUCO, *O dever dos monarquistas*

As reconstituições correntes e depoimentos sobre o golpe de estado republicano de 15 de novembro de 1889 têm por hábito revelar um conjunto de acontecimentos marcado pela ideia de *ausência*. Ausência de povo[28], de ânimo reativo oficial compatível com as glórias e a duração do Império, e de programa consistente e unidade, por parte dos vitoriosos.

---

[28] Aristides Lobo, com a expressão "ausência do povo" e com o adjetivo "bestializado", orientou a grande maioria das impressões sobre a atitude do *demos* carioca – e, por extensão, brasileiro, diante da Proclamação. Mesmo historiadores do período, que escreveram com maior distanciamento, corroboram a impressão de Aristides Lobo, como pode ser notado nas obras de José Maria Bello – a ótima *História da República (1889-1902)*. Rio de Janeiro, Civilização Brasileira, 1954 – e de Edgar Carone – *A República Velha*. São Paulo, Difel, 1974. Para uma revisão do "paradigma bestializador", ver José Murilo de Carvalho, *Os bestializados: o Rio de Janeiro e a República que não foi*. Rio, Cia. das Letras, 1987.

E mais: para os céticos a respeito das possibilidades da civilização nos trópicos, tratava-se, antes de tudo, de ausência de sentido. Em menos de 24 horas, uma experiência institucional septuagenária foi erradicada, sem que os sujeitos responsáveis por tal ousadia possuíssem algum consenso minimamente suficiente para dar curso ao Brasil[29].

Antes de se caracterizar pelo estado de bestialização, segundo versão de Aristides Lobo, o povo da capital parecia reeditar a disposição do *demos* de Ítaca, diante da instabilidade e da incerteza provocadas pela prolongada ausência de seu rei Ulisses. Na notação de T. S. Eliot, tal disposição – aplicável tanto a Ítaca como aos bestializados brasileiros – poderia ser apresentada do seguinte modo:

> King rules or barons rule
> (...)
> But mostly we are left to our own devices,
> And we are content if we are left alone[30].

Qualquer que tenha sido a motivação de tal alheamento, a propagada ausência de povo, como protagonista ou, até

---

[29] Para uma descrição pontual da queda da Monarquia, ver Sérgio Buarque de Holanda. "Do Império à República. in *História geral da civilização brasileira*, t. II, v. S., São Paulo, 1972; Evaristo de Moraes. *Da Monarquia para a República*. Rio, Athena Ed. S/A; Anfriso Fialho. *História da fundação da República no Brasil*. Brasília, Editora da UnB, 1983; George Boherer. *Da Monarquia à República*. Rio, MEC; Visconde de Ouro Preto. *Advento da ditadura Militar no Brasil*. Paris, F. Pichon, 1984 e R. Magalhães Jr. *Deodoro: a espada e o Império*. São Paulo, Cia. Editora Nacional, 1957.

[30] A referência ao *demos* de Ítaca, bem como à poesia de T. S. Eliott foram retiradas de Moses Finley in *The World of Odisseus*. New York, The Viking Press, 1965, p. 89. Nota da 3ª edição: Há tradução em português do livro de Finley. Ver Moses Finley. *O mundo de Ulisses*. Lisboa: Editorial Presença, 1982. O trecho citado foi assim traduzido, à página 89: *Reine o rei ou reinem os barões* / (........................) / *Mas somos sempre nós que nos tiramos de apuros,/ E felizes ficaremos se ninguém interferir.*

mesmo, coadjuvante, no momento da derrubada do antigo regime, não constitui motivo de assombro. Embora a Monarquia com a Abolição tivesse recuperado parte de seu prestígio junto ao *demos* da capital, não havia motivos para demonstrações e provas de fervor cívico que visassem a defesa do regime ameaçado. Oito anos antes, em 1881, através da mais radical das reformas eleitorais do Império e de toda a história da representação política no Brasil – a Lei Saraiva –, o Império reduzira o eleitorado brasileiro de 1.114.066 para 145.296 votantes[31]. E a despeito de suas intenções moralizadoras, a Lei Saraiva não evitou o monótono e aviltante espetáculo de sucessivas eleições para a Câmara nas quais o partido do governo fabricava maiorias e, até mesmo, unanimidades. Os analistas do período final do Império são quase unânimes em apontar a erosão das lealdades do *demos* para com a Monarquia. A possibilidade de um terceiro reinado, que implicaria coroar um monarca estrangeiro, foi na década de 1880 uma alternativa com pouco lastro social.

À falta de fervor cívico capaz de dar algum alento à Monarquia não correspondeu algum entusiasmo, digno de maior consideração, com relação ao novo regime. A própria maneira pela qual a propaganda republicana, em seus diferentes segmentos foi organizada, raramente permitiu maior incorporação popular[32]. Sisudos republicanos paulistas, mais afeitos à prudência do que à aventura, somaram-se a excêntricos positivistas e a alguns profissionais liberais e constituíram um movimento, cujo líder – o marechal Deodoro da Fonseca – teve sua escolha mais de-

---

[31] Cf. Sérgio Buarque de Holanda, op. cit., p. 224.
[32] Sobre a propaganda republicana, ver George Boherer, op. cit., e Emilia Viotti da Costa. *Da Monarquia à República: momentos decisivos*. São Paulo, Liv. Editora Ciências Humanas, 1978.

terminada pela lógica da posição do que por suas convicções republicanas.

Outra ausência marcante dizia respeito ao comportamento do sistema político imperial diante de sua crise terminal. Nada de reação. Na verdade, apenas a impressão de que o país há muito não possuía governo, e de que as coisas públicas se mantinham única e exclusivamente pela inércia. O clima de enfado e o alheamento do imperador, diante do que se passava, bem aparece no registro de Raul Pompeia, ao descrever a partida da família real para o exílio:

> Apareceu o préstito dos exilados. Nada mais triste. Um coche negro, puxado a passo por dois cavalos que se adiantavam de cabeça baixa, como se dormissem andando. À frente duas senhoras de negro, a pé, cobertas de véus, como a buscar caminho para o triste veículo[33].

A ressentida crônica monarquista, por sua vez, insistia na extemporaneidade do movimento: se ele pugnava por reformas, elas teriam vindo e teriam sido implementadas pelo Gabinete do Visconde de Ouro Preto, o último do regime deposto. Para que, então, ousar uma revolução, dirigida por um herói militar semiensandecido pela avançada idade, precária saúde e pela adulação de alguns republicanos? Que sentido houve em abandonar as rotinas institucionais do Império, já comprometidas com a necessidade de mudanças endógenas, e iniciar uma aventura cujo sucesso em destruir o passado não lhe garantia virtude suficiente para produzir no futuro uma ordem legítima, estável e lastreada na tradição?

---

[33] A íntegra da descrição de Raul Pompeia encontra-se em Evaristo de Moraes, op. cit., pp. 179-184.

A afirmativa dos liberais monarquistas a respeito da inelutabilidade das reformas é inverificável, como de resto o são todos os juízos emitidos no futuro do pretérito. Mas, cabe indagar: haveria alguma plausibilidade naquela suposição? A questão é controversa pois, para muitos, o Império, em suas últimas décadas, se mostrou inteiramente impermeável a mudanças institucionais. Por outro lado, a elite política do Segundo Reinado, sobretudo a partir da década de 1870, não era de todo insensível à necessidade de alterar algumas regras e valores políticos e, até mesmo, sociais.

A retórica dos debates parlamentares sobre, em especial, reformas eleitorais, a despeito de seu limitado efeito prático, demonstra significativa preocupação com as distorções habituais do sistema representativo, implantado no Brasil com a Carta de 1824, e com a proliferação de "doutrinas" legitimadoras da fraude, do abuso de poder e da interferência governamental nos resultados eleitorais.

Na verdade, no insondável campo das distorções, a primazia coube aos liberais, mal iniciado o Segundo Reinado e tanto no plano prático como no doutrinário. Já em 1841, o liberal Antonio Carlos Ribeiro de Andrada, justificando massacre imposto aos conservadores pelo seu partido, nas tristemente célebres "eleições do cacete", pontificava que o governo tinha o direito de intervir no processo eleitoral. Com maior elegância, ou cinismo, o ministro Alves Branco – visconde de Caravelas, também liberal –, em 1844, legou ao sistema político imperial duas edificantes doutrinas[34].

---

[34] Nota à 3ª edição: chefe de governo, do Partido Liberal, em 1844, Alves Branco celebrizou-se pelas tarifas protecionistas, aplicadas em seu governo e voltadas sobretudo para reforço fiscal, embora tenham gerado efeitos industrializantes. Tal contributo foi efêmero, já que o Império logo retomou suas inclinações *laissez-fairianas* habituais. Mais perene foi o contributo doutriná-

A primeira delas buscava demonstrar que a existência de maiorias esmagadoras a favor do governo não resultava, de modo necessário, da violência e da fraude. Este seria o caso das *maiorias artificiais*, produzidas pelo nefasto princípio da lealdade *por compressão*. Por isso mesmo, haveria que distinguir aquelas falsas maiorias das verdadeiras: as *maiorias de amor*, reguladas pelo virtuoso princípio da lealdade *por gratidão*.

A segunda "doutrina Alves Branco" dizia respeito às relações entre o governo, com sua malha administrativa, e o partido que ocasionalmente ocupa o poder. De acordo com o ministro, os funcionários públicos devem lealdade não ao Estado, entidade abstrata, mas ao governo que, de modo prático, realiza a obra administrativa. Daí segue perverso silogismo: se os funcionários públicos devem lealdade ao governo e se o governo é a materialização de uma diretriz partidária, logo aqueles funcionários devem obediência compulsória ao partido que ocupa o governo. Que o diga o ministro Alves Branco: "... assim o funcionário público que, esquecido dos deveres de sua posição, ligar-se ao adversário do governo, e maquinar contra a sua causa, constitui-se na impossibilidade de continuar a servir"[35].

A doutrina banaliza prática que se tornará corrente em todo o período imperial. À medida que se estabelece algum rodízio dos partidos no poder, por escolha imperial, haverá ampla redistribuição de cargos e empregos no serviço público.

Semelhante rodízio foi estabelecido em 1848: o imperador, no uso das atribuições do Poder Moderador, demitiu o ga-

---

rio em matéria de teoria política, presente nas doutrinas mencionadas. Ambas – mais de século e meio depois – seguem entre nós.

[35] A edificante doutrina de Alves Branco foi exposta por Sérgio Buarque de Holanda, op. cit., p. 82.

binete liberal, convocou os conservadores para o governo e dissolveu a Câmara, marcada por amorosa maioria liberal. Nas eleições de 1848, o novo governo – dirigido pelo conservador Pedro de Araújo Lima – marquês de Olinda – reduziu a bancada liberal a apenas um deputado. O engenho e a arte dos novos habitanes do poder, no desempenho das liberais doutrinas Antonio Carlos/Alves Branco, não passaram desapercebidos a Teófilo Otoni. Tempos depois, em sua célebre *Circular aos eleitores de Minas,* o político liberal, em 1860, assim recorda: "... em Minas no ano de 1848 não tinha havido eleição, mas um saturnal indecente, onde a legalidade e a violência primaram a par do escárnio e do cinismo"...

Ao que tudo indica, as eleições de 1852 também foram saturnais. Os conservadores, no poder com o Gabinete dirigido pelo visconde de Itaboraí, obtiveram a unanimidade da Câmara: 113 deputados. Coube, no entanto, a um conservador – Nabuco de Araújo – o lamento: o governo não deve buscar a erradicação do partido contrário. Deve, mesmo, apoiar a eleição de "oposicionistas esclarecidos e moderados". O que estaria a ser ameaçado, se tal não fosse feito, seria o próprio sistema representativo, "falseado pela unanimidade", e a própria saúde política do bloco vitorioso: "... quando não tivermos o inimigo em frente, naquelas cadeiras, havemos de dilacerar-nos e dar um triste espetáculo à oposição"[36].

O ímpeto reformista, pálido e insuficiente, buscava operar como contraponto às crescentes taxas de "escárnio" e "cinismo". Independentemente de seus efeitos imediatos, cabe considerá-lo para indicar a sensibilidade de segmentos de elite imperial à necessidade de reformas, bem como seus

---

[36] Apud Sérgio Buarque de Holanda, op. cit., p. 82.

limites. Algumas pistas podem ser percebidas no debate sobre a reforma da lei eleitoral que deu origem à Lei dos Círculos (1855)[37].

Segundo Tavares de Lyra, em obra clássica a respeito do regime eleitoral do Império, a Lei dos Círculos continha três ideias capitais: incompatibilidades eleitorais, divisão das províncias em círculos (distritos) de um deputado e eleição de suplentes. Os dois primeiros aspectos incidiam sobre pontos essenciais do sistema político: (i) quem tem acesso à *polis* e (ii) como se organiza, para fins de representação, o *demos*. A lei buscava obter maior nitidez em ambas as dimensões, ao não alterar os limites da incorporação eleitoral e ao impedir que as funções de representação fossem desempenhadas por quem exercesse funções administrativas.

Pelo princípio das incompatibilidades ficaram excluídos do processo eleitoral, em uma classificação que sabe às taxonomias de Jorge Luis Borges, as seguintes categorias: presidentes de província e seus secretários, comandantes de armas, generais em chefe, inspetores de fazenda geral e provincial, chefes de polícia, delegados e subdelegados e juízes de direito e juízes municipais. O alcance virtual da medida pode ser registrado no comentário de um deputado coevo: "... eu já tive o desgosto de estar em uma Câmara composta de 103 membros e que contava em seu seio com 95 funcionários públicos"[38].

---

[37] Para uma avaliação acurada do ímpeto reformista do Império, com relação a eleições e partidos, ver José Murilo de Carvalho. *O teatro das sombras*, especialmente o capítulo quinto. Sobre a legislação eleitoral do Império, ver Tavares Lyra. "Regime eleitoral". *Cadernos da UnB: Modelos alternativos de representação política no Brasil e regime eleitoral, 1821-1921*. Brasília, Editora da UnB, 1981; Antonio Pereira. *Reforma Eleitoral*. Brasília, Editora da UnB, 1983, e Francisco Belisário Soares de Souza. *O sistema eleitoral no Império*. Brasília, Senado Federal, 1979.

[38] Apud Sérgio Buarque de Holanda, op. cit., tomo II, vol. 3, p. 53.

Uma década antes, um viajante belga – o conde de Straten-Ponthos – assinalara com espanto a invenção, no Brasil, de original doutrina. Enquanto nos países centrais a função de representação cumprida pelos parlamentos implicava o controle sobre a utilização, por parte do governo e da administração, dos dinheiros públicos, no Brasil procedeu-se à singular superposição. O exercício da representação e da fiscalização dos orçamentos coube aos beneficiários deste último. Tratar-se-ia de um regime de fiscais que se autofiscalizam.

A índole reformista da lei incidia também sobre a alocação dos eleitores em distritos, com direito a eleger um deputado. Em termos substantivos, o que se buscava era alterar as relações entre representantes e representados, ao aproximá-los e ao projetar sobre a Câmara as peculiaridades do localismo, curiosamente para um país marcado pela centralização imperial, definido como a "real expressão" da nacionalidade.

Os resultados práticos da lei, se não resolveram as mazelas do sistema representativo imperial, ao menos introduziram inovações e confusões, o que não é de lamentar. Nas eleições que se seguiram à efetivação da lei, apesar de maioria conservadora, os liberais (na oposição) elegeram considerável bancada. Além disso, a expressão do localismo trouxe para o cenário da Câmara grande quantidade de "celebridades de aldeia", na fórmula de Bernardo Pereira de Vasconcelos, o que pode ser traduzido por renovação parlamentar acima da habitual.

O debate a respeito do aperfeiçoamento da lei eleitoral e de seus procedimentos esteve sempre presente na Câmara, no Senado, em vários programas de governo e Falas do Trono. Os vícios do sistema são ali constantemente indicados: falhas na qualificação de eleitores e nas apurações, coação por parte das autoridades e interferência indevida dos governos. Pode-se dizer que a intensidade dos debates foi, no

Império, inversamente proporcional a sua eficácia: as mazelas permaneceram como invariantes, diante das diferentes modificações legais.

No fim da década de 1870, as intenções reformistas com relação ao sistema eleitoral manifestaram-se com maior nitidez. Houve nova reforma em 1875 – a Lei do Terço – que visava dar garantias à expressão eleitoral das minorias. Houve, sobretudo, a busca de uma espécie de panaceia, capaz de erradicar o universo dos vícios eleitorais. A ideia à qual se atribuíram vários efeitos curativos foi a de *eleições diretas*, o que implicava reformular o sistema instituído pela Carta de 1824. Por tal sistema, operava duplo procedimento censitário que distinguia entre *votantes* e *eleitores*. Os primeiros, que tinham como um dos critérios de restrição a exigência de renda anual acima de 100$000, escolhiam em eleições primárias os eleitores qualificados para, em segundo turno, definir a representação nacional e provincial. Segundo a Constituição do Império eram considerados eleitores, entre outras exigências, os votantes com renda anual acima de 200$000.

As eleições primárias, ou paroquiais, tradicionalmente eram problemáticas. A qualificação dos eleitores feita por mesas eleitorais, segundo amplo rosário de lamúrias e denúncias, era fraudulenta e seletiva, evitando incluir votantes que não estivessem entre os adeptos da situação. Na década de 1870, o diagnóstico a respeito da saúde do sistema representativo brasileiro localizava nesse domínio os focos de contaminação. Contrariando a índole moderada das elites imperiais, a solução, neste caso, aparece como radical: eliminar as eleições primárias, excluindo da massa de "cidadãos ativos" aqueles que delas participavam. Tal como notou Sérgio Buarque de Holanda:

> O que agora se pretende é proceder a uma rigorosa seleção do eleitorado, na suposição de que só eleitores bem escolhidos podem

bem escolher candidatos. Deixará de existir no eleitorado a hierarquia de antigamente, mas deixará de existir porque vai desaparecer a camada inferior, e muito mais numerosa, do eleitorado antigo[39].

Foi tarefa dos liberais, sob o Gabinete Cansanção de Sinimbu, a afirmação e formalização dessas intenções. Em 1879, com aprovação de mais de 2/3 da Câmara (72 assinaturas), o Gabinete apresentou novo projeto de reforma eleitoral que, segundo Sérgio Buarque de Holanda, eliminou as eleições primárias e considerou eleitores, entre as restrições de praxe, os que dispusessem de renda anual mínima de 400$000 e que fossem capazes de ler e escrever.

Tratava-se de aristocratizar o eleitorado, na suposição de que "melhores eleitores" seriam mais capazes de formular preferências mais racionais. As alternativas à inovação, segundo os defensores do projeto, seriam a manutenção de um corpo eleitoral desqualificado para o voto ou a adoção pura do sufrágio universal, percebido esse último como instrumento das tiranias e dos despotismos.

A dissidência liberal da época, embora numericamente impotente, levantou pesadas críticas ao projeto: em um momento no qual, no cenário internacional, havia nítida tendência no sentido do alargamento do voto, pretendia-se impor ao Brasil uma reforma restritiva. A principal voz oposicionista foi a do liberal José Bonifácio, o Moço:

> Este projeto... é um projeto odioso. Depois de tantos anos de governo constitucional, depois de 78 projetos, alguns convertidos em lei, depois da eleição em círculos de um, depois do alargamento pelos distritos de três, depois de restaurada a eleição por província e do voto incompleto, querem dar a delegação nacional pela vigésima parte da nação brasileira. A história do país

---
[39] Idem, p. 179.

protesta contra a acintosa exclusão das massas ativas do Império. Não temos a luta do proletário, mas temos a crise do trabalho, a transição da grande propriedade, a desorganização dos costumes comerciais, e tudo isso quando o projeto diz às massas: Pagai impostos, mas não votareis[40].

O projeto de 1879 – bem como os debates que a ele se seguiram conduziram à última reforma eleitoral do Império: a Lei Saraiva – ou do Censo – de 1881. A mais minuciosa lei eleitoral do Império tinha como principal objetivo obter máxima regulação sobre o processo eleitoral, no sentido de garantir sua lisura. Isso seria possível pela combinação entre redução do eleitorado e introdução de inúmeros procedimentos capazes de garantir a honestidade de todas as etapas do mecanismo eleitoral. Segundo Tavares de Lyra, a Lei Saraiva refundiu em 37 artigos toda a legislação eleitoral do Império. Suas principais prescrições são:

> Considera eleitores os cidadãos brasileiros com renda líquida anual de 200$000.
> Indica "meios de prova da mesma renda".
> Submete o alistamento de eleitores aos juízes de direito.
> Estabelece incompatibilidades.
> Determina que as eleições sejam realizadas em um dia, sem as cerimônias religiosas e legais (missas e leituras de regulamentos).
> Proíbe a presença e a intervenção da força pública.
> Altera a composição das mesas eleitorais, tornando-as acessíveis a cidadãos que representem diferentes correntes políticas.
> Garante o voto secreto.
> Reestabelece os círculos de um deputado.
> Faz com que a apuração seja controlada pelos juízes de direito.
> Exige que o candidato eleito por um círculo tenha a maioria absoluta, prevendo para isso a realização de 2º turno, entre os dois mais votados, caso aquela maioria não tenha ocorrido.

---

[40] Ibidem, p. 205.

A lei implicou drástica redução do eleitorado. A Diretoria Geral de Estatística do Império, em 1874, estimava a população eleitoral brasileira em torno de 1.114.066 pessoas. Com a Lei Saraiva este número cai para 157.296, algo como 1,5% da população global. O censo alto era claramente excludente. Segundo André Rebouças, em Minas Gerais, no ano de 1883, o salário médio era de 144$000 anuais. Na própria capital do Império, Joaquim Nabuco afirmava existirem, em 1881, apenas 5.928 eleitores, dos quais 37% eram funcionários públicos (civis e militares), 28% ligados ao comércio e 1% profissionais liberais. O restante era composto por "artistas", clérigos, guarda-livros e despachantes.

A primeira eleição pós-Lei Saraiva registrou um comparecimento de 64%, algo em torno de 93.000 eleitores. Tavares de Lyra apresenta os resultados como "modelares": os liberais, no governo, conquistam 75 cadeiras, enquanto que a oposição conservadora ocupa 47 postos[41]. Trata-se de distribuição atípica na história eleitoral do Império, além do fato, igualmente incomum, de que dois ministros de Estado foram derrotados em seus distritos e de que todos os principais líderes conservadores foram vitoriosos: Paulino de Souza, Duque Estrada Teixeira, Ferreira Viana, entre outros.

A eleição seguinte mantém a proporção: os conservadores, ainda fora do poder, conquistam 40% da representação nacional. Tudo parecia indicar que a culpa a respeito da trajetória de simulacros eleitorais cabia realmente ao eleitor desqualificado das paróquias. Mas, ou todos eram desqualificados, ou

---

[41] Os dados de Tavares de Lyra não correspondem aos apresentados pelo barão de Javari. Para esse a primeira eleição pós-Lei Saraiva teria dado aos liberais 61 cadeiras e 39 à oposição conservadora. De qualquer modo, a distribuição segue sendo atípica. Para um confronto entre os diferentes registros, v. além de op. cit., de Tavares de Lyra, op. do barão de Javari: *Organizações e programas ministeriais*. Rio de Janeiro, Imprensa Nacional, 1889.

então o problema era imune a qualquer terapia legal: a ilusão moralizadora cai por terra, já que na terceira eleição pós-Lei Saraiva, o Brasil retoma seus trilhos. O Gabinete conservador do barão de Cotegipe obtém a dissolução da Câmara na qual os liberais detêm 60% das cadeiras e convoca novas eleições – em 1885 – que darão aos conservadores mais de 80% da representação.

O contraste entre as eleições presididas por liberais e aquelas controladas pelos conservadores fez Joaquim Nabuco supor que o seu partido – o Liberal – possuísse um código de ética superior[42]. No entanto, a recaída do sistema eleitoral no vício atingiu também governos liberais no final do Império. Nas eleições feitas pelo Gabinete liberal do visconde de Ouro Preto, as últimas do Império, os conservadores ficaram com seis deputados e os republicanos com dois.

Na verdade, as eleições seguintes à Lei Saraiva constituíram um teste crucial para a teoria que esteve implícita na retórica dos reformadores. Segundo ela, a verdade eleitoral só seria factível com um adequado expurgo no eleitorado, permanecendo apenas aqueles eleitores dotados de "haveres e ilustrações".

Houve, contudo, ânimo para reformas. O próprio Gabinete Ouro Preto, o último do Império, ao instalar-se, anunciou amplo espectro de mudanças. O novo presidente do Conselho revelou, mesmo, grande intencionalidade reformadora, contraditada, no entanto, por sua biografia pregressa. O visconde, além de notório defensor do projeto de 1879, esteve diretamente associado aos acontecimentos de janeiro de 1880, na capital, mais conhecidos com o nome de Revolta do Vintém. Como ministro da Fazenda da época, o visconde criou o

---

[42] Os dados apresentados e a existência do código de ética liberal foram reproduzidos por Sérgio Buarque de Holanda, op. cit. V. tb. Joaquim Nabuco. *Um estadista do Império*. Rio, Nova Aguilar, 1975.

"imposto do vintém" (20 réis em cada passagem de bonde), e manteve-se imperturbável diante da fúria irredenta da população da capital, que procedeu à pândega de praxe.

Passados nove anos, o visconde de Ouro Preto – o "Afonso Vintém" – apresentou à Câmara e ao Senado um amplo projeto de reforma. Sua crença básica era a de que o sistema imperial tinha elasticidade suficiente para absorver reformas, tornando, por esta via, inócuas as propostas da propaganda republicana. Dizia Ouro Preto:

> Chegaremos a esse resultado... empreendendo com ousadia e firmeza largas reformas na ordem política, social e econômica, inspiradas na escola democrática; reformas que não devem ser adiadas para não se tornarem improfícuas. O que hoje bastará, amanhã talvez será pouco[43].

Foram estas as principais propostas de reforma apresentadas pelo visconde:

> Alargamento do direito de voto, considerando como prova legal de renda o "fato de o cidadão saber ler e escrever".
> Plena autonomia das províncias e municípios, eleição dos administradores municipais e "nomeação dos presidentes e vice-presidentes de província, recaindo sobre lista organizada pelo voto dos cidadãos eleitores".
> Término da vitaliciedade do Senado.
> Representação e governo próprio para o município neutro.
> Reforma do Conselho de Estado, limitando-o a questões administrativas.

Como já foi dito, a plausibilidade da efetivação de propostas de mudança que, pelos azares do jogo político, acabaram não se materializando, é matéria controversa. O que pode ser feito

---
[43] Visconde de Ouro Preto, op. cit., p. 215.

com maior realismo é verificar até que ponto o desejo de mudança manifestado pelos republicanos excedia ou não os limites do reformismo monárquico. Mas, antes disso, é importante interpretar o legado de reformas que foi acima apresentado.

Uma primeira avaliação a respeito das tentativas de reformar o sistema político imperial pode sugerir ao analista a presença de um padrão semelhante ao detectado por Sérgio Buarque de Holanda e por Paulo Mercadante[44]. Entre nós, durante o Império, teria vigorado o modelo de "reforma às avessas" ou a onipresença de uma "consciência conservadora", ambas capazes de levar à esterilidade propósitos de mudança institucional mais ousados. Com maior ceticismo, poder-se-ia mesmo supor que tudo não teria passado de mera farsa.

No entanto, a obsessão reformista permanente pode ser levada a sério, sem envolver qualquer concepção mais generosa sobre a natureza humana. Trata-se apenas de considerar dois problemas cruciais na engenharia institucional do Império: *o paradoxo da representação* e *a verticalização da ordem política*.

O Brasil nasceu paradoxal. No preâmbulo da Constituição de 1824, ficou estabelecido que o primeiro imperador tinha como fontes de sua irrestrita legitimidade a "graça de Deus" e a "unânime aclamação dos povos". O paradoxo do preâmbulo, mais tarde, se fez na dinâmica do sistema representativo: o país possuía sua representação, mas cabia ao imperador a escolha do presidente do Conselho de Ministros, reservada ainda sua prerrogativa de dissolução da Câmara de Deputados.

Entre 1868 e 1889 todas as legislaturas, com exceção de uma, foram interrompidas pelo Poder Moderador. A crise política de 1868 – nas palavras do liberal Saldanha Marinho, o

---

[44] Sérgio Buarque de Holanda, op. cit. e Paulo Mercadante. *A consciência conservadora no Brasil*. Rio de Janeiro, Saga, 1965.

"estelionato político" – pôs abertamente o imperador contra o simulacro de instituições representativas ainda existentes: neste ano Câmara e governo liberais foram derrubados para dar lugar aos conservadores, liderados pelo visconde de Itaboraí. A partir deste ponto multiplicaram-se críticas ao chamado "poder pessoal" de D. Pedro II: muitos passaram a ver em suas intervenções no jogo político a sórdida intenção de "desmoralizar os partidos e as eleições".

O mecanismo é conhecido, e foi consagrado pelo *sorites* de Nabuco de Araújo: o imperador escolhe o governo e este invariavelmente faz das eleições um ritual para obtenção de apoio majoritário[45]. A sequência, instituída em 1847, inverte as regras do parlamentarismo clássico, pelas quais o governo é, em alguma medida, expressão de maiorias parlamentares. No caso imperial, ocorreu o contrário: as maiorias eram, na verdade, expressões da orientação do Poder Executivo, instalado por iniciativa do Poder Moderador. A ausência de mecanismos capazes de alterar essa direção, no sentido de que as eleições sejam anteriores politicamente aos governos, fez com que a única forma de acesso dos partidos ao poder fosse a própria escolha imperial, constitucionalmente irresponsável. Isso fez de conservadores e liberais habitantes de um drama político: os procedimentos que conduzem à glória são idênticos aos que proporcionam decadência.

Do ponto de vista manifestado pelo imperador, em sua vasta produção epistolar, o uso das atribuições do Poder Mode-

---

[45] O "sorites de Nabuco" foi proferido durante a crise política de 1868, com o seguinte teor: "o Poder Moderador pode chamar a quem quiser para organizar ministérios; esta pessoa faz a eleição porque há de fazê-la; esta eleição faz a maioria. Aí está o sistema representativo do nosso país!". Para uma análise do período ver Joaquim Nabuco, op. cit., e Euclides da Cunha, em seu excelente ensaio: "Da Independência à República", publicado no livro *À margem da história*. Porto: Livraria Chardron, 1909.

rador era um mal necessário. Para ele, as eleições eram "uma calamidade", e se o sistema decisório do Império concedesse aos partidos o poder de fazer governos, ocorreria a inevitável eternização do predomínio de uma facção, em detrimento da outra. O Poder Moderador, por sua faculdade privativa de nomear o Poder Executivo, diante da "calamidade" inerente ao processo eleitoral, aparece como a única alternativa capaz de erradicar do sistema político do Império o espectro das facções.

Do ponto de vista das facções, era arriscada a aposta em projetos de reforma que incluíssem a retração do Poder Moderador às idílicas atribuições de um rei que apenas reinasse. A cláusula de Rodrigues Tôrres, o visconde de Itaboraí –, *O rei reina, governa e administra* – se por um lado limita as faculdades de governo, por outro lado estabelece uma espécie de malha protetora diante da difundida tradição de falcatruas eleitorais.

Assim se estabelece o paradoxo da representação: O Poder Moderador, fonte da inversão do sistema representativo, aparece como único elo capaz de resguardar a vontade nacional, maculada pela fraude e pela manipulação das facções. No limite, para as elites partidárias era preferível a previsibilidade da tutela – que era, afinal, fonte de suas identidades políticas – à incerteza e o risco da competição política aberta. Alguns diriam: servidão voluntária. O juízo parece apropriado, com a condição de a expressão sugerir uma relação na qual os que servem desfrutam de benefícios compensatórios. A engenharia política do Poder Moderador, como se verá adiante, assigna aos participantes da *polis* os critérios, com alguma aleatoriedade, é certo, de acesso ao governo, sem as atribuições de uma exagerada incorporação do *demos.*

Tem-se, pois, sufocante limite às pretensões de reforma eleitoral, ou de abertura política. A alternativa de alargar os limites de incorporação do *demos* ocorreu a poucos. Com maior expressão este foi o caso de Zacaria de Góes e Vasconcelos, que, em 1875, sugeriu que todos os participantes das eleições paroquiais passassem a ser considerados eleitores da representação nacional e provincial. Mas o eco foi fraco, pois seu partido – o Liberal – em 1879, como já foi visto, defendeu projeto extremamente restritivo.

Dado o paradoxo e dados os limites, o reformismo imperial seguiu a direção do que poderia ser designado como uma *verticalização da ordem política*. A expressão é derivada de um modelo proposto pelo teórico político norte-americano Robert Dahl, em um livro que se mostrou importante, na década de 1970, para a análise dos processos de democratização política do século XX[46]. Segundo o modelo, é possível distinguir duas dimensões básicas de um processo de mudança política, designadas respectivamente como *liberalização* e *participação*, que podem ser representadas do seguinte modo:

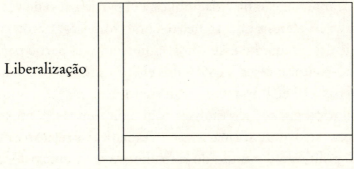

---

[46] O modelo de Robert Dahl, inspirado em obra prévia de Samuel Huntington, foi apresentado no primeiro capítulo de seu livro, *Poliarchy: Participation and Opposition*. New Haven, Yale University Press, 1971. Nota da 3ª edição: há tradução brasileira, feita pela Editora da Universidade de São Paulo. Ver Robert Dahl, *Poliarquia: participação e oposição*. São Paulo: Edusp, 2004.

A barra vertical representada pela ideia de *liberalização* – diz respeito ao grau de consolidação do pluralismo e da competição política entre as elites políticas, vale dizer, do alcance tolerável da diversidade política e da institucionalização dos acessos da *polis* ao governo. A dimensão vertical do modelo contém, na verdade, duas dimensões: ela tanto aponta para a institucionalização dos mecanismos de governo como para o grau de abrangência e organização da competição política. No caso do Império, isso permite vislumbrar a interação de um sistema governamental com um padrão de decisões altamente concentrado, com uma elite política – o corpo da *polis* – à disposição para o exercício do poder. Toda a dinâmica política relevante opera nesses limites.

A barra horizontal – corresponde à extensão da *participação*, ou seja, da incorporação da população ao *demos,* este entendido como conjunto de sujeitos dotados de direitos básicos de intervenção na vida pública, em particular o de votar. A última lei eleitoral do Império, como foi visto, optou por reduzir drasticamente esse vetor, eliminando da participação político-eleitoral cerca de 85% dos eleitores. Além disso, não foi apenas a lei eleitoral que gerou efeitos excludentes. A própria morfologia social resolveu o que em outros contextos nacionais se deu de forma tensa e dramática: a relação entre ordem política e o mundo do trabalho. Aqui, a preexistência da escravidão teve como corolário a desqualificação política permanente de um contingente que correspondia a algo em torno de 1/3 e 1/4 da população global.

Como sugeriu, de modo agudo, Bolivar Lamounier, em texto não publicado, as dimensões da "liberalização" e da "participação" não se apresentam aos atores políticos como resultados dados, ou como etapas necessárias, mas como *es-*

*colhas.*⁴⁷ A diversidade de padrões institucionais pode ser percebida como função de escolhas, com maior ou menor grau de liberdade, não importa, formuladas pelos atores politicamente relevantes. Isso parece ser adequado ao caso do Império. O padrão institucional construído dependeu da interação entre o imperador, o governo e o mundo da representação política. Quaisquer que tenham sido as suas razões, a escolha adotada implicou a busca de uma ordem política crescentemente verticalizada, mas cujo sucesso em excluir e limitar o *demos* não a livrou de um absurdo existencial: a obsessão pela lisura nas eleições, a definição de critérios capazes de dotar de maior visibilidade o processo eleitoral e, enfim, a busca de maior coextensividade entre a *polis* e o governo, sabendo que isso era impossível. Impossível, pois a completa coextensividade exigiria plena autonomia da *polis* – ou seja, da representação política – para definir quem ocupa o governo, bem como regras públicas de rotatividade e limitação de poderes.

Absurdo, mas não farsa, pois essa ideia empresta aos atores total intencionalidade, tornando a existência política impermeável à tragédia, ao engano e ao fracasso. Os reformistas monárquicos, repito, não encenavam uma farsa, gênero aparentado com a comédia. Na medida em que o procedimento institucional – a escolha do Poder Moderador – que conduz uma facção à glória pode levá-la à decadência, o gênero se aproxima do enredo das tragédias. Ao contrário das comédias, as situações trágicas – como enfatiza George Steiner[48] – são marcadas pela passagem de uma situação de equilíbrio ou glória para a irremediável queda na precariedade da vida, sem

---

[47] Bolivar Lamounier. "Perspectives on Democratic Consolidation: the Brazilian Case", mimeo., p. 19.
[48] George Steiner. *The Death of Tragedy*. London, Faber and Faber, 1961.

que os atores envolvidos tenham a prerrogativa de conhecer o curso da ação. Pode-se objetar que no Império o texto era sobejamente conhecido. E mais, que a decadência das facções era rotativa, não sendo, pois, tanto quanto a glória, de nenhum modo definitiva: liberais e conservadores sucediam-se em um sistema no qual o sucesso e o fracasso políticos se autoalimentavam. Pequenas tragédias, portanto.

O fracasso dos que buscavam aperfeiçoar o Império não sobreveio da usurpação do tempo futuro que lhes impôs o golpe republicano. Veio de seu próprio presente, de um conjunto de cláusulas endógenas à ética e ao sistema político imperiais. Eram arriscadas eleições "verdadeiras", sem o atributo corretivo do Poder Moderador. Este, por sua vez, inviabiliza a operação de um sistema representativo e dotado de alguma capacidade governativa.

Seriam os republicanos mais ousados? Em um certo sentido sim, pois acabaram por empreender uma aventura política capaz de eliminar o antigo regime. Mas, do ponto de vista do que de modo impreciso pode-se chamar de modernização política, cabe a dúvida. O ímpeto reformador dos republicanos, na direção de um arranjo político mais aberto, também foi limitado. Sua conduta diante das questões institucionais discutidas ao final do Império possuiu a marca da moderação, senão da quase completa suspensão do juízo. O ruído feito durante a Questão Militar, por exemplo, foi inversamente proporcional ao desempenho republicano no debate abolicionista. Não consta, também, que tenham sido particularmente ativos e críticos com relação às propostas de redução do eleitorado, emergentes na década de 1870. Os mais radicais opositores da medida foram monarquistas como José Bonifácio, o Moço, Joaquim Nabuco e José de Alencar.

Parece terem sido poucos os republicanos como Aristides Maia, admirador confesso dos regicidas russos. E mesmo os mais radicais, como Silva Jardim, não acrescentaram à fúria antimonarquista o desejo de maior incorporação do *demos:*
... o regime republicano exerce-se no campo da ação prática pela concentração das forças políticas, isto é, pela ditadura, tão forte quanto dispensável[49]...

Paulo Mercadante nota que um dos fatores que contribuíram para inocular maior surpresa na queda da Monarquia foi o de ela ter sido deposta por "uma facção que vinha de um compromisso com o sistema"[50]. Várias foram as manifestações, como as dos republicanos históricos Quintino Bocaiuva e Saldanha Marinho, de que a República viria por evolução, e não por revolução. Isso permitiu a Sérgio Buarque de Holanda distinguir a propaganda republicana dos anos finais da Monarquia, das agitações separatistas do período regencial (1831-1840). Enquanto essas eclodiram na periferia, e de modo radical, a propaganda dos anos 1970 e 1980 teria surgido no centro político do país – na Corte e em São Paulo – e de modo domesticado.

A prudência e a aceitação das regras do jogo caracterizaram, durante muito tempo, o comportamento dos republicanos paulistas. Prudente de Moraes, que viria a ser o primeiro civil presidente da República (1894-1898), foi eleito deputado em 1877 pelo Partido Liberal. Mais tarde, em 1884, quando foi para a Câmara dos Deputados com seu correligionário Campos Sales, recebeu apoio dos conservadores. José Maria dos Santos, em seu livro sobre Bernardi-

---

[49] Apud Simon Schwartazman. *São Paulo e o Estado Nacional*. São Paulo, Difel, 1973.
[50] Paulo Mercadante. *Civis e militares: a crise e o compromisso*. Rio de Janeiro, Zahar, 1978, p. 111.

no de Campos, foi claro com relação à aversão de seu personagem – principal líder do Partido Republicano Paulista – à associação dos republicanos com a dissidência militar. Bernardino de Campos chegou mesmo a criticar de modo contundente o Gabinete conservador do barão de Cotegipe pelo cancelamento de sanções disciplinares, impostas pelo governo a oficiais rebeldes, durante a Questão Militar: "Será necessário que eu rememore outra vez as capitulações aviltantes do poder público, toda vez que o poder armado se ergue diante deles[51]?"

É um engano supor que o Golpe de Estado de 15 de novembro de 1889 tenha sido a materializarão de um projeto de utopia, lentamente amadurecido por duas décadas de ação republicana. Talvez seja mais prudente supor que a relevância da propaganda republicana se deve, apenas, ao fato de que se proclamou uma República, que a reivindicou como memória. Confrontando com o que lhe era estritamente contemporâneo, o reformismo republicano é anódino. Seu principal texto, o Manifesto de 1870, foi, como ressaltou Paulo Mercadante, "um documento de cunho pragmático"[52]. A utopia dos anos da década de 1830 cedeu lugar à ponderação, no caso dos civis, e à crença nas inabaláveis leis da história, em versão tupi-positivista, no caso de alguns segmentos militares.

Do ponto de vista retórico, o Manifesto adotou tom moderado e inespecífico, buscando não impedir a adesão de liberais descrentes da Monarquia e de escravocratas descontentes

---

[51] José Maria dos Santos. *Bernardino de Campos e o Partido Republicano Paulista*. Rio de Janeiro, José Olympio, 1960, p. 43.
[52] Sobre o Manifesto Republicano, ver Paulo Mercadante, op. cit.; George Boherer, op. cit.; e Américo Brasiliense, *Os programas dos partidos e o Segundo Império*. São Paulo, Tipografia de Jorge Seckeer, 1878.

com a política abolicionista do Império. É curioso notar que, no texto, quando são feitas críticas ao sistema monárquico brasileiro, apela-se para citações de eminentes monarquistas, como Eusébio de Queirós, membro da vetusta Trindade Saquarema, a extrema direita conservadora, que incluía também os viscondes de Uruguai e Itaboraí. As propostas apresentadas pelo Manifesto, e que só poderiam ser implementadas com a República, incluíam: soberania do povo, democracia, governo representativo e responsável e federalismo. É inútil procurar no Manifesto de 1870, e nos outros que se lhe seguiram, maior detalhamento.

Com tal nível de generalidade, o programa reformista dos republicanos é mais limitado que a tímida proposta de reformas apresentada em 1889 pelo Gabinete monárquico dirigido pelo visconde de Ouro Preto, o último do Império. A comparação torna-se despropositada, se a lembrança alcançar o programa dos Liberais Radicais de 1868. Dois anos antes do Manifesto Republicano, os liberais radicais propuseram o mais amplo quadro de reformas surgido durante a vigência do sistema monárquico no Brasil, com os seguintes itens: descentralização, liberdade de ensino, polícia eletiva, Senado temporário, extinção do Poder Moderador, voto direto e generalizado, eleição direta dos presidentes de província, Poder Judiciário independente, fim da escravidão, incentivos ao trabalho livre, entre outros[53].

No vasto continente de pragmatismo adotado pelo Manifesto Republicano, o federalismo aparece como ponto mais consistente, ou ao menos insistente. Contudo, e ao contrário de seu parente nórdico e anglo-saxão, o federalismo apresen-

---

[53] Para a íntegra do programa liberal radical, de 1868, ver Américo Brasiliense, op. cit.

tado como nova panaceia não guarda qualquer relação com a tradição liberal e individualista. A titularidade de direitos não é aqui atribuída a indivíduos, mas sim deslocada da centralização imperial e afirmada como atributo das províncias. O holismo imperial cede lugar à diversidade holística das suas unidades. O federalismo republicano sugere, antes de tudo, o desenho de novas formas de domesticação e exclusão do *demos*.

É fartamente sabido que a ideia federalista exerce forte atração sobre segmentos da própria elite política no Segundo Reinado. Joaquim Nabuco, por exemplo, em 1885, chega a apresentar à Câmara de Deputados projeto de transformação da Monarquia unitária em federativa, na qual os governos provinciais seriam "completamente independentes do poder central". No entanto, a pregação republicana federativa opera em um cenário marcado por crescente erosão de prestígio monárquico e, sobretudo, sustentada pelas alterações da morfologia social.

Com efeito, a ordem social brasileira parecia prefigurar, em sua disposição empírica, a ideia mesma de federação. A unidade básica da economia, dada pelo trabalho escravo, é nitidamente declinante a partir da década de 1870. A pressão por políticas imigratórias, além de significar a emergência de novos interesses sociais, indicava a necessidade de alteração do sistema decisório, na medida em que obrigava a produção de políticas que devessem tratar da especificidade de situações regionais. Antes, a escravidão fora uma "política natural" com relação ao mundo da economia e do trabalho, e, como tal, dotada de atributos universais. Com a erosão do sistema, a questão do trabalho ficou obrigatoriamente regulada pelo mundo do artifício. Isto é, não havia resposta "natural", pois as soluções deveriam depender de políticas tão eficazes quanto capazes de perceber a diversidade das situações regionais. Os republicanos paulistas tinham lá suas razões quando diziam que a questão servil deveria ser decidida por cada província, de modo autônomo.

Foi entre os republicanos paulistas – e não entre os republicanos radicais e positivistas da Corte – que surgiram propostas mais radicais. Não no sentido de maior incorporação do *demos* mas, mesmo assim, incidindo sobre uma das características mais pesadas da ordem imperial: a hipercentralização. Para alguns segmentos paulistas, a demanda federativa era insuficiente. A prova disso era a de que monarquistas também a desejavam. Dessa forma, ser federalista não implicava possuir uma identidade política distinta da do mundo oficial. Mais apropriado, então, seria lutar pelo separatismo, bandeira insistentemente proclamada por jornais, como *A Província de São Paulo*. Representativas desse tom foram as "Cartas a Feps", escritas por Fernando de Barros:

> Como não será bonito quando São Paulo, puder anunciar no *Times* ou no *New York Herald* e outros jornais do antigo e do novo mundo o seguinte: A província de São Paulo, tendo liquidado os seus negócios com a antiga firma *Brasil Bragantino Corrupção e Cia.* declara que constitui-se em *nação independente,* com a sua firma individual. Promete em suas relações com outras nações manter a boa-fé em seus negócios, retidão, altivez e dignidade, em vez de duplicidade, velhacarias e covardias da antiga firma[54]...

Em 1887, Martim Francisco – deputado republicano na Assembleia Provincial de São Paulo – publicou uma comédia, incluída em seu livro *São Paulo independente, propaganda separatista*. Nela procurava demonstrar que a união São Paulo/Brasil era inteiramente nefasta aos negócios pau-

---
[54] Apud Emilia Viotti da Costa, op. cit., p. 316.

listas, o que poderia ser facilmente apreendido através da comparação entre as diferentes "personalidades" das províncias brasileiras:

Amazonas e Pará: "negociantes de borracha gêmeos"
Maranhão: "professor aposentado"
Ceará: "filante de refrescos"
Piauí: "fazendeiro endividado"
Pernambuco: "leão sem juba"
Paraíba: "ilustre desconhecida (usa vestido de cauda)"
Alagoas: "namorada do tesouro público"
Espírito Santo: "hoteleiro desempregado"
Rio de Janeiro: "velho feitor"
Município Neutro: "Bilontra e Capoeira"
Paraná: "trabalhador de braços atados"
Santa Catarina: "moça que promete"
Rio Grande do Sul: "curatelato de farda"
Goiás: "inutilidade modesta"
Minas Gerais: "mulher séria e devota"
Bahia: "mãe paralítica"
Mato Grosso: "Assalariado sem serviço"
Governo Central: "Pai da tribo" e "magnífico recebedor".

Nessa classificação a identidade paulista é a de "pagador geral do Império"[55].

A subjetividade separatista, contudo, não era simples fruto do delírio e nem da saudade dos tempos vicentinos. A experiência prática corroborava tais sentimentos. Em 1889, a comparação entre a presença de São Paulo e a de algumas províncias na Câmara de Deputados revela:

---
[55] Idem, p. 315.

Tamanho das bancadas na Câmara por Província

São Paulo	9
Bahia	14
Minas Gerais	20
Pernambuco	13
Rio de Janeiro	12

Fonte: Organização e programas ministeriais: Regime parlamentar no Império (Ministério da Justiça) apud Emilia Viotti da Costa, op. cit., p. 312.

Os dados orçamentários a sugerem mesma direção. Em 1883 a receita global da Província de Minas Gerais foi de 1.932.628$000, enquanto que a de São Paulo foi de 9.164.757$000. Nos últimos anos do Império, segundo Emília Viotti, São Paulo pagava ao governo central cerca de 20.000.000$000 anuais, recebendo apenas 3.000.000$000, o que equivalia à renda da alfândega de Santos durante três meses. As contribuições paulistas representavam 1/6 da renda total do Império. Para dilatar a fúria dos separatistas ainda havia outras correlações julgadas espúrias: um deputado paulista correspondia a 160.000 habitantes da província, duas vezes a população do Espírito Santo (com 2 deputados) e o triplo da do Amazonas (com dois deputados)[56]. Não é absurdo, pois, constatar que a retórica dos separatistas usa como símbolos preferenciais metáforas derivadas do mundo dos negócios. São Paulo é uma "firma individual" ou um "pagador geral", cujo desempenho empresarial é prejudicado por sua submissão a outro tipo de lógica.

O peso específico do separatismo no movimento republicano paulista não deve, contudo, ser exagerado. Apesar da

---
[56] Ibidem, p. 314.

consistência de suas razões, as propostas sugeridas acabaram domesticadas. Por realismo, ou por julgar que a queda de um Império unitário só seria viável se conduzida por uma coalizão nacional, os republicanos paulistas permaneceram brasileiros e limitaram-se a adotar o lema, que sabe um tanto a Bernard de Mandeville, "Descentralização, Unidade".

A queda de um sistema septuagenário é, historicamente, um acontecimento grandioso, o que não traz como corolário que os seus autores sejam dotados de grandiosidade. A desproporção entre a magnitude dos efeitos de uma ação e a baixa consistência dos propósitos dos seus agentes, além de introduzir na trama da história a perspectiva da aventura, aproxima-se daquilo que Hannah Arendt, em contexto distinto, designou como "banalidade do mal"[57]. Para ela a expressão não designa uma doutrina ou teoria específicas, mas algo de ordem factual, a saber:

> ...the phenomenon of evil deeds, comitted on a gigantic scale, which could not be traced to any particularity of wickedness, pathology, or ideological conviction in the doer, whose only personal distinction was a perhaps extraordinary shallowness[58].

Parece, por certo, excessivo enquadrar a queda do Império como a materialização de algo assemelhado a *evil deeds* – ações malignas –, o que não elimina a utilidade analítica da ideia de superficialidade (*shallowness*), para lidar com as ações humanas. Com efeito, o par conceitual banalidade/superficialidade retira dos eventos humanos a paternidade das leis da história e da inevitabilidade, ao fazer das ações humanas escolhas

---

[57] V. Hannah Arendt. *Eichman in Jerusalem: a Report on the Banality of Evil*, Penguim Books, 1977.
[58] Ver Hannah Arendt. "Thinking and Moral Considerations: a lecture". *Social Research,* Spring/Summer, 1984, v. 51/7, ns. 1 e 2.

cujos efeitos escapam à percepção e ao controle imediato dos agentes[59]. A aplicação da ideia ao golpe republicano no Brasil parece-me aliciante: o que dizer de uma coalizão liderada por militares do velho regime, cuja sofisticação intelectual limitava-se a vociferar contra os "casacas", senão que ela possuía estreito parentesco com a ideia de superficialidade?

Discutir se os republicanos sabiam ou não o que queriam, ou se sob o manto da superficialidade taticamente existiam "projetos", é tarefa diante da qual a prudência cética recomenda a suspensão do juízo. Mais apropriada parece ser a consideração de que diante da erosão endógena da Monarquia, formou-se de forma errática uma coalizão de veto, capaz de incluir o delírio separatista domesticado pelo realismo federalista, o ressentimento militar, a ética absoluta da dissidência positivista e o enfado de outros com o regime monárquico.

Seguem-se os paradoxos: uma aventura política, protagonizada pela ousadia e superficialidade analítica, altera de modo drástico o leque de alternativas políticas dispostas ao futuro; uma coalizão de veto cuja eficácia destrutiva não lhe garante recursos suficientes para, de sua vitória, derivar a direção a ser seguida; uma cristalização de atores, enfim, que não estava à altura dos efeitos que engendrou. Confrontando o legado do Império com a aventura republicana de 1889, é difícil evitar a sensação de que o que foi vetado foi mais relevante do que os desígnios de quem vetou. Com efeito, os primeiros anos republicanos caracterizaram-se mais pela ausência de mecanismos institucionais próprios do Império do que pela invenção de novas formas de organização política. O veto imposto ao regime monárquico não trouxe consigo a invenção positiva de uma

---

[59] A respeito do tema da inevitabilidade histórica, é incontornável o ensaio de Isaiah Berlin, "Historical Inevitability" in: Isaiah Berlin. *Four Essays on Liberty*. Oxford, Oxford University Press, 1969.

nova ordem. O que se seguiu, conforme será visto, foi uma completa desrotinização da política, o mergulho no caos.

Antes de proceder à necessária reflexão sobre a entropia dos primeiros anos da República, importa considerar de modo sistemático o que foi vetado pelos republicanos, a engenharia política do Poder Moderador. Isso possibilitará verificar o impacto gerado no curto prazo pela supressão do padrão político e institucional do Império e perceber o que dele foi recuperado, quando no governo Campos Sales (1898-1902) a ordem republicana definiu suas rotinas institucionais.

O Brasil amanheceu no dia 16 de novembro de 1889 sem Poder Moderador. O sistema político abriu-se para uma experiência, nos 10 anos que seguiram à Proclamação de 1889, na qual ficou desprovido da "chave" de sua organização institucional. Segundo a tradição do Império, as atribuições do Poder Moderador foram fundamentais para estabelecer tanto os limites quanto a dinâmica do corpo político. Definido, segundo a Constituição de 1824, como prerrogativa exclusiva do imperador, foi apresentado pelos intelectuais da Monarquia como garantia para conter o espírito de facção, como guardião da neutralidade e da conservação e como "expressão de necessidades fundamentais", de "direitos adquiridos, interesses criados, tradições e glórias"[60].

Para as finalidades desta reflexão, o que designo como engenharia institucional do Poder Moderador apresenta as se-

---

[60] Com a expressão "intelectuais da Monarquia", refiro-me particularmente aos seguintes publicistas do século XIX: visconde do Uruguai. *Ensaio sobre o Direito Administrativo*. Rio de janeiro, Typographia Nacional, 1862; Braz Florentino de Araújo. *Do Poder Moderador*. Recife, Typographia Universal, 1864 e José Antonio Pimenta Bueno. *Direito Público e análise da Constituição do Império*. Brasília, Senado Federal, 1978.

guintes macrocaracterísticas: *uma doutrina simbólica da representação*[61] e *uma forma de geração e constituição de atores políticos legítimos.*

As avaliações sobre o modelo político e institucional do Império coincidem no geral – com exceção das marcadas por viés monarquista[62] –, na enumeração de suas, digamos, "falhas": indistinção programática e social dos partidos, ausência de enraizamento do sistema político na sociedade, eleições fraudulentas e inexistência de sistema representativo. No entanto, seria equivocado sustentar que o Império dispensou, em sua organização política, o princípio da representação. Fê-lo, no entanto, em perspectiva distinta do modelo clássico e liberal de *representação descritiva,* pelo qual os poderes políticos de uma nação ficam subordinados à comunidade política mais ampla. O caso do Império revelaria a opção pela ideia de *representação simbólica,* presente na concepção que faz do príncipe o criador do Estado, e desse o instituidor da

---

[61] Sobre a ideia de representação simbólica, ver Hanna Pitkin. *The Concept of Representation.* Berkeley, University of California Press, 1972.
[62] Talvez a mais interessante avaliação positiva do legado da Monarquia tenha sido feita por Joaquim Nabuco, apesar de sua persuasão liberal e reformista: "Tenho por certo que a função benéfica da Monarquia no Brasil foi esta: descobrimento, conquista, povoamento, cristianização, edificação, plantio, organização, defesa do litoral, expulsão do estrangeiro, unificação e conservação do todo territorial; administração, estabilidade, ordem perfeita no interior; independência, unidade política, sistema parlamentar, sentimento da liberdade, altivez do caráter brasileiro, inviolabilidade da imprensa, força das oposições, direito das minorias; tirocínio, aptidão, moralidade administrativa; vocação política desinteressada; crédito, reputação, prestígio exterior; brandura e suavidade de costumes públicos, igualdade civil das raças, extinção pacífica da escravidão; glória militar, renúncia do direito de conquista, arbitramento internacional; cultura literária e científica a mais forte da América Latina; por último – como o ideal realizado da democracia antiga, o governo do melhor homem – um reinado pericleano de meio século". Para um elogio completo, v. de Joaquim Nabuco. *O dever dos monarquistas.* Rio de Janeiro, Typ. Leuzinger, 1895.

sociedade. Através de tal perspectiva, a formação de um poder central compacto aparece como condição necessária à criação de instituições capazes de definir a extensão e as regras de interação da *polis* e o alcance da incorporação do *demos*.

O Brasil, durante a experiência imperial, vivenciou a superposição entre um critério liberal de representação presente na constituição da Câmara dos Deputados – e uma perspectiva hobbesiana, que fez do príncipe o criador da nação. As prerrogativas práticas dessa investidura são notórias: os poderes imperiais de nomear o Poder Executivo e o Poder Judiciário, dissolver a Câmara de Deputados e controlar a administração das províncias. Tem-se, dessa maneira, resolvidos alguns dos problemas cruciais da organização política e institucional: o processo de geração do governo, a constituição e os limites da representação nacional e as relações entre "centro" e "periferia" na estrutura do Estado. Tudo isso com a clara fixação de quem detém o monopólio de escolha.

A história eleitoral e a da constituição de governos no Império reforçam tal percepção. Tudo parece indicar a presença de um singular sistema de eleitor único, capaz de encarnar a vontade nacional a salvo das distorções e do espírito de facção. É o que se depreende da análise de Sérgio Buarque de Holanda:

> Pode-se, pois, dizer que a ação do imperador vinha a suprir neste ponto o papel dos órgãos mais normalmente autorizados a dar expressão à vontade popular e tinha função semelhante à de um corpo eleitoral, do corpo eleitoral que o Brasil não conhecia[63]...

De fato, se o modelo clássico exposto por T. H. Marshall[64], a respeito da gênese e do significado dos direitos de cidada-

---
[63] Sérgio Buarque de Holanda, op. cit., p. 73.
[64] Refiro-me à clássica obra de T. H. Marshall. *Cidadania, classe social e statu*. Rio de Janeiro, Zahar, 1967.

nia, possui alguma consistência, pode-se dizer que o Império instituiu um sistema de cidadão único, com prerrogativas maximizadas ao limite. Vejamos: em termos de direitos civis, não pode haver maior liberalidade do que a situação na qual o portador é irrestritamente irresponsável. Assim, o imperador. Sua titularidade de direitos políticos foi expressa no papel de eleitor único. Antecipando o século XX, também usufruiu das prerrogativas emanadas da moderna definição de direitos sociais, que obriga o Estado a incluir em sua agenda a promoção do bem-estar público: os gastos da Família Real eram superiores, segundo orçamento público, aos do Legislativo, resguardada ainda a estabilidade da função para a pessoa do monarca e para a dinastia.

Um dos legados mais importantes do Império, vetado pelos republicanos, foi o critério de geração e constituição dos atores políticos legítimos e, por essa via, o controle sobre os mecanismos de competição política. A partir da década de 1840, o Poder Moderador, por suas atribuições e pela lógica do sistema parlamentarista adotado em 1847, definiu-se como ponto de referência diante do qual as identidades partidárias se estruturam. Possuindo uma história partidária própria, o Império evitou, segundo observação de Bolivar Lamounier, quatro alternativas clássicas, presentes em processos de organização da competição política em outras plagas: partidos formados a partir de eleições; partidos formados a partir do conflito social; partidos de princípio; e partidos formados pela evolução de grupos clânicos.[65]

De modo próprio, no sistema parlamentarista do Império, a constituição e a identidade dos partidos enfatizou prioritariamente sua relação com a "chave da organização política",

---
[65] Bolivar Lamounier, op. cit., pp. 27-33.

o Poder Moderador. Se os partidos em geral retiram de sua relação com o eleitorado parte significativa de sua identidade, os partidos monárquicos não se definem obrigatoriamente como casos de patologia política. O problema todo é que só havia um eleitor. Será tarefa da República inventar uma nova dinâmica, capaz de erradicar o eleitor único, evitando, com igual ênfase, o eleitorado clássico e alargado.

O veto ao legado do Império implicou o abandono de soluções tradicionais a questões cruciais e pertinentes ao sistema político. O Brasil acordou sem Poder Moderador, em 16 de novembro de 1889. Isto é, sem ter qualquer resposta institucional a respeito de si mesmo: quem faz parte da comunidade política, como serão as relações entre *polis* e *demos*, entre o poder central e as províncias, como se organizarão os partidos e se definirão as identidades políticas. Enfim, sobre quem deverá mandar. Parece não haver incerteza maior, a crer em Silvio Romero: "A questão toda hoje no Brasil é saber com que patrão se há de estar"[66].

---

[66] Silvio Romero. *Provocações e debates*. Porto, Livraria Chardron, 1910, cap. XX, "As Oligarquias e sua Classificação", pp. 401-416.

II
OS ANOS ENTRÓPICOS
(1889-1894)

> "*Uma revolução gera os heróis, nivelando-se na sua corrente, mártires e déspotas. Diverso é o golpe de Estado, propenso ao surgir dos energúmenos, fantoches e burocratas.*"
> PAULO MERCADANTE. *Militares e civis: a ética e o compromisso*

Nem mesmo os que acreditam ter a História algum sentido podem honestamente supor que havia ordem subjacente e invisível a regular o caos da primeira década republicana no Brasil[67]. Ainda que a cronologia induza a supor uma sequência aceitável do ponto de vista da razão comum, o tumulto dos primeiros anos republicanos é virtualmente avesso à narração sistematizada.

Apesar dessa dificuldade, o objetivo deste capítulo é o de considerar os anos iniciais da República. Não sei se contaminado pela confusão então reinante, tratarei o período tendo como referência a metáfora da entropia. A ideia, inspirada em

---

[67] Para uma história do período ver Edgar Carone. *A República Velha*. São Paulo, Difel, 1974; José Maria Bello. *História da República, 1889-1902*. Rio de Janeiro, Civilização Brasileira, 1954; a obra coletiva *A década republicana*. Brasília, Editora da UnB, 1986; e Maria do Carmo Campello de Souza. "O Processo Político Partidário na Primeira República". In Carlos Guilherme Mota (org.). *Brasil em perspectiva*. São Paulo, Difel, 1974; José Maria dos Santos. *A política geral do Brasil*. São Paulo, J. Magalhães, 1930; Sertório de Castro. *A República que a revolução destruiu*. Rio de Janeiro, Freitas Bastos, 1932; Evaristo de Moraes. *Da Monarquia à República*. Rio, Athena ed., s/d; e R. Magalhães Jr. *Deodoro – a espada contra o Império*. São Paulo, Cia. Editora Nacional, 1957.

seu uso no campo da termodinâmica, indica a medida de desordem contida em um sistema. Tal desordem, no interior de um determinado sistema, será tanto mais dilatada quanto maiores forem as possibilidades de combinação e indiferenciação entre os elementos que o compõem. A maior entropia possível será aquela detectada em um contexto no qual todos os elementos do sistema comportam-se de forma aleatória. No correr na análise, a ideia de entropia será aplicada ao quadro que resultou da ruptura dos canais tradicionais de integração entre *polis*, *demos* e governo, tal como definidos pela ordem imperial. O caráter entrópico da ruptura foi agravado pela legislação errática dos anos iniciais da República que, ao tentar superar o vazio institucional provocado pela queda do Império, produziu, tal como será revelado, ainda mais incerteza.

O que se procurará indicar é que o abandono dos critérios monárquicos de organização do espaço público inaugurou um período de dilatada incerteza política. Questões institucionais e formas de regulação cruciais, de alguma forma resolvidas pelo Império, ficaram submetidas a um estado de mundo caótico, a abrigar múltiplas ordens possíveis. Na verdade, a ideia de absurdo aparece como apropriada e associada às de caos e de entropia, senão como mais potente para descrever o que se passava. Seguindo a tradição da estética do absurdo, a noção não designa apenas um mundo carente de sentido ou finalidade, mas uma arena dramática, habitada por uma pluralidade de sentidos e de atores que os portam e os instituem, sem que tenham controle garantido sobre os efeitos das ações engendradas.

Sem querer aderir a disputas teóricas intermináveis, é difícil considerar a mudança política operada ao fim do século XIX, no Brasil, como a necessária manifestação de alterações estruturais na sociedade. A atenção mais detida às percepções dos contemporâneos, na suposição de que não eram cegos e ignaros agentes das leis da história, revela significativa proliferação da incerteza, a despeito do caráter mais ou menos apaixonado de suas apostas. É igualmente ilusória, ou pelo menos sujeita a séria contrafação, a suposição de, que apesar da instabilidade inicial, a República pode materializar projetos que se lhe antecederam na ordem do tempo.

Tanto a perspectiva mágica, fascinada pela explicação de fenômenos visíveis a partir de entidades invisíveis, sem expor o mistério do nexo, como a que fez a consolidação republicana pós-1898 derivar da plena aplicação de projetos oriundos da propaganda dos tempos do Império desconsideram como arena relevante para a reformulação do sistema político brasileiro a experiência dos anos entrópicos. O objetivo específico deste capítulo é argumentar em direção diversa.

Trata-se de sugerir que os anos entrópicos representaram para a República consolidada, a partir de Campos Sales, mais do que um interregno inominável, a separar dois modelos políticos puros e opostos, Monarquia e República. A República oligárquica, rotinizada a partir da "política dos governadores", não se construiu como contraponto negativo à ordem imperial. Sua produção prática e retórica exigiu a expiação de seu passado imediato e, como se verá nos capítulos subsequentes, ela pode até mesmo incorporar em sua elaboração institucional padrões e valores políticos já existentes no modelo imperial. Em poucas palavras, a República consolidou-se contra a sua própria infância.

Assim como a taxa de superficialidade dos aventureiros republicanos não fez justiça ao seu papel histórico, a rápida queda do Império bem como a ataraxia do monarca não foram proporcionais à magnitude do legado político-institucional da Monarquia. A despeito da erosão interna sofrida por suas instituições, não há como negar que o Império produziu um padrão de *state-building,* dotado de macrocaracterísticas marcantes: hipercentralização político-administrativa; controle da dinâmica legislativa e regulação da disputa política via legislação eleitoral; padrão estável de exclusão do *demos* e rígido controle sobre a formação de atores políticos coletivos. A isso deve-se somar o que José Murilo de Carvalho considerou: a homogeneidade da elite, não apenas em termos de origem ou extração, mas levando em conta também a sua persistente e duradoura inserção em um arranjo institucional dotado de molduras estáveis[68].

Mas, e quanto aos primeiros anos da República? Na ausência de reflexões semelhantes à de José Murilo de Carvalho a respeito da elite política imperial, sobre a formação das elites republicanas, vale observação impressionista. A primeira equipe governamental republicana, que compôs o Governo Provisório chefiado pelo marechal Deodoro da Fonseca, possuía, segundo expressão de José Maria Bello, "horizontes limitados". Além da notória diversidade de origens e de propósitos apresentava como característica comum uma total "inexperiência na administração pública". Com exceção de Rui Barbosa, que possuía "conhecimento teórico" sobre a "República federal presidencialista" dos EUA, e de Quintino Bocaiuva, familiarizado com as vicissitudes da política argentina, os demais "ignoravam todos eles a prática do regime na América do Norte e na América Latina"[69].

Feita a revolução e proclamada a República, o Governo Provisório divulga seu primeiro decreto, texto no qual emer-

---

[68] Ver José Murilo de Carvalho. *A construção da ordem*. Rio de Janeiro, Campus, 1980. Trata-se de livro incontornável para o entendimento do processo de constituição da elite política brasileira do século XIX.
[69] José Maria Bello, op. cit., p. 84.

gem as intenções, incertezas e paradoxos inaugurais da nova ordem. Através dele, o *demos* bestializado tomou ciência de que o país tinha novo nome: "Estados Unidos do Brasil". Foi igualmente informado de que havia governo, e sob nova forma: "República Federativa", formada pelas antigas províncias "reunidas pelo laço da federação". Sob os aspectos emblemáticos, as primeiras deliberações sobre a organização nacional: cada "Estado" decretará sua Constituição definitiva, elegendo "corpos deliberativos e os seus governos". E finalmente, procedimentos práticos: a nação será dirigida por um "Governo provisório", que nomeará delegados para governar os estados, podendo ainda neles intervir para garantia da "ordem pública". Além disso, as forças militares existentes ficam subordinadas ao governo provisório assim como todas as repartições civis e militares até então ligadas ao governo central[70].

Os analistas do período são unânimes em localizar no Decreto inaugural a marca de Rui Barbosa, presente na opção pelo legalismo e pelo credo federalista[71]. O Decreto pode ser entendido não apenas como resposta à demanda por descentralização política e pela redistribuição dos poderes no interior da *polis*, mas sobretudo como exigência de diminuição do tamanho do governo central. Sob tal ótica, as intenções do Decreto geram dois paradoxos. O primeiro, mais afeito aos que acreditam em leis sociológicas, viola o que poderia ser designado como *Lei de Tocqueville*, que assevera que todas as revoluções geram como produto histórico o

---

[70] Para a íntegra do decreto, ver Edgar Carone. *A Primeira República.* São Paulo, Difel, 1974.
[71] Ver, por exemplo, Edgar Carone, op. cit.; José Maria Bello, op. cit.; Paulo Mercadante. *Civis e militares: a ética e o compromisso.* Rio de Janeiro, Zahar, 1978, e Raymundo Faoro. *Os donos do poder.* Porto Alegre, Globo, 1975.

fortalecimento do Estado e a centralização política. Como, então, conduzir a bom termo uma revolução comprometida, segundo parte de seus protagonistas, com, pelo menos, a dispersão dos poderes do governo central? O segundo paradoxo é mais tangível: como implantar o federalismo tendo como elemento propulsor o governo central? O desafio foi inédito na história brasileira, pois é fartamente sabido que as demandas federalistas mais consistentes durante o Império tiveram como foco o protesto regionalista. A analogia com a experiência regencial, que sucedeu à abdicação de D. Pedro I, em 1831, e foi encerrada com o Decreto da Maioridade de D. Pedro II, em 1840, é fraca, pois à descentralização ali esboçada – e ali mesmo em grande medida revertida – sucedeu a opção centralizadora do segundo Reinado, que perdurou até 1889.

Os problemas derivados de uma opção pelo federalismo, implantado pelo centro, apenas em parte dizem respeito às inconsistências da primeira elite republicana, que além da vaga adesão a ideias federalistas e à defesa da autonomia dos estados, não possuía um projeto a respeito de como esses valores poderiam se materializar em uma ordem política e administrativa. Sempre é possível considerar imperativos de ordem realista: naquela quadra da vida brasileira, a implantação do federalismo pelo alto foi a única alternativa disposta aos atores. Mas, aqui, como de resto, o alcance da explicação realista é curto, sem ser, no entanto, descabido. Cabe indagar, com maior profundidade, o que fez com que essa tenha sido a única alternativa.

Com a exceção dos republicanos de São Paulo e, com menor expressão, do Rio Grande do Sul, a demanda federalista ao fim do Império não se manifestou em movimentos políticos organizados em escala nacional. Talvez isso se deva ao fato de que a maior parte do país viveu, sob a Monarquia, uma situação de *federalismo de fato*. A proposição pode ser enunciada com maior radicalidade: a maior parte do país viveu, durante a Monarquia, em situação de *ausência de regime político* e de qualquer experiência semelhante a um espaço público. O ponto, sem dúvida, exige argumentação.

Uma das características estruturantes do modelo político e institucional adotado no Império brasileiro foi a da hipercentralização administrativa, materializada, entre outras formas, no controle que o Poder Moderador, através do Poder Executivo, exerce sobre as administrações provinciais. Como notaram de modo arguto Francisco Iglesias e Sérgio Buarque de Holanda, as administrações das províncias, exercidas por prepostos do governo central, eram marcadas por uma extrema rotatividade[72]: "... os presidentes (de províncias) mandados da Corte só ficavam geralmente o tempo preciso para garantir o predomínio da orientação partidária do ministério no poder"[73].

Suas tarefas básicas resumiam-se à escolha de chefes políticos "hábeis", capazes de garantir resultados eleitorais, de manobrar postos da Guarda Nacional e nomear as autoridades policiais.

Além da alta rotatividade, a administração durante o Império foi marcada pela ausência de políticas governamentais e pela indefinição de funções, caracterizando um padrão de baixa institucionalização dos governos provinciais. Francisco Iglesias registrou, para um período de 65 anos, nada menos do que 122 períodos administrativos em Minas Gerais, re-

---

[72] Ver Francisco Iglesias. *Política econômica do Governo Provincial* (1835-1889). Rio de Janeiro, INL, 1958, e Sérgio Buarque de Holanda, *História geral da civilização brasileira*, t. II, v. 7, "Do Império à República", São Paulo, Difel, 1972.
[73] Ver Sérgio Buarque de Holanda, op. cit., p. 9.

gião apresentada pela mitologia política nacional como pátria da estabilidade[74]. Do ponto de vista das relações entre poder central e administrações regionais, o modelo é altamente funcional: através dele obtém-se o necessário para sustentar os sucessivos ministérios. Mas, como viveria o *demos* (e o *subdemos*) sob tal situação?

De modo não surpreendente, o *demos* parece ter operado à margem de tudo aquilo. A imponência do edifício monárquico coexistia com a baixa intensidade da ação do governo no varejo e com a impermeabilidade que caracterizava as relações entre *demos* e *polis*, no plano local. Por essa via, é possível incorporar a expressão de Nestor Duarte, e revelar a dialética do Modelo Imperial: combinação de centralismo exacerbado e proliferação de *ordens privadas* locais[75].

Como indicou Simon Schwartzman[76], os meios ou instrumentos, à disposição do governo central, para atingir a vida econômica e social das províncias, eram limitados. Poder-se-ia dizer que as unidades vinculadas ao mercado externo constituiriam exceções, mas ainda assim é discutível a presença positiva de mecanismos centralizados de governo. No caso do *boom* cafeeiro do vale do Paraíba, na década de 1840, a "política natural" da escravidão fez seu papel, e na expansão do novo Oeste paulista talvez se possa falar de maior presença do governo central, em função de políticas que visavam garantir o suprimento regular de força de trabalho. Mas, a maior parte do *demos* nacional não se concentrava nos chamados núcleos dinâmicos da economia.

---

[74] Cf. Francisco Iglesias, op. cit.
[75] Ver Nestor Duarte, *Ordem privada e a organização nacional (Contribuição à sociologia política brasileira)*, Coleção Brasiliana, vol. 172. Rio de Janeiro: Companhia Editora Nacional, 1939.
[76] Simon Schwartzman. *São Paulo e o Estado Nacional*. São Paulo, Difel, 1975, pp. 106-109.

Por todo o território, espraiavam-se sistemas autônomos de poder local ou privado, baseados na propriedade da terra e em vínculos patrimoniais, cuja dinâmica era independente da lógica do sistema político imperial. Separação que, por um lado, garantia-lhes certa intocabilidade, mas, por outro, dadas as condições do espaço político imperial, impedia a formação de corpos políticos regionais com inscrição no mundo público. Para a parcela do *demos* nacional – e do *subdemos*, para assim mencionar a maioria dos habitantes, livres ou não, excluídos da franquia eleitoral – que vivia sob tais sistemas locais – o país não dispunha de regime político. Ou, simplesmente, não existia enquanto entidade política para além dos horizontes da localidade.

O compromisso federalista da maior parte dos membros do Governo Provisório pode, então, ser percebido como expressão daquilo que o Brasil possuía, ao mesmo tempo, de mais moderno e de mais tradicional. A modernidade dizia respeito a unidades, tais como São Paulo, dotadas de economias em expansão, vinculadas ao mercado internacional, e de elites regionais capazes de, a partir da autonomia estadual, produzir novas formas de vinculação entre *demos*, *polis* e governo. Na maior parte das antigas províncias, contudo, emerge tão somente o mundo natural. Diante delas, os desafios abertos à primeira elite republicana são múltiplos. Ao destruir o Leviatã imperial, não emergem, de modo automático, formas alternativas de conexão entre *demos* e *polis* nos diversos planos locais, capazes de gerar alguma experiência de espaço público. O federalismo, que em outros contextos apareceu como demanda de partes que voluntariamente decidem se coligar, no caso brasileiro não pode dispensar uma roupagem construtivista. Para implantá-lo, não bastava apostar na espontaneidade social. Pelo contrário, havia que fabricar os seus próprios atores.

A crença dos propagandistas, fascinados com a utopia federalista, representava o Brasil como uma nação subjugada pela centralização exacerbada, que se erguia como pesada cortina a impedir a sua expressão real. Como em um cenário hobbesiano clássico, o Leviatã imperial desconhecia as liberdades naturais de seus súditos-províncias, obrigando-os a uma existência regulada, obediente e temerosa. Com o golpe republicano, os ex-propagandistas, agora dotados de responsabilidades executivas e legislativas, tiveram diante de si o outro lado do espectro de Hobbes: o representado pelo mundo natural. Como tratar do problema evitando a terapia imperial?

Enquanto durou (de novembro de 1889 a fevereiro de 1891), o Governo Provisório teve diante de si uma ampla quantidade de tarefas, suscitadas pela súbita desrotinização da política. Aos dilemas provocados pela opção pelo federalismo, o governo acrescentou problemas ligados ao seu próprio funcionamento interno. Ao mesmo tempo em que era obrigado a reconstruir os mecanismos de poder nos estados e subordiná-los a uma ordem nacional, o governo, em função da concentração em suas mãos de atribuições executivas e legislativas, não poderia operar sem que definisse seu modo próprio de funcionamento. A tarefa parece não ter sido das mais simples, a crer no comentário de José Maria Bello:

> Não há ação conjunta do governo, e as suas primeiras reuniões não são sequer registradas. Somente mês e meio depois de sua existência, é que se institui uma espécie de regime de gabinete, com reuniões coletivas, e se nomeia um secretário para redigir-lhes as atas[77]...

---

[77] José Maria Bello, op. cit., p. 91.

A impressão do autor citado pode ser facilmente corroborada pela leitura das atas do Governo Provisório, compiladas por Dunshee de Abranches[78]. Nelas, ainda que os debates não sejam reproduzidos na íntegra, emerge com clareza a baixa institucionalização do governo. Frequentemente divergências entre ministros, e desses com o presidente, provocaram pedidos de renúncia, configurando uma interação tensa e marcada pela chantagem, quando não resultaram em ameaças de duelo.

A, digamos, fluidez dos procedimentos de governo contrastava claramente com a magnitude de suas responsabilidades. A consolidação do novo regime, ainda que alguns de seus próceres propugnassem pela descentralização e diminuição das atribuições do governo, exigia o fortalecimento do poder central, ao mesmo tempo executivo e legislativo. O dilema pode ser posto nos seguintes termos: como conciliar as atribuições altamente concentradas do governo com a possível dispersão de iniciativas, dada a diversidade do ministério? O procedimento adotado para erradicar essa ameaça foi o da "responsabilidade coletiva" que, segundo Campos Sales, tinha a seguinte explicação: "...os ministros e o chefe do governo formavam uma entidade política – o Governo Provisório – com responsabilidade solidária e, portanto, com a coparticipação no poder[79]."

Em termos práticos, a "responsabilidade coletiva" pode ser descrita deste modo:

> ...em todos os atos de caráter legislativo, nada deliberaria qualquer secretário de Estado sem expor de antemão suas ideias ou

---

[78] Dunshee de Abranches. *Atas e atos do Governo Provisório*. Rio de Janeiro, Imprensa Nacional, 1907.
[79] Idem, ata do dia 2/1/1890.

projetos em conselho, sendo os decretos respectivos aprovados, repelidos ou alterados, decidindo-se tudo por maioria de votos[80].

A cláusula se, por um lado, impôs alguma unidade à equipe governamental, por outro fez com que decisões específicas de cada pasta ficassem passíveis de veto ou simples interferência por parte de qualquer ministro. Rui Barbosa, em particular, embora sendo ministro da Fazenda, teve papel decisivo no tratamento da questão da separação entre Igreja e Estado, na discussão sobre casamento civil e novo estatuto dos cemitérios. Mesmo a pretendida unidade de desígnios acabou por ser abalada, com o decreto de 17/1/1890, que tratava da reforma financeira, provocadora do Encilhamento. A redação do decreto coube a Rui Barbosa que, contando com o apoio do chefe do governo, pôde aplicá-lo com a tardia oposição de seus pares, nomeadamente de Campos Sales e Demétrio Ribeiro.

No que dizia respeito às ex-províncias, designadas pela nova ordem como estados, a instabilidade não foi menor. Juntas governativas foram nomeadas e substituídas durante o primeiro ano da República. Nesse período, segundo dados recolhidos por Maria do Carmo Campello de Souza[81], foi altíssima a rotatividade dos cargos executivos estaduais. Para o período, para mencionar alguns exemplos, o Rio Grande do Norte contou com dez administrações; Sergipe, sete; Pernambuco, oito; Minas Gerais, treze; e Paraná, onze. Ainda que esse escore não apresente grande discrepância com relação aos níveis de rotatividade do Império, antes mencionados, há, contudo, grande diferença. A alta rotatividade imperial

---

[80] Ibidem.
[81] Maria do Carmo Campello de Souza, op. cit., p. 175.

era consistente com um padrão de legitimidade dos governos, pois através dos presidentes de províncias os partidos no poder controlavam o jogo eleitoral. No primeiro ano da República, a legitimidade do governo central esteve associada a sua origem revolucionária e os únicos produtos prováveis das constantes alterações na direção política dos estados foram a anarquia e a proliferação de descontentes.

O componente caótico dos primeiros tempos da República teve, ainda, como ingrediente nada desprezível, o comportamento do estamento militar[82]. Presentes no governo através do presidente, do vice-presidente e dos ministros Benjamin Constant (Guerra) e Eduardo Wandenkolk (Marinha), os militares passam a viver sob inédita situação de hiperpolitização. Egressos de um regime que os confinava numa identidade estritamente profissional, passam, com a República, a representar seu papel e sua identidade como dotados da missão de realizar com pureza a verdadeira República. De modo invariável, tal busca da verdade traduzia-se em petições ao presidente no sentido de perpetuar a ditadura e afastar da política a legião dos "casacas". De modo mais direto, a onda de intervenções do governo central nas políticas estaduais contou com significativa participação militar, tanto por meio dos postos oficiais ocupados, como extraoficialmente através do Club Militar. Vai nesse sentido o depoimento de Felisberto Freire:

---

[82] Sobre o comportamento dos militares no período, ver Edmundo Campos Coelho. *Em busca de identidade: O Exército e a política na sociedade brasileira*. Rio de Janeiro, Forense, 1976; José Murilo de Carvalho, Forças Armadas na Primeira República: o poder desestabilizador" in: Boris Fausto (Org.). *História geral da civilização Brasileira*, t. III., vol. 2, 1977; June Hahner, *Relações entre civis e militares no Brasil, 1889-1898*. São Paulo, Pioneira, 1975; Eduardo Prado. *Fatos da ditadura militar no Brasil*. Lisboa, 1890; e José Maria dos Santos, op. cit.

O Club Militar criou delegações suas pelos estados, onde se organizaram corpos semelhantes e dirigidos pela mesma orientação e de onde saía a palavra do Exército sobre os fatos de maior importância política do país[83].

O registro, na retórica oficial, da importância militar é visível no decreto de reforma do ensino militar, elaborado por Benjamin Constant, positivista dissidente. O objetivo central da reforma pretendida é o de reconhecer a "missão altamente civilizadora, eminentemente moral e humanitária que de futuro está destinada aos exércitos no continente sul-americano". O soldado é apresentado como "cidadão armado", "corporificação da honra nacional". Dada a sua posição na sociedade e o seu destino, o militar "precisa de uma suculenta e bem dirigida educação científica", capaz de garantir a "racional expansão de sua inteligência". As bases da nova educação são edificantes:

> Um ensino integral onde sejam respeitadas as relações de dependências das diferentes ciências gerais, de modo que o estudo possa ser feito de acordo com as leis que têm seguido o espírito humano em seu desenvolvimento, começando na matemática e terminando na sociologia e na moral como ponto de convergência de todas as verdades, de todos os princípios até então adquiridos e foco único de luz capaz de alumiar e esclarecer o destino racional de todas as concepções humanas[84].

O delírio civilizatório de Constant encontrou resistências até mesmo entre seus pares, tais como o general Jacques Ourique, deodorista e republicano. Para ele as escolas militares teriam se transformado de

---

[83] Apud June Hahner, op. cit., p. 150.
[84] As referências ao decreto elaborado por Benjamin Constant encontram-se em Eduardo Prado, op. cit., pp. 280-284.

>...estabelecimentos de fazer bons soldados em fábricas de doutores de camarilha, mais aptos em seu doentio misticismo altruísta, para as concepções abstratas de repúblicas platônicas do que a rude tarefa de comandar batalhões em campanhas.[85]

O suculento decreto de Benjamin Constant teve como contraponto empírico um padrão de interferência militar na política que, com moderação, pode ser chamado de destrutivo[86]. De fato, se o legado produtivo dos dez primeiros anos da República pode ser circunscrito à elaboração constitucional e à feitura do pacto oligárquico da política dos governadores, como enquadrar, nesses tempos iniciais, a atuação militar? Os registros históricos conhecidos não apresentam qualquer conspiração, quer dos monarquistas, quer do *demos* desencantado, que tenha exigido dos militares o cumprimento dos papéis prescritos pelo decreto examinado. Tudo leva a crer que a interferência militar alimentou-se de sua própria turbulência. Segundo June Hanner, grande parte da energia militar foi dirigida contra motins militares. Quando não estavam a combater a si mesmos ou não se ocupavam em redigir petições patrióticas, desempenharam com competência a prática de empastelamento de jornais de oposição, como no caso da *Tribuna Liberal,* jornal monarquista dirigido por Carlos de Laet, em novembro de 1890, fato que levou ao pedido de demissão de Campos Sales de seu posto ministerial no governo Deodoro da Fonseca.

Com moderada parcialidade, pode-se acrescentar que, se no varejo o comportamento militar compôs-se de atitudes de *política negativa,* como instituição, a despeito de bolsões mo-

---

[85] Apud June Hanner, op. cit., p. 92.
[86] Sobre o "padrão desestabilizador" que caracterizou o comportamento do Exército no período, v. José Murilo de Carvalho, 1977.

narquistas na Armada, o estamento desempenhou importante papel de reduzir à prudente discrição grupos ou atores políticos não muito afinados com os erráticos rumos da República. A base física desse verdadeiro poder dissuasório é evidente. Basta acompanhar a evolução dos efetivos do Exército:

QUADRO I
EFETIVOS DO EXÉRCITO (EM 1.000 HOMENS)

1870	1880	1889	1889-1894
23	15	13,5	24

(June Hanner, op. cit., p. 99)

Até o governo de Prudente de Moraes, conforme será visto adiante, a presença desorganizadora dos militares é constante, nos termos do padrão de desestabilização já apontado por José Murilo de Carvalho. Além disso, o estamento não foi capaz de obter controle exclusivo do regime, para pôr em prática a tão sonhada exclusão dos "casacas", "legião de execráveis e dóceis instrumentos das mais desenfreadas ambições e interesses"[87]. Os desejos de Constant e a sua fé inabalável na racional expansão da inteligência militar ficaram confinados a um círculo perverso: aqueles que se apresentaram como a solução das mazelas da República constituíram, nos primeiros anos do novo regime, um de seus principais problemas.

O drama do Governo Provisório, até esse ponto, circunscreveu os seguintes problemas: a baixa institucionalização dos mecanismos de governo, a anarquia estadual decorrente dos impasses da opção federalista e, por fim, a hiperpolitiza-

---

[87] O autor da magnífica peça literária é o general Jacques Ourique, apud June Hanner, op. cit., p. 86.

ção das Forças Armadas. Paulo Mercadante percebeu o período com olhos mais ordenados[88]. Para ele o ano inaugural da República caracterizou-se pelo conflito entre a "velha ética absoluta", marca dos positivistas e do estamento militar, e a "ética das responsabilidades", do "liberalismo triunfante", que prosseguiria "adotando a flexibilidade, tática habitual ao político do tempo da Monarquia". Nesse confronto entre "legitimistas" e "positivistas", os primeiros teriam saído ganhando, adotando como suas as posições de seus adversários, como no caso da separação entre Igreja e Estado.

A perspectiva de Mercadante corre o risco de fabricar a ordem a partir de um cenário que, a olhos mortais, só revela confusão. Mas tem a seu favor o fato de que, sob a "hegemonia" dos "legalistas", o Governo Provisório pode legar ao futuro imediato algo que não foi puro delírio ou anarquia. Refiro-me, explicitamente, à convocação da Assembleia Constituinte e à menos analisada elaboração do primeiro regulamento eleitoral da República, feito por Cesário Alvim, um republicano de extração recente[89]. A despeito da coloração militar predominante, segundo o depoimento do pessimista Aristides Lobo, as primeiras proclamações do novo regime indicavam preocupações com a necessidade de buscar algum respaldo na "soberania popular".

Nessa linha, decreto emanado a 19/11/1889 estabeleceu nova qualificação eleitoral. Eliminaram-se as restrições censitárias do Império, mas prosseguiu a exclusão dos analfabetos, antes imposta pela Lei Saraiva, de 1881. O novo quadro legal propicia um acréscimo do eleitorado, se levarmos em conta o

---

[88] Paulo Mercadante, op. cit., p. 121.
[89] Para uma boa avaliação do Regulamento Alvim, ver José Maria dos Santos. *Bernardino de Campos e o Partido Republicano Paulista*. Rio de Janeiro, José Olympio, 1960, pp. 185 e 186.

número de eleitores implicado pela última reforma eleitoral do Império. Se a memória, contudo, alcançar o contingente eleitoral brasileiro quantificado no censo de 1872 – algo em torno de 1.100.000 eleitores, ou 11% da população –, o decreto republicano é tímido. Se, com a Lei Saraiva, o eleitorado em 1881 passou a representar cerca de 1% da população, com a República, com base nas eleições presidenciais de 1894, o percentual alcança 2%. No rumo da institucionalização do regime, outro decreto, de 20/11/1889, fixou a data da eleição para a primeira Assembleia Constituinte da República, a realizar-se em 15/9/1890.

O que no plano de algumas intenções aparecia como lógico – consultar a opinião pública –, no campo prático oferecia grave dificuldade: como transformar a minoritária opinião republicana em maioria? Diante do compromisso assumido em convocar e instalar uma Constituinte, como evitar que ela seja controlada por "inimigos do regime", rótulo que abrigava todos os inimigos do governo?

O problema começou a ser tratado pelo governo com a incumbência dada ao ministro do Interior – Aristides Lobo – para proceder ao alistamento eleitoral. Na reunião do ministério, havida em 14/1/1890, a questão foi debatida, sobressaindo posição defendida por Campos Sales[90]. O ministro da Justiça declarou a seus pares que de início havia pensado em atribuir aos chefes de partido a função de alistamento eleitoral, mas mudou de ideia, diante da possibilidade de esses chefes arregimentarem forças hostis ao governo. O mecanismo deveria ser dotado de rígido controle por parte do governo: "É mister, pois, que o partido republicano e o governo intervenham diretamente nas eleições." Em termos práticos,

---

[90] Dunshee de Abranches, op. cit., Ata do dia 14/1/1890.

o governo deveria "lembrar aos governadores dos estados a dissolução das câmaras municipais e a nomeação de intendentes". O objetivo declarado de Campos Sales, que cogitou até organizar circunscrições eleitorais com mais de um estado, era permitir que os "baluartes monarquistas fossem sufocados por outros onde domine o elemento republicano"[91]. O tom da conduta do governo estava dado: a magia capaz de transformar o minoritário sentimento republicano em maioria eleitoral dependeria de uma sábia combinação entre intervenção do poder público nas eleições com uma adequada legislação eleitoral.

A primeira lei eleitoral da República – o Regulamento Cesário Alvim – foi promulgada em 22/6/1890, com vistas a regular a disputa eleitoral para a Constituinte. Segundo José Maria dos Santos, ela continha dispositivos "edificantes"[92]. Seguindo a tradição moralizadora da legislação imperial, o Regulamento prescreveu em seu artigo 2º uma série de inelegibilidades: clérigos, governadores, chefes de polícia, comandante de armas, comandante de corpos policiais, magistrados, funcionários administrativos. No artigo 4º, determinou que para a eleição do primeiro "Congresso Nacional" – reunião da Câmara de Deputados com o Senado Federal – não vigorarão algumas das incompatibilidades antes definidas, em particular as que se referem a governadores e funcionários administrativos.

O processo eleitoral ficou subordinado, em suas partes mais relevantes, à responsabilidade dos intendentes municipais, nomeados pelos governadores, nomeados pelo governo central, que se autonomeou. Aos intendentes caberia: a de-

---
[91] Idem.
[92] José Maria dos Santos, 1960, pp. 185-186.

signação dos locais para votação, a composição das mesas e a apuração final do pleito:

> As questões referentes aos trabalhos eleitorais serão resolvidas pela maioria dos votos dos membros da mesa. O presidente votará em primeiro lugar. Só poderão suscitar tais questões e intervir na discussão os membros da mesa e eleitores do respectivo distrito ou seção, consentindo a mesa. Não serão admitidas discussões prolongadas[93]...

O impacto do novo regulamento sobre o processo eleitoral pode ser avaliado pelo comentário de Dunshee de Abranches:

> O regime eleitoral, baixado pelo Governo Provisório, levantara grande celeuma em todo o país e provocara as iras e as críticas acerbadas da imprensa de todos os matizes políticos. A impopularidade dessa junta revolucionária, chefiada por Deodoro, estendera-se aos governadores dos estados, incumbidos de fazerem figurar, como eleitos senadores e deputados, os candidatos designados nas listas que lhes haviam sido remetidas pela ditadura. Houve mesmo, entre as novas unidades federativas, algumas em que apareceram sufragados para representantes do povo nomes cuja existência até então todo o mundo ignorava.[94]

A composição da Constituinte, designada pelo Regulamento Alvim como "Congresso Constituinte", segundo os analistas do período teria beirado a unanimidade. Mas, como naqueles tempos até mesmo a unanimidade era confusa, a vitória eleitoral esmagadora do governo não significou a eleição de um corpo legislativo-constituinte dócil. Segundo curiosa observação de Raymundo Faoro, somente foram eleitos republicanos:

---

[93] Decreto Alvim, apud José Maria dos Santos, pp. 185 e 186.
[94] V. Dunshee de Abranches. *O golpe de Estado: Atos e Atas do Governo Lucena,* Rio de Janeiro: *Jornal do Brasil*, 1954, p. 38.

"os antigos, históricos, novos, anteriores de poucos dias ao 15 de novembro e os que vieram depois, os adesistas"[95]. Todos eles teriam em comum a aprovação prévia de seus nomes pelos governadores e, em última análise, pelo ministério. Mas, os corpos representativos são imprevisíveis, pois até mesmo pessimistas incorrigíveis como Faoro e José Maria dos Santos acabam por admitir a presença de "vultos notáveis", a despeito da vasta bestialogia que teria marcado a primeira eleição republicana.

Já nas seções preparatórias da Constituinte, a 15/11/1890, uma situação mais tensa e confusa do que uma simples dualidade de poderes é estabelecida[96]. Na verdade, a arena política foi ocupada por dois campos, cada qual marcado por graves tensões: o *Governo*, a enfrentar sua própria inconsistência e a anarquia estadual, e a *Constituinte*, inteiramente fragmentada e carente de facções políticas com identidades minimamente estáveis. Muito embora o governo tenha tido o controle do processo eleitoral, isso não implicou influência decisiva sobre questões relativas ao funcionamento da assembleia eleita. Na escolha da mesa que presidiu os trabalhos constituintes, a ação organizada do governo parece ter sido nula. Os representantes dividiram-se entre a vitoriosa candidatura de Prudente de Moraes – indicado pela facção política mais consistente – e a de Saldanha Marinho, ligado à histórica propaganda republicana. O formalismo da escolha da mesa diretora foi crucial para garantir à Constituinte condições mínimas de operacionalidade política. Os cargos mais importantes, presidente,

---

[95] V. Raymundo Faoro. *Os donos do poder.* Porto Alegre, Globo, 1975, v. 2, p. 624.
[96] Para uma cobertura completa da dinâmica da Constituinte de 1891, ver o incontornável livro de Agenor de Roure. *A Constituinte republicana.* Rio de Janeiro, Imprensa Nacional, 1918, 2 vols.

vice e primeiro secretário, foram ocupados por São Paulo, Bahia e Minas Gerais, respectivamente, e que representavam as maiores bancadas[97].

A primeira questão política que parece ter comovido a Assembleia disse respeito à definição de sua identidade e, por extensão, de seu grau de diferenciação e soberania com relação ao Poder Executivo. Questão controversa, pois o Governo Provisório, emanado de uma revolução, concentrava, até então, em suas mãos, todos os poderes executivos e legislativos. O decreto de convocação da Assembleia, por sua vez, não contribuiu para evitar dúvidas. Limitou-se a convocar para 15/11/1890 o "Primeiro Congresso Nacional dos representantes do povo brasileiro", com poderes especiais, conferidos pelo eleitorado para "julgar a Constituição"[98]. A expressão refere-se ao projeto de Constituição publicado com o decreto, em 22/6/1890[99]. A Assembleia eleita era, então, pródiga de nomes: *Assembleia Constituinte*, na retórica triunfante e precipitada dos primeiros dias, *Congresso Nacional*, segundo o prudente Rui Barbosa, e *Congresso Constituinte*, nos termos do regulamento Alvim.

À confusão nominal acrescentou-se o conflito de soberania com o Poder Executivo. Vários constituintes chegaram a propor o exame de todas as decisões, até então tomadas pelo governo, para aprovação ou veto[100]. Tal como nos idos de 1823, foi estabelecido um conflito entre fontes distintas de soberania. Em ambos os momentos, um corpo de representantes da nação é obrigado a interagir com outro poder

---

[97] Edgar Carone, op. cit., pp. 30-35.
[98] Agenor de Roure, op. cit., pp. 5-6.
[99] A íntegra do projeto de Rui Barbosa pode ser encontrada em Milton Barcelos. *Evolução constitucional do Brasil.* Rio de Janeiro, Imprensa Nacional, 1933, pp. 299-322.
[100] Agenor de Roure, op. cit., p. 10.

cujas bases de legitimidade ou são por demais abstratas ou desagradavelmente concretas. Apesar da proliferação dilatada de diatribes contra o governo e seu chefe, a prudência acabou por se estabelecer na recém-eleita Assembleia: os poderes de Deodoro ficaram como estavam e os representantes deveriam cuidar apenas do futuro.

Os limites do futuro, contudo, já estavam dados. Ou melhor, havia quem quisesse reduzir a taxa onírica ao mínimo. Os cuidados do próprio governo foram nesse sentido, em 3/12/1889, ao nomear uma comissão composta por cinco juristas para elaborar um projeto de Constituição. Sintoma da consistência dos novos mandatários, a comissão de cinco membros elaborou três projetos, corrigidos posteriormente por Rui Barbosa, que como se sabe foi ministro da Fazenda[101]. É esse o projeto que o governo apresenta à Assembleia, que em seguida compõe uma comissão com 21 constituintes – um representante por estado – para apreciá-lo. Dada a dispersão de forças dentro da Assembleia, sua fragmentação e a presença de um padrão aleatório de clivagens, tudo leva a crer que, sem a moldura inicial dada pelo projeto oficial, os trabalhos, na melhor das hipóteses, seriam extremamente lentos. No entanto, em cerca de três meses, o país tinha Constituição, sem ter partidos, sem saber quem eram seus representantes e com sérias dúvidas a respeito da real existência de governo.

Tentando captar alguma ordem no processo de elaboração constitucional, pode-se dizer que o tema da organização federalista ocupou lugar central nos debates. A partir dele derivaram temas correlatos, tais como: discriminação de rendas entre União e estados, organização do direito e da magistra-

---
[101] José Maria Bello, op. cit., p. 101.

tura e organização dos estados e municípios[102]. A presença de partidários da centralização e de um regime ditatorial foi rarefeita, a despeito de numerosa bancada militar (1/4 da Assembleia) e de alguns positivistas, porta-vozes do Apostolado, que, entre outras questões, se destacaram por propor a abolição dos diplomas e a proibição do direito de voto a funcionários públicos, civis e militares[103]. Isso em corpo praticamente monopolizado por empregados do governo, bacharéis e militares.

Sob risco de emprestar grandiosidade excessiva ao que se passou, pode-se afirmar que o embate principal na Constituinte pôs frente a frente duas correntes doutrinárias: o *hiperfederalismo* e o *federalismo domesticado*. A preocupação do projeto elaborado por Rui Barbosa foi a de enquadrar com algum realismo a demanda federalista. Como bem notou Agenor de Roure, o projeto de Rui Barbosa visava

> ...apertar e fortalecer os laços de união, em vez de relaxá-los ou enfraquecê-los, como se pretendeu no Brasil, onde não se reuniam estados para formar a União, onde os representantes de uma nação única se reuniam para conceder autonomia às suas partes componentes[104].

Partidário da descentralização administrativa, desde os tempos da Monarquia, Rui Barbosa passa agora a identificar na "superexcitação mórbida" e no "apetite desvairado e doentio" dos ultrafederalistas, a porta de entrada do Brasil na barbárie caudilhesca, caracterizada por uma hobbesiana competição de potentados locais. Sua proposta procurou enfren-

---

[102] Agenor de Roure, op. cit., pp. 5-65.
[103] A íntegra da emenda do Apostolado Positivista sobre as inelegibilidades encontra-se em Agenor de Roure, op. cit., pp. 542 e 543.
[104] Agenor de Roure, op. cit., p. 51.

tar o principal dilema produzido pela aventura republicana: *como criar uma comunidade política sem o apelo à tradição institucional brasileira? Como fazer tábula rasa do passado, sem que o ritmo da invenção política exceda os ritmos da sociedade?* A posição de Rui, e talvez do Governo Provisório, ficou a meias, entre o delirante construtivismo dos positivistas e o espontaneísmo dos hiperfederalistas.

As demandas hiperfederalistas apareceram de modo fragmentado, não sistematizadas em um projeto constitucional homogêneo. Eis algumas de suas propostas: proibição da existência de um exército nacional permanente, direito dos estados a possuírem marinha de guerra, pluralidade do Direito e da magistratura, ampla liberdade de emissão por parte dos estados, entre outras[105]. Propostas que aparentemente derivaram da máxima: "os Estados eram a realidade, a União, a fiação"[106]. O contraponto foi dado pelo projeto oficial, ao defender, entre outros pontos, a propriedade da União sobre terras devolutas, sua preponderância em casos de competência cumulativa, seu controle sobre a maior parte das fontes de receita e seu direito de mobilizar a força pública dos estados, em casos previstos por lei. Todos esses pontos foram derrotados.

Em pelo menos uma questão o projeto governamental foi mais ortodoxamente federalista do que os ultras. Trata-se de organização dos municípios[107]. Segundo Rui Barbosa, a autonomia federativa deveria infiltrar-se plenamente no corpo social a ponto de atingir os municípios. No comentário de Roure: ...para garantir a autonomia municipal, Rui Barbosa fez restrições à liberdade de ação dos estados, como para ga-

---

[105] Agenor de Roure, op. cit., pp. 69-98.
[106] Agenor de Roure, op. cit., p. 23.
[107] Ver, a respeito, a análise de Raymundo Faoro, op. cit., pp. 625-626.

rantir a autonomia dos estados, havia posto freio à ação da União[108].

Nos artigos 67 e 68 do projeto de Rui Barbosa, a autonomia dos municípios era garantida, "em tudo quanto respeita ao seu peculiar interesse"[109]. Exige-se a eletividade da administração local, com a concessão de plenos direitos políticos aos estrangeiros residentes.

A maioria da Constituinte percebe esses artigos como, dialeticamente, restritivos da autonomia dos estados. A emenda vitoriosa, transformada em preceito institucional, acabou por dar plena liberdade aos estados "para se organizarem como melhor julgassem conveniente aos seus peculiares interesses"[110]. Na Constituição promulgada, o título 111 é o mais curto, apenas um artigo sem parágrafos, caputs ou incisos. Trata do município de modo tão econômico, que o citar integralmente torna-se viável: Os estados organizar-se-ão de forma que fique assegurada a autonomia dos municípios, em tudo quanto respeite ao seu peculiar interesse[111].

Como notou Raymundo Faoro, a Constituinte entregou os municípios à dominação dos estados, pois, pela concisão e vacuidade de seu artigo 68, deixou aberta a possibilidade de nomeação de intendentes, por parte dos presidentes dos estados. Será exagero atribuir a esse item da Constituição o posterior desempenho do sistema oligárquico que, embora federalista, apoiou-se em grande parte sobre o controle político e eleitoral dos presidentes estaduais sobre poderes locais[112]. Mas não

---
[108] Agenor de Roure, op. cit., p. 51.
[109] Ver Milton Barcelos, op. cit., pp. 313 e 314.
[110] Agenor de Roure, op. cit., pp. 51-52.
[111] Milton Barcelos, op. cit., p. 337.
[112] O controle das máquinas estaduais sobre os poderes locais constitui uma das características mais fortes do "compromisso coronelista", segundo a clás-

resta dúvida de que os constituintes de 1891 não legaram ao quadro institucional brasileiro a possibilidade de um desempenho alternativo do sistema político.

O projeto oficial e o texto final da Constituição apresentaram também pontos em comum, que representaram inovações na história institucional brasileira. Este é o caso da adoção do presidencialismo, que fortalecia em termos políticos o Poder Executivo, fazendo-o emanar da vontade geral, devidamente circunscrita pelos limites da franquia eleitoral, ao contrário da tradição do Império que o definiu como criação do Poder Moderador, praticamente incriado. Outra novidade relevante foi representada pela indissolubilidade do Poder Legislativo que, a partir de 1891, passou a contar com um amplo leque de prerrogativas, incluindo, entre outras, o controle total sobre o orçamento federal, a possibilidade de criar bancos de emissão, o direito de legislar sobre a organização das Forças Armadas, a criação de empregos públicos federais e, o que é crucial, o direito exclusivo de verificar e reconhecer os poderes de seus próprios membros[113]. Essa última atribuição exclusiva implicava o completo controle do Poder Legislativo sobre sua renovação. Segundo depoimentos de cronistas das duas casas legislativas[114], os dois principais momentos do Congresso eram os da abertura da legislatura, na Câmara, com o estabelecimento dos mecanismos de verificação de poderes – com o reconhecimento final dos eleitos –, e as votações anuais do orçamento federal. Tal juízo atesta a centralidade dos meca-

---

sica análise de Vitor Nunes Leal, em *Coronelismo, enxada e voto*. São Paulo: Alfa-Ômega, 1973.

[113] Ver Milton Barcellos, op. cit., pp. 327-329.

[114] Ver o excelente livro de José Vieira. *A Cadeia Velha: Memórias da Câmara de Deputados*. Brasília: Senado Federal/Fundação Casa de Rui Barbosa, 1980.

nismos de reconhecimento dos mandatos, o que dotou a Câmara da atribuição de intervir em sua própria composição.

As novidades maiores introduzidas são, pois, o fortalecimento simultâneo dos poderes legislativo e executivo, dotados de fontes independentes de legitimidade. O que pelo marco institucional do Império foi regulado de modo hierárquico, pois havia um poder superior capaz de dirimir pendências entre Executivo e Legislativo, que com a carta de 1891 ficou aberto ao acaso. As relações entre Executivo e Legislativo, que no desempenho da ordem republicana, terão sua estabilidade derivada não da Constituição, mas de um pacto não escrito. A ênfase dos analistas sobre a opção presidencialista, assumida em 1891, por vezes oblitera o papel concedido ao Poder Legislativo: suas 35 atribuições praticamente esgotam as possibilidades de intervenção de um poder constitucional sobre a totalidade do arranjo institucional.

Constitucionalistas, tais como Agenor de Roure, Carlos Maximiliano e Felisberto Freire[115], concordam entre si ao apontar um dos aspectos mais vagos do texto constitucional, e cuja imprecisão é proporcional à sua importância. Trata-se do artigo 6º, que dispunha sobre a intervenção federal nos estados. Por ele, a intervenção só poderia ocorrer caso solicitada pelos governos estaduais, para garantir a "ordem e a estabilidade". Outros casos passíveis de intervenção são vagos ou improváveis: repelir invasões, manter a "forma republicana federativa" e garantir o cumprimento de sentenças federais. O artigo, "obra de improvidência e de insinceridade, vago, abstrato, quase lunático", segundo Agenor de Roure, era virtual-

---

[115] Ver Agenor de Roure, op. cit.; Carlos Maximiliano. *Comentários à Constituição brasileira*. Rio de Janeiro, Jacinto Ribeiro dos Santos, editor, 1918; e Felisberto Freire. *História constitucional da República dos Estados Unidos do Brasil*. Brasília, Editora da UnB, 1983 (1ª edição, 1894).

mente inaplicável enquanto não fosse regulamentado. Durante o governo de Prudente de Moraes, constituiu-se no principal problema nas relações entre Executivo e Legislativo.

A Constituição republicana de 1891 certamente foi incapaz de – ou apenas não quis – definir com precisão um pacto político suficiente para instituir os novos limites da comunidade política e suas relações internas. Mas, tal juízo negativo, embora não incorreto, é injusto. As opções assumidas em 1891 foram fundamentais para configurar os impasses que a República teria que processar. A estabilidade republicana, consolidada a partir do governo de Campos Sales, dependeu em grande parte de uma *tradução* mais tangível do que estabeleceu na Constituição. No mais, como na célebre proposição de Thomas Hobbes, procurou operar nos silêncios da lei.

São esses os principais ingredientes da República constitucional: opção federalista, com presidencialismo; atribuições dilatadas do Legislativo; imprecisão nas relações políticas entre União e estados; maior concentração de tributos nos estados e asfixia política dos municípios. As Forças Armadas foram declaradas obedientes, "dentro dos limites da lei", dotadas, portanto, da prerrogativa de interpretar e decidir a respeito da eventual legalidade da desobediência[116].

O que mudou no Brasil constitucional? O marechal Deodoro da Fonseca foi eleito presidente, por um Congresso apavorado pela visita de enorme contingente militar. Fora isso, a entropia do primeiro ano republicano foi acrescida de um novo tipo de conflito: entre um Poder Executivo agora dota-

---

[116] A prescrição constitucional de 1891, sobre o papel das Forças Armadas, foi inovadora em sua imprecisão. A esse respeito, o Império foi mais objetivo: o artigo 147 da Carta de 1824 rezava: "A Força Militar é essencialmente obediente; jamais se poderá reunir sem que lhe seja ordenado pela autoridade legítima." Ver Milton Barcellos, op. cit., p. 264.

do de limites legais, embora nostálgico de suas ilimitadas atribuições iniciais, e um Poder Legislativo quase unanimemente de oposição. Na verdade, agravou-se o quadro de anarquia. Em janeiro de 1891, todos os ministros do governo Deodoro pediram demissão, entre eles alguns constituintes. A partir daí, as relações entre o Executivo e o Legislativo foram de total excludência, não amenizadas sequer pela eleição presidencial, pela via congressual, de Deodoro da Fonseca, a 24 de fevereiro de 1891. O novo ministério, organizado pelo barão de Lucena, velho monarquista da província de Pernambuco e cuja única credencial parece ter sido a de ser amigo do presidente, compunha-se, segundo quase totalidade da crônica, de nulidades.

A alteração no governo procedeu-se nos moldes presidencialistas, sem que o Legislativo opinasse de modo oficial com relação à nova composição do ministério. O que causou grave crise política foi a iniciativa do "gabinete Lucena" de intervir na organização legal dos estados. É o que conta Maria do Carmo Campello de Souza:

> Sob os conselhos do barão de Lucena... iniciaram-se as reviravoltas das políticas estaduais. Os componentes do grupo oposicionista, por ocasião da eleição constitucional de Deodoro, foram afastados da cúpula política em seus estados ou então mantidos na mesma situação de ostracismo[117].

Na medida em que a composição do Congresso era a mesma da Assembleia Constituinte, a maioria passou a ser composta por deputados e senadores à margem do poder em seus estados. O cenário apresentava, portanto, completa dissociação entre bancadas estaduais e estrutura de poder nos estados, o que de acordo com as regras vigentes configurava uma

---
[117] Ver Maria do Carmo Campello de Souza, op. cit., p. 172.

dramática situação para o Legislativo. No regime adotado, as eleições para o Congresso dependiam da estrutura de poder nos estados, sendo extremamente improvável a vitória de candidatos de oposição.

Com minoria no Congresso, caso único na história republicana, o Governo Deodoro cai, em novembro de 1891, após tentativa de implantar uma ditadura, com a dissolução do Legislativo. Alguns analistas tentaram atribuir ao presidente algum desígnio racional: com o fechamento do Congresso, Deodoro iniciaria ampla reforma da Constituição, incluindo a unidade da magistratura, a redução pela metade da Câmara com representação idêntica por estado. A atitude do presidente diante do parlamento acabou por aproximar as maiores e mais disciplinadas bancadas, nomeadamente as de Minas Gerais e São Paulo.

Com a queda de Deodoro, a República conservou intactos os seus impasses, mas adquiriu seu primeiro enigma: Floriano Peixoto. Supondo que o perfil psicológico dos atores é importante componente das crises, vale incorporar nesta reflexão os depoimentos e impressões do próprio Deodoro da Fonseca e de José Maria Bello, o melhor historiador da República brasileira, a respeito de Floriano Peixoto.

Para José Maria Bello, Floriano

> ...reproduzia, no atavismo das suas origens étnicas, o caudilho característico da América espanhola, o caudilho talvez da mais pura subespécie, taciturno, reservado, desdenhoso das pompas exteriores, amando o poder como uma forma de projeção da própria personalidade, não evitando violências que julgasse necessárias, indo, possivelmente, até a crueldade, mas, ao cabo, cuidadoso de certos formalismos legais e burocráticos[118].

---
[118] Ver José Maria Bello, op. cit., p. 126.

Diante das crises, seu potencial enigmático parecia dilatar-se. Por ocasião da decadência final do Governo Deodoro, o barão de Lucena sugere ao presidente buscar apoio em seu vice Floriano Peixoto. A recusa de Deodoro foi manifestada nos seguintes termos:

> Não vá; você não conhece Floriano; não direi que seja um covarde porque seria fazer-lhe uma injustiça; mas ele é homem dotado de uma natureza toda passiva, e se tem a coragem coletiva... não tem porém a individual, e fique certo de que se ele se compenetrar da necessidade que temos do seu apoio, se atirará abertamente nos braços da oposição[119]...

A investidura de Floriano Peixoto como presidente da República aparece para as facções civis mais consistentes como solução temporária ao conflito entre Deodoro da Fonseca e o Congresso. No entanto, a solução acabou por introduzir mais incerteza no jogo político. Imediatamente após sua posse, todos os governos estaduais foram depostos, com a exceção do Pará. Os substitutos, por sua vez, dissolveram as assembleias e os tribunais judiciários. A alteração não premiou automaticamente as facções que se opuseram a Deodoro. O processo de intervenção foi anárquico, a partir de uma série de movimentos militares, alguns sem conexão com facções políticas locais.

Como notou Rui Barbosa, havia diferença entre o padrão político de Deodoro e o de Floriano: o primeiro foi uma ditadura, apoiada na "fraqueza dos governos locais" para dissolver o Congresso; o segundo, também uma ditadura, apoiou-se no Congresso para dissolver os governos locais[120]. Apesar do apoio das bancadas de São Paulo, Minas Gerais e Rio Grande do Sul, as relações do governo com a nação eram

---

[119] Idem, p. 131.
[120] Ibidem, p. 134.

de extrema anarquia. A durabilidade do governo Floriano, paradoxalmente, derivou do fato de que foi obrigado a enfrentar as maiores ameaças à viabilidade do regime, até então: a Revolução Federalista, no Rio Grande do Sul, e a Revolta da Armada, ambas em 1893. A clássica metáfora do inimigo externo, no caso apresentada como ameaça monarquista, permitiu uma união mínima entre as facções do Exército e o apoio decisivo dos paulistas em torno do governo. O preço pago pelo "consolidador", como se sabe, foi a relutante aceitação de eleições presidenciais para 1894.

O legado dos primeiros anos entrópicos apresenta alto grau de incerteza. À indefinição dos procedimentos de governo somaram-se a anarquia estadual e um padrão tenso de relações entre o Governo e o Congresso. Ao contrário do Modelo Imperial, a intervenção do Executivo nos estados e seu controle sobre o processo eleitoral não tiveram como resultado a formação de atores coletivos dotados de alguma identidade política mais permanente. O padrão de clivagem decorrente foi errático, opondo facções segundo múltiplos critérios: militares x civis; militares jacobinos x militares legalistas; Exército x Marinha; federalistas x hiperfederalistas. Isso além dos conflitos que opunham facções que nem sequer tiveram tempo de possuir um nome. Na guerra de todos contra todos, os pretensos Leviatãs militares fracassaram, e a partir de 1894, o país passa a viver sob o domínio formal das elites civis.

O legado dos governos militares deixou em aberto o amplo espectro de questões suscitadas quando da queda do Império: quem faz parte da comunidade política; como serão estruturadas as relações entre *polis* e *demos* e entre o poder central e os estados; como se organizarão os partidos e se definirão as identidades políticas.

III
A COLMEIA OLIGÁRQUICA
(1894-1898)

"... every part was full of vice, yet the whole was a paradise... Fraud, luxury and pride must live, While we the benefits receive..."
BERNARD MANDEVILLE. *The Grumbling Hive*

Aos completar cinco anos, a República não havia ainda depurado o sentido de aventura que presidiu sua fundação. Se, por acaso, coube às inescrutáveis leis da História o advento do novo regime, essas entidades imateriais escrevem de modo cifrado. Se elas impuseram ao Brasil a República, devem ter algum parentesco com a entropia, pois nada nos cinco anos iniciais do novo regime revela a existência de um processo de criação institucional portador de algum desígnio inequívoco e ordenado.

Ao completar cinco anos, a República não apresentava nenhuma remota garantia a respeito de sua viabilidade futura. Seus protagonistas não possuíam ainda os atributos criados pela crônica posterior. *Consolidadores, pacificadores, históricos* e tantos outros rótulos soam como identidades duvidosamente apropriadas para atores que, de fato, se encontravam mergulhados em um momento político volátil. Seus problemas e suas apostas eram impotentes para eliminar a sensação de fugacidade. Com efeito, os governos de Deodoro da Fonseca e de Floriano Peixoto, assolados pela instabilidade e pela ausência de rotinas institucionais, caracterizaram-se por um absurdo padrão de anarquia autossustentada. A cada procedimento ou ação empreendida, visando dotar o sistema de maior poder de governabilidade, sobressaíam novos conflitos e ainda maior anarquia.

Fechado o ciclo militar, com o término do governo Floriano Peixoto, em 1894, a experiência republicana não havia gerado respostas às questões institucionais deixadas em aberto com a queda do Império. Permaneciam sob a sombra da incerteza três variáveis cruciais para a sobrevivência do regime: *os critérios de geração de atores políticos coletivos; as relações entre poder central e poderes regionais; e os procedimentos de interação entre Executivo e Legislativo.* Pode-se ponderar que a incerteza com relação a esses pontos é recorrente nos chamados momentos de transição. O singular nesse caso é o fato de que a incerteza não foi aplacada pelo ingresso da República brasileira na ordem constitucional. Ao contrário, ela sobrevive à Carta de 1891 e, em certo sentido, é ampliada, pois a definição de mecanismos constitucionais não implica obrigatoriamente a existência de fórmulas políticas pacíficas, que dependem menos de Direito Constitucional do que de arranjos informais. Ao instituir um sistema político baseado no presidencialismo, na autonomia dos estados e no alargamento das prerrogativas do Legislativo, a Constituição de 1891 certamente inovou, tendo em vista a tradição imperial. Mas, a acomodação entre esses aspectos, não sendo matéria constitucional, dependeu do desempenho prático e pragmático dos atores políticos e de sua capacidade de gerar um pacto não escrito. A construção desse pacto, otimizada no governo Campos Sales, por sua vez, teve como condição necessária a erradicação da incerteza na resposta às três variáveis cruciais mencionadas.

Antes de examinar a construção do pacto oligárquico, conduzido por Campos Sales em seu governo (1888-1902), este capítulo tratará do drama político do governo Prudente de Moraes (l894-1898). Com a progressiva retração dos militares, esse quatriênio apresenta nova feição da anarquia. Os protagonistas são em primeiro plano as elites civis, no eixo Executivo-Legislativo-poderes estaduais. Ainda que a análise do período seja impotente para eliminar a impressão de espanto diante da posterior sobrevivência da República, é legítimo supor que durante o governo Prudente de Moraes emergiam os *problemas reais* para a institucionalização republicana. O que ameaçava o novo regime não era o sebastianismo monarquista ou florianista, a fúria plebeia da rua do Ouvidor ou os "monarquistas" do Arraial de Canudos, mas sim a sua não institucionalização e a não definição das regras de constituição da *polis*. À anarquia dos governos militares pode-se atribuir, em parte, paternidade de fatores exógenos: revoltas da Armada, Revolução Federalista no Rio Grande do Sul e diversos motins que a crônica não batizou. No governo Prudente, conforme será demonstrado, a anarquia foi predominantemente endógena.

No ano de 1893, último do governo de Floriano Peixoto, a República, sem identidade definida, enfrentou seus maiores desafios: a segunda revolta da Armada e a Revolução Federalista no Rio Grande do Sul. O bloqueio do porto da capital, as ameaças de separatismo gaúcho e o temor de revanche monarquista exponenciaram a ingovernabilidade republicana e tornaram Floriano Peixoto um enigma mais agradável. Lideradas pela bancada congressual e pelo governo paulistas, as principais forças políticas estaduais, como as de Minas Gerais e Bahia, passam a apoiar o governo federal. O governo de São Paulo, chefiado por Bernardino de Campos, oferece ao mesmo tempo suporte político ao Congresso e ajuda militar, através da Força Pública estadual, mobilizada contra os federalistas gaúchos. Floriano aparece como mal menor e, diante da sua fraqueza momentânea, os republicanos civis trocaram o apoio presente pela futura posse do governo. O inimigo externo pode produzir aquilo que a dinâmica interna da República foi incapaz de gerar: harmonia entre Executivo e Legislativo.

A aproximação entre o governo de Floriano Peixoto e as elites civis apresentou importante inovação na curta história republicana. Trata-se da organização, em 1893, do primeiro partido político, de caráter nacional, após a dissolução dos partidos monárquicos. Passados quatro anos de entropia republicana, os novos tempos pareciam encaminhar de modo prático uma das variáveis cruciais para a institucionalização do regime: a definição dos critérios e dos procedimentos de geração de atores políticos coletivos, fora das erráticas combinações parlamentares e conspiratórias. Em julho de 1893, sob a liderança de Francisco Glicério, republicano histórico paulista, fundou-se o Partido Republicano Federal – PRF –, em reunião que contou com a presença de 68 senadores e deputados. Sua composição era a mais eclética possível, incluindo republicanos históricos, ex-monarquistas, liberais moderados, conservadores do velho estilo, federalistas, centralizadores, florianistas exaltados, jacobinos intransigentes, positivistas, presidencialistas, católicos ultramontanos, livres-pensadores, parlamentaristas e, até mesmo, simpatizantes da revolta da Armada[121]. Na expressão de Belisário Távora, o PRF era "uma catedral aberta a todos os credos".

---

[121] Classificação feita com base nas descrições de José Maria Bello. *História da República, 1889-1902*. Rio de Janeiro, Civilização Brasileira, 1940; Raymundo Faoro. *Os danos do poder*. Porto Alegre, Globo, 1975; e Alcindo Guanabara. *A presidência Campos Sales*. Rio de Janeiro, Laemmert, 1912.

O líder do partido, Francisco Glicério, contribuía decisivamente para tal ecletismo[122]. Apesar de florianista e adepto da centralização, era um dos principais chefes locais do mais importante segmento oligárquico do país, o Partido Republicano Paulista (PRP). Sob sua direção, o Partido Republicano Federal passou a controlar a totalidade das bancadas estaduais no Congresso, o que lhe valeu o título de "general das 21 brigadas". O partido, aberto a "todos quantos quiserem concorrer para a consolidação das instituições republicanas", tinha como principal ponto programático a sustentação e a defesa da Constituição e a luta pela "verdade do regime que ela criou"[123]. A variedade das adesões dificilmente pode ser explicada pela ideologia do partido. Tratando-se de um partido de apoio ao governo, a adesão generalizada, como notou Alcindo Guanabara, foi motivada pelo "interesse da conservação do poder e da influência nos estados"[124]. Ou seja, do ponto de vista das bancadas, a afiliação ao partido aparece como recurso relevante para a consolidação de esquemas locais de poder, até então ameaçados por políticas intervencionistas.

Do ponto de vista macropolítico, o PRF visava resolver duas questões: criar um grupo parlamentar majoritário para sustentar o governo e, mais importante, preparar as eleições gerais de 1894, em que seriam escolhidos o presidente da República, um terço do Senado e a totalidade da Câmara dos Deputados. Diante desses dois desafios, o PRF foi extremamente bem-sucedido. O apoio parlamentar dado a Floriano foi total, porém conectado ao encaminhamento de sua sucessão, de modo que as propaladas intenções continuístas do

---

[122] Para um perfil de Francisco Glicério, v. Sebastião Witter (org.). *As ideias políticas de Francisco Glicério.* Brasília, Senado Federal/FCRB, 1982.
[123] Apud Sebastião Witter, op. cit., p. 42.
[124] Alcindo Guanabara, op. cit., p. 14.

presidente não encontraram eco nem mesmo entre fanáticos florianistas.

Nas eleições de 1894, o PRF conquistou a Presidência da República, o terço do Senado e a totalidade da Câmara. Prudente de Moraes foi eleito com cerca de 290.000 votos, em uma população total em torno de 15.000.000 de almas[125]. Os índices de abstenção foram dilatados na própria capital do país. Para um eleitorado potencial de cerca de 110.000 pessoas, votaram em 1894, no Distrito Federal, 7.857 eleitores[126]. Mas isso parece não ter configurado problema algum. Os principais problemas da República se resumiam à esfera das relações da *polis* com o governo.

A unanimidade na Câmara era, contudo, aparente. Na nova legislatura, a se iniciar em maio de 1895, o PRF dividia-se pelo menos em três facções: os radicais, "fanáticos de Floriano" e vencedores das revoltas ocorridas no governo anterior; os "reacionários", inimigos dos jacobinos florianistas; e os "moderados". A identidade partidária comum era, pois, incapaz de conferir ao Legislativo maior previsibilidade. O governo Prudente ora aparece como continuador de Floriano, atraindo a ira dos "reacionários", ora como civilista, traindo, segundo os radicais jacobinos, os ideais da República. Como será visto adiante, o maior problema do novo governo será lidar com o partido que o elegeu e, por extensão, com o próprio Legislativo[127].

---

[125] Dados apresentados por Edgar Carone. *A República Velha*. São Paulo, Difel, 1974, p. 31.
[126] Sobre a participação eleitoral no Distrito Federal v. José Murilo de Carvalho. *Os bestializados: o Rio de Janeiro e a República que não foi*. Rio de Janeiro, Cia. das Letras, 1987, cap. III, pp. 66-90.
[127] A classificação das facções foi feita com base nas descrições de José Maria Bello, op. cit.; Edgar Carone, op. cit.; e Alcindo Guanabara, op. cit.

O legado de Floriano Peixoto foi pródigo em focos de oposição do novo governo. Exército, funcionalismo público e governadores serão seus protagonistas. Com a revolta da Armada, foi grande, no Exército, o número de promoções que contemplaram oficiais florianistas radicais, que ascenderam à cúpula militar. No serviço público, por pressão de partidários civis, Floriano Peixoto estendeu consideravelmente o empreguismo. Nos estados, parte considerável dos cargos executivos encontrava-se em mãos de florianistas.

As primeiras ações do novo governo incidem sobre essa herança. Vários jacobinos são desempregados, com demissão em massa de funcionários públicos contratados pelo antigo regime. Os critérios de racionalidade administrativa são apresentados como principal justificativa, embora os cortes, seletivamente, incidam sobre florianistas. Até mesmo Raul Pompeia perdeu seu emprego na direção da Biblioteca Nacional, então situada no Passeio Público.

Com relação aos militares, a política do governo civil visava ao seu afastamento da cena política[128]. Os procedimentos adotados combinaram cooptação de oficiais graduados e punição a focos de rebeldia, além da intenção de reduzir os efetivos militares. Duas semanas após a posse, o governo vetou o aumento dos quadros militares, dissolveu os "batalhões

---

[128] Para uma avaliação da política dos governos civis da República Velha, com relação aos militares, v. Edmundo Campos. *Em busca de identidade: o Exército e a política na sociedade brasileira*. Rio de Janeiro, Forense, 1976; José Murilo de Carvalho, em "Forças Armadas na Primeira República: o poder desestabilizado". In Boris Fausto (org.). *O Brasil Republicano – História geral da civilização brasileira*, t. III, v. 2. São Paulo, Difel, 1977, destaca o outro lado da questão, ou seja, o fator de desestabilização política representado pelo Exército, durante a República Velha. Para apresentação mais descritiva, v. June Hanner. *As relações entre civis e militares, 1889-1898*. São Paulo, Pioneira, 1975.

patrióticos" compostos por radicais florianistas, exonerou oficiais que ocupavam cargos civis e transferiu oficiais suspeitos para guarnições distantes. Os efeitos dessas medidas são imediatos e duradouros. Durante praticamente todo o tempo em que durou, o governo Prudente foi combatido nas ruas do Centro da capital. A rua do Ouvidor e o largo de São Francisco, territórios livres dos jacobinos, foram um constante foco de protesto, quase nunca pacífico[129]. Em tais protestos, manifestava-se o jacobinismo carioca, de difusa base popular, a contar com o apoio de oficiais de baixa patente e de um espantoso elenco de "oradores". A proliferação de tribunos da plebe era sintoma de uma forma de exercício da política avessa aos formalismos liberais e disposta à ação direta. O repertório de diatribes e demandas era vasto: odiava-se os portugueses, os políticos em geral e os monarquistas em particular, protestava-se contra a alta dos aluguéis e do custo dos alimentos e, sobretudo, cultuava-se Floriano. Sem dúvida, Floriano Peixoto foi ardorosamente cultuado não apenas pelos jacobinos militantes, como também por grande parte da população bestializada da capital da República. O testemunho de Artur de Azevedo, ao assistir ao cortejo fúnebre de Floriano, é inequívoco:

> ...centenas e centenas de homens pobres, mal trajados, suprindo com uma fita amarela ao braço, a ausência do fato preto que eles não têm (...) O povo, que não tem interesse na politicagem, o povo que não cura personalidades, faz-lhe inteira e luminosa justiça[130]...

O comportamento de Floriano no poder certamente contribuiu para essa adoração. Caracterizou-se ele por um as-

---

[129] Para uma análise do fenômeno do jacobinismo carioca, v. Suely R. R. de Queiroz. *Os radicais da República.* São Paulo, Brasiliense, 1986.
[130] Apud Suely R. R. Queirós, pp. 130-131.

cetismo radical, recusando as pompas do cargo, e por ações inéditas, tais como tabelamento de gêneros alimentícios e combate à especulação com aluguéis. Com sua morte, em 29 de junho de 1895, Floriano transformou-se no símbolo da pureza republicana e em uma espécie de medida padrão para avaliar os rumos da República. Diante da anistia concedida por Prudente de Moraes aos federalistas gaúchos, a reação dos jacobinos florianistas pode ser aferida pelo comentário do deputado Coelho Lisboa:

> Não se pode comparar o soldado que se fez o salvador da República; o sol que ilumina o coração da mocidade brasileira e inspira ao PRF a política generosa, conciliadora, mas sobretudo republicana, que há de firmar a República no Brasil, com o pirilampo que vagueia nos corredores do palácio do Catete[131]!

Para executar a política de retração militar, Prudente de Moraes pôs no Ministério da Guerra um paulista antiflorianista, o marechal Bittencourt. Sob seu comando, seguindo orientação do governo, procedeu-se à tentativa de desmonte do aparato militar, através da progressiva redução de efetivos de terra. A cada ano, propunha-se a redução dos quadros: em 1897, planejou-se reduzir o número de praças de 28.000 para 22.000[132]. Por outro lado, como demonstrou Edmundo Campos, o governo promoveu uma política de cooptação, visando oficiais graduados, premiando-os com promoções, na medida em que se abstinham da política e da obsessão conspiratória[133]. O peso do Ministério da Guerra na despesa global do governo atingiu seus níveis mais baixos, desde a Proclamação. Com efeito, por volta de 1889, as despesas do Ministé-

---
[131] Apud Suely R. R. Queirós, op. cit., p. 35.
[132] Idem, p. 99.
[133] Edmundo Campos, op. cit., pp. 70-74.

rio da Guerra correspondiam a cerca de 10% do gasto total do governo. Ainda no governo de Deodoro da Fonseca, tais despesas atingem um patamar máximo de 14,2%, em 1891, retrocedendo, em 1892, para 12,6% no início do governo de Floriano Peixoto. No entanto, ainda no quatriênio florianista, o gasto militar atinge o ponto máximo de 31,8%, em 1894. A orientação assumida no governo de Prudente de Moraes fica clara na evolução dessa despesa específica, como percentagem do gasto geral do governo: 23,3%, em 1895; 15,9%, em 1896 e menos de 10%, em 1898[134].

As tensões entre o governo civil e os militares, sobretudo oficiais de baixa patente e cadetes das escolas militares, foram agravadas com a restauração da liberdade de imprensa. Fechada, semiclandestina e ameaçada de empastelamento, durante o governo Floriano, a imprensa oposicionista passa a divulgar atrocidades cometidas por oficiais legalistas durante as revoluções de 1893. A denúncia mais notória atinge o coronel Moreira César, enviado por Floriano Peixoto para pacificar Santa Catarina, durante a Revolução Federalista. Esse florianista fanático e positivista extremado patrocinou verdadeiro banho de sangue na cidade de Desterro, capital do estado, fuzilando sumariamente participantes do movimento ligados às elites locais. A humilhação maior viria a seguir, com o novo batismo da cidade: Florianópolis.

No Congresso, o governo sofre oposição do núcleo florianista do PRF. As relações entre Executivo e Legislativo, nos três primeiros anos do mandato de Prudente, foram mediadas pela liderança de Francisco Glicério. Na verdade, elas comportavam o conflito entre duas tendências opostas: por um

---

[134] "Ministério da Agricultura, Indústria e Comércio, Diretoria do Serviço de Estatística, Finanças da União e dos Estados: 1822-1913". Rio de Janeiro, Tipografia Nacional, 1914 apud Edmundo Campos, op. cit., p. 52.

lado, o Congresso, controlado pelo PRF e pela agressividade dos florianistas, tentava, através de Glicério controlar o Executivo, limitando suas ações; por outro, o presidente buscava escapar do controle do Legislativo, tentando obter maior poder sobre a política e a administração dos estados.

Exemplo das limitações que o Congresso impunha ao Executivo pode ser encontrado na paralisia do governo com relação a decisões de política financeira. A herança dos governos militares era de desordem financeira e de déficits crescentes, agravados pela queda dos preços internacionais do café. As alternativas de saneamento imaginadas pelos ministros da Fazenda, Rodrigues Alves e Bernardino de Campos, incluíam decisões substantivas que demandavam amplo suporte político-parlamentar, tais como: cobrança em ouro de parte dos direitos alfandegários, Imposto de Renda, ampliação dos impostos de consumo e, principalmente, a alienação de alguns próprios nacionais, a começar pela Estrada de Ferro Central do Brasil[135]. Essas alternativas visavam superar a verdadeira prisão tributária da União. Restrita à arrecadação dos impostos sobre as importações, ela via-se diante do seguinte dilema: deixando as importações livres, aumentava sua arrecadação, mas fazia crescer as necessidades de ouro; restringindo-as, para evitar evasão de divisas, diminuía suas próprias rendas. No Congresso, o governo não encontrou base estável para a implementação dessas ou de quaisquer outras políticas alternativas. Diante disso, prevaleceram as soluções de praxe: o governo realizou dois empréstimos, um interno, de 60.000 contos, e outro externo, de £ 1.000.000.

A ação de Prudente de Moraes com relação aos estados visou à regulamentação do artigo 6º da Constituição, que dis-

---
[135] José Maria Bello, op. cit., pp. 216-219.

punha sobre intervenção federal. O objetivo parece ter sido duplo: assegurar, pela ameaça de intervenção, a lealdade de governos estaduais nostálgicos e, por extensão, de suas bancadas no Congresso. Em seu livro sobre o governo Campos Sales, Alcindo Guanabara, florianista e inimigo de Prudente de Moraes, caracteriza o intervencionismo do primeiro presidente civil como a principal marca de seu mandato. Exageros à parte, a acusação daquele autor encontra suporte nas primeiras mensagens de abertura do Congresso feitas pelo presidente[136]. Ambas, em 1895 e 1896, insistem na necessidade de regulamentar o direito de intervenção. Na primeira, o presidente diz aos congressistas que é

> urgente que regulamenteis os preceitos do artigo 6º não só quanto à interpretação clara do texto constitucional como estabelecendo o meio prático da intervenção federal nos casos em que ela é permitida.

No ano seguinte, a solicitação é reforçada, acrescida de considerações doutrinárias: a regulamentação "contribuirá eficazmente para o funcionamento seguro do regime federativo". A nova doutrina foi exposta, dialeticamente, pelo deputado Paulino de Souza Jr.: "As federações não podem existir sem a intervenção[137]."

Por um aspecto, a solicitação de Prudente de Moraes era absurda, pois para o Congresso a possibilidade de dotar o Executivo de "meios próprios" para a intervenção configurava-se como atitude suicida, dado o controle que os governos locais exerciam sobre o processo eleitoral. No entanto, ela pode ser vista como razoável, pois buscava resolver um dos

---

[136] *Mensagens presidenciais, 1880-1902.*
[137] Apud Alcindo Guanabara, op. cit., p. 26.

problemas cruciais para a institucionalização do novo regime: o equilíbrio político entre o poder central e os poderes regionais. O procedimento adotado foi, contudo, ineficaz, pois atribuiu à precisão de um dispositivo constitucional o poder de criar demiurgicamente a subordinação dos poderes estaduais ao presidente. O equilíbrio será conseguido, como será visto, no governo Campos Sales, sem alterações constitucionais e, mesmo, sem debates parlamentares.

Diante do caos do governo Prudente, havia, ainda, os "republicanos alheios", nas palavras de Alcindo Guanabara. Tal era o caso do presidente do estado de São Paulo, Campos Sales, que permaneceu distante tanto da organização do PRF quanto da polarização entre governo e oposição. A neutralidade de Campos Sales era singular. Para ele, o governo Prudente era um mal menor diante de qualquer coisa que inspirasse desordem. Representativa de sua posição é a carta que dirigiu a Bernardino de Campos, em agosto de 1896:

> A nossa política carece de firmeza e orientação clara, e isso vai-nos enfraquecendo e perturbando a nossa marcha. Os elementos agitadores, que se aninham em nosso seio, comprometem-nos, pois que, à sombra de nossa condescendência, vão acarretando a nossa responsabilidade na sua ação, francamente e calculadamente anarquizadora. Isto nos enfraquece, porque nos desacredita, apresentando-nos como incapazes para o governo. Os últimos sucessos, se não produziram desastres, deverão servir-nos de advertência. Está claro que não podemos dirigir o elemento agitador e nem devemos presumir que ele chegue a subordinar-se a nossa direção. Ao contrário, os exaltados é que nos vão levando a reboque nas suas arruaças, *meetings* de indignação etc. Eles arranjam as crises e nós aguentamos as responsabilidades delas. Penso que temos a escolher: ou os declaramos adversários e lhes damos combate decisivo, ou renunciamos à aspiração de formar um partido conservador, ordeiro, governamental e orgânico. Ficando nisso que aí está, que é a anarquia, no meio da qual os nos-

sos homens se vão perdendo como incapazes, e a desconfiança que se forma em torno de nós. Este é o elemento perverso em todas as democracias. (...) Basta de Câmaras agitadoras. Precisamos governar bem. (...) Todos conhecem a minha índole conservadora, que uns por erro de apreciação, outros por espírito de hostilidade, qualificam injustamente de autoritária[138].

Os dois primeiros anos do governo de Prudente de Moraes apresentaram, pois, grande paralisia do Executivo, acuado pelos ecos da rua do Ouvidor, pelo protesto militar e pela anarquia congressual. No Legislativo, a aguerrida minoria florianista, cortejada pelo líder Glicério, ofuscava a "expectativa medrosa dos partidários do presidente"[139]. As bases de apoio do governo foram sobretudo as bancadas de São Paulo, Bahia, Maranhão e Pernambuco. Os mineiros não tomavam partido. A oposição florianista ultrapassava o Congresso e as ruas, encontrando no vice-presidente Manuel Vitorino importante aliado[140]. A contribuição desse político ao caos do governo Prudente foi dilatada. Em novembro de 1896, o presidente adoece e é obrigado a licenciar-se. O vice-presidente não se limitou a cumprir formalidades: muda o ministério e busca aproximação com os florianistas. Contando com a morte do titular, ou com a concretização de um golpe, Manuel Vitorino pontificou na altura: "torna-se indispensável um governo alicerçado em bases duradouras – um governo realmente capaz de executar um programa"[141]. O interregno estende-se até março de 1897, e coincide com o período de maior desgaste do presidente. Segundo José

---

[138] Campos Sales. *Da propaganda à Presidência*. São Paulo: "A Editora", 1909, p. 136.
[139] Raymundo Faoro, op. cit., pp. 555-561.
[140] Sobre Manoel Vitorino, ver Luiz Henrique Dias Tavares (org.). *As ideias políticas de Manoel Vitorino*. Brasília: Senado Federal/FCRB, 1981.
[141] Edgar Carone, op. cit., p. 150.

Maria Bello, Prudente teria experimentado "a maior impopularidade de rua que, talvez, já tivesse conhecido qualquer homem de governo no Brasil"[142].

Assim como o acaso, a má sorte desempenha importante papel na dinâmica dos conflitos. A data escolhida pelo presidente para reassumir seu mandato e dispensar a heterodoxa lealdade de seu vice foi, justamente, o dia 7 de março de 1897, dia no qual chegaram à capital notícias do massacre da terceira expedição militar enviada para destruir o arraial de Canudos, no sertão baiano. As duas expedições anteriores foram pulverizadas. A terceira expedição a Canudos, comandada pelo coronel Moreira César – positivista inveterado e duvidoso herói da repressão à Revolta da Armada, na cidade do Desterro –, representou para os jacobinos e positivistas uma oportunidade ímpar para erradicar a barbárie monárquico-teológica. A vitória de Antônio Conselheiro acabou por significar um veto brasileiro à metafísica comteana. Os jagunços vingaram os catarinenses: entre os massacrados estava o próprio comandante da expedição, coronel Moreira César. Antônio Conselheiro e Moreira César, afastados por séculos de evolução positiva da humanidade, foram protagonistas de um drama de proporções absurdas, com resultado invertido, segundo a lógica positivista. Conselheiro, monarquista e místico, encarnava o que havia de mais típico no estado teológico de evolução da humanidade, segundo a métrica antropológica dos positivistas. Moreira César, verdadeira versão tropical do sábio positivo comteano, a desvendar leis sociais e a sonhar com uma ordem matematizada e sem conflitos. A uni-los, a mesma ética de convicção: a certeza de que eram portadores, cada um a seu modo, das necessidades

---

[142] José Maria Bello, op. cit. p. 227.

do tempo. A uni-los, o mesmo destino: derrotados por uma República de bacharéis, avessos tanto a matemáticas como a convicções[143].

O massacre da terceira expedição a Canudos causou, antes de tudo, perplexidade. Afinal, como pode

> uma força irregular que se dizia armada de carabinas inúteis e que se imaginava composta de insignificante número de fanáticos, vencer tropas regulares, armadas e municiadas devidamente, matando trezentos e tantos homens numa batalha em que, depois de perder, segundo a parte oficial, dois mil homens, ainda pôde pôr em fuga um grupo, pelo menos de outros trezentos soldados[144]?

A única explicação plausível era a de cumplicidade dos monarquistas. Nesse sentido advertia o jornal O *Estado de São Paulo*:

> Que o presidente da República não se iluda sobre o sentido da agitação latente em grande parte do território brasileiro e apenas na Bahia, em armas. Trata-se da restauração; conspira-se, forma-se o exército imperialista.

Nas ruas do Rio de Janeiro, o protesto jacobino foi extremo: No Largo de São Francisco de Paula formou-se logo um grande cortejo vociferado que partiu pelas ruas a pedir morte imediata para todos os inimigos da República[145].

Por dois dias, ocorreram os acontecimentos habituais, quando se tratava de protesto jacobino. Dois jornais foram empaste-

---

[143] A referência óbvia e incontornável a respeito de Canudos é a obra de Euclides da Cunha. Nina Rodrigues fornece interessante análise, baseada na psicologia das multidões, em seu ensaio "A loucura epidêmica de Canudos", publicado em seu livro *As coletividades anormais*. Rio de Janeiro, Civilização Brasileira, 1939.
[144] Apud Suely Queiroz, op. cit., pp. 44-45.
[145] Idem, p. 48.

lados – a *Gazeta da Tarde* e o *Liberdade* –, e seu proprietário, o monarquista Gentil de Castro, foi trucidado por um grupo de majores e tenentes do Exército. O clima predominante pode ser captado pela passagem de Sertório de Castro:

> A rua do Ouvidor valia por um desvio das caatingas (...) O homem do sertão, emoldurado e bruto, tinha parceiros porventura mais perigosos. Tal era, com efeito, a natureza da psicose que acusou naqueles dias sinistros e turvos de março a multidão que atacava jornais, destruía tipografias e redações e carregava os destroços desses assaltos como troféus de uma vitória legitimamente ganha, para amontoá-los no largo de São Francisco (...) Como se não bastassem os danos materiais e o fogo purificador, na civilização da capital tornava-se necessário sangue[146].

O clímax da tensão ocorre em maio de 1897, com a revolta dos cadetes da escola militar, vencida por Prudente de Moraes, com o apoio do ministro da Guerra, marechal Bittencourt. O levante, mínimo se considerada sua extensão objetiva, converte-se em ponto de inflexão do processo político. Após a expulsão de alunos rebeldes e a prisão de oficiais envolvidos, o governo articulou bem-sucedida manobra parlamentar[147]. O deputado baiano J. J. Seabra, perseguido no governo Floriano Peixoto, propôs a nomeação pela Câmara de uma comissão parlamentar com a finalidade de congratular o presidente pela "salvaguarda da ordem e prestígio da República civil". A provocação era evidente e, como se não bastasse, Seabra faz a proposta em seu nome dizendo-se surpreso diante do silêncio do, até então, líder

---

[146] A disposição jacobina é admiravelmente bem narrada por Sertório de Castro, em *A República que a revolução destruiu*. Rio de Janeiro, Freitas Bastos, 1932, cap. VIII, pp. 133 e 134.

[147] Ótima descrição da manobra encontra-se em José Maria Bello, op. cit., e em Raymundo Faoro, opp. citt., respectivamente, pp. 228 e 229 e 558 e 559.

da maioria, Francisco Glicério. A manobra era clara: através dela, Prudente de Moraes procurava livrar-se da tutela do PRF e demonstrar a deslealdade do "General das 21 brigadas". O requerimento de Seabra foi derrotado, mas foi capaz de provocar a cisão definitiva do primeiro partido nacional formado durante a República. Os desdobramentos foram fundamentais: alegando ter votado pela aprovação do requerimento e, portanto, tendo sido derrotado, o presidente da Câmara, o deputado baiano Artur Rios, renuncia. Quatro dias depois, configura-se a armadilha. Francisco Glicério, deserdado pelo governo, concorre à presidência da Câmara e é derrotado pelo antigo presidente da Casa. Em uma mesma manobra, Prudente de Moraes havia conseguido cindir definitivamente o PRF e reduzir Francisco Glicério a líder da minoria.

A derrota da facção jacobina no Congresso marca o início político do governo Prudente de Moraes, combinando características que se mostrarão duradouras na República oligárquica. A manobra parlamentar bem-sucedida não se deveu apenas a truques regimentais ou artimanhas de plenário. Para realizá-la, o presidente buscou uma articulação direta com os estados – nomeadamente São Paulo, Minas Gerais, Bahia e Pernambuco – que representavam as maiores bancadas. Contou ainda com a discrição dos republicanos gaúchos, recém-saídos de uma guerra civil que lhes acenou com a possibilidade de intervenção federal, conscientes também do papel representado pelas tropas federais e pela ajuda paulista na vitória sobre os federalistas.

Os termos da solicitação de apoio aos estados não poderiam ser mais claros. Em mensagem ao presidente de São Paulo, Campos Sales, Prudente afirmava: "Representação de São Paulo precisa escolher entre o governo com a ordem e

Glicério com a anarquia militar"[148]. O que se verificou foi a quebra da estrutura partidária de intermediação. Ao implodir o PRF, o presidente passa a reconhecer apenas os chefes estaduais. O PRF e o Legislativo são elementos de anarquia se não se subordinam aos poderes estaduais, em direta conexão com o poder central. Conseguido o apoio, o presidente pôde manifestar ânimo desafiador: A polícia está preparada – para dar uma sova em regra – na primeira oportunidade que essa canalha oferecer[149].

A última tentativa feita pela oposição para vencer Prudente de Moraes manifestou-se de forma inédita na história brasileira: a tentativa de assassinato do presidente[150]. A 5 de novembro de 1897, após receber dois batalhões, no Arsenal de Guerra, chegados da campanha de Canudos, o presidente foi atacado por um anspeçada, Marcelino Bispo[151]. Mas naquela época, até os regicidas eram confusos. Prudente de Moraes escapou ileso, sendo ferido de morte o ministro da Guerra, marechal Machado Bittencourt. O efeito imediato do atenta-

---

[148] Apud Raymundo Faoro, op. cit., p. 558.
[149] Apud Célio Debes. *Campos Sales: Perfil de um estadista*. Rio de Janeiro, Francisco Alves, 1978, vol. 2, p. 424.
[150] Detalhada narração do atentado encontra-se em José Maria Bello e Sertório de Castro, opp. citt., respectivamente, pp. 232-235 e 141-145. O atentado a Prudente de Moraes foi, de fato, a mais grave ameaça física sofrida por um governante brasileiro. A crônica monarquista, no entanto, registra um "atentado" sofrido pelo imperador D. Pedro II., a 15.7.1889. Segundo Raimundo Magalhães Jr. tudo não teria passado de um efeito perverso de monumental bebedeira de absinto. Naquela data, quando da saída de D. Pedro II do Teatro de Santana, o caixeiro português Adriano Augusto do Vale, completamente ébrio, deu um tiro para o alto, após a passagem da carruagem imperial. O fato foi largamente explorado pela polícia do Rio de Janeiro, que, ao transformar a esbórnia em atentado político, debitou-a na conta dos republicanos. Para maiores detalhes, v. de Magalhães Jr.: *Deodoro: A espada contra o Império*. São Paulo, Cia. Editora Nacional, 1957, v. I/375 e 376.
[151] Nina Rodrigues faz bem escrita e delirante análise psicorracial do autor do atentado, no ensaio "O regicida Marcelino Bispo". In Nina Rodrigues, op. cit., pp. 165-194.

do foi a completa reversão do quadro político. Como notou José Maria Bello, foi "enorme a consternação na capital e em todo o país (...) o Brasil não estava habituado a resolver os seus dissídios políticos pelo assassínio". Do ponto de vista da ordem pública na capital não houve alteração de padrão, continuavam os *meetings*, depredações e empastelamentos. A diferença é que, com o atentado, mudaram os alvos. O domínio das ruas passa dos jacobinos para os "reacionários", que demonstraram ter aprendido com seus inimigos: jornais como *República, Folha da Tarde* e *O Jacobino* foram empastelados. Em frente à Câmara, "a multidão aclamou entusiasticamente o presidente da República, dando morras ao general glicério e ao PRF e aos jacobinos"[152].

O atentado, único na história do país, deu ao presidente os recursos políticos que não conseguira obter dentro da dinâmica dos poderes constitucionais. As atribuições presidenciais foram ampliadas, graças a um contexto de total fragmentação do tecido político. A 8 de novembro de 1897, o governo solicitou ao Congresso a decretação de estado de sítio, aprovado a 12 de novembro. A medida, extensiva à capital e a Niterói, foi sucessivamente prorrogada até fevereiro de 1898. O Club Militar foi fechado, e o inquérito policial incriminou vários militares e políticos, entre os quais o vice-presidente, deputados e senadores. Por decreto emitido em 21 de novembro de 1898, vários implicados são desterrados para a ilha de Fernando de Noronha[153].

---

[152] Suely Queiroz, op. cit., p. 61.
[153] Além de vários militares, foram responsabilizados pelo atentado, segundo relatório do Ministério da Justiça, o vice-presidente da República Manuel Vitorino, o senador João Cordeiro e os deputados Francisco Glicério, Barbosa Lima, Irineu Machado, Torquato Moreira e Alcindo Guanabara. Todos, com exceção de Glicério e Vitorino, foram presos e desterrados. V. José Maria Bello, op. cit., e Suely Queiroz, op. cit., p. 63.

No Congresso, os poucos florianistas ainda dispostos a fazer uso da palavra manifestaram-se, como o deputado Érico Coelho:

> ...parte da minoria dos representantes do povo está foragida, receosa, não da ação política, mas temendo o desencadeamento de ódios partidários; parte retraiu-se, melindrada no seu senso moral de ordem, senão ofendida no seu patriotismo; (...) A tribuna parlamentar acha-se suspeita de coparticipação moral nos atentados do dia 5, os órgãos da imprensa adversos à política interna e externa do honrado sr. presidente da República, trancados; o resto da imprensa diária sujeita à censura, o povo privado de reclamar na praça pública[154]...

Os tempos nitidamente haviam mudado: pela primeira vez um jacobino havia se referido ao presidente como "honrado".

Além de provocar mágica alteração na psicologia das massas, o atentado permitiu ao presidente iniciar o governo. Com a fuga de Francisco Glicério para São Paulo, Prudente de Moraes impôs-se ao Congresso e pôde encaminhar duas questões importantes para a dinâmica republicana: a sucessão presidencial e a renegociação da dívida externa. A oposição, desbaratada pela ação repressiva, divide-se entre a cadeia e a adesão ao governo: Em debandada, os políticos aderem ao presidente da República, sob o qual emerge o governo paulista, Campos Sales, que se preservara, habilmente, dos ódios e dos compromissos[155].

O Exército, fator de desestabilização durante 3/4 do mandato de Prudente de Moraes, sofre, em 1898, além do encantamento da cooptação, da síndrome de Canudos. O impacto

---
[154] Idem, p. 63.
[155] Raymundo Faoro, op. cit., p. 559.

desse espectro sobre o Exército foi captado de modo arguto por Gilberto Amado. Para ele a desmilitarização da Primeira República deveu muito a Canudos: "No desprestígio que daquela guerra resultou para o Exército, o poder havia de ficar nas mãos de quem tivesse mais força: São Paulo[156]." Na verdade, Canudos não deixava alternativa a não ser o sentimento de vergonha, pois após anos de derrotas humilhantes, a vitória final sobre sertanejos famintos e com poucas armas deixou pouco espaço para a glória. Com efeito, a maior mobilização do Exército brasileiro durante a República, no que diz respeito a efetivos em combate, não figura no calendário de comemorações militares.

Durante o governo de Prudente de Moraes emergiram os problemas reais para a institucionalização republicana. Da análise de seu período governamental depreende-se que a estabilidade do novo regime dependia da existência de um pacto, capaz de regular ao mesmo tempo as relações entre Executivo e Legislativo, a constituição de atores políticos e a interação entre poder central e poderes regionais.

Na superação da crise de 1897, Prudente de Moraes procurou resolver suas relações com o Legislativo. A fórmula encontrada implicou o reconhecimento de que as fontes de poder do Legislativo devem necessariamente ser localizadas nos estados. Nem burkeanos, nem rousseaunianos, os parlamentares deviam ter a legitimidade e utilidade de seus mandatos definidos por suas relações com os poderes estaduais. Não havia, pois, solução para as tensões entre Executivo e Legislativo, sem a chave para outro problema fundamental, o das relações entre o governo central e as forças estaduais oficiais. Mas não se deve exagerar o alcance do sucesso fi-

---

[156] Apud Raymundo Faoro, op. cit., p. 559.

nal de Prudente de Moraes. A calmaria política conseguida quase lhe custou a vida, e não há sistema político conhecido que faça da ameaça de assassinato de seu chefe máximo uma virtude e condição para a paz pública. A República, pois, deveria descobrir novas fórmulas, que garantissem, entre outras coisas, a sobrevida de seus dirigentes.

A experiência do governo de Prudente de Moraes significou também um veto das elites republicanas à tentativa de organização partidária imaginada por Francisco Glicério. Segundo o seu criador, o PRF, como partido único e congressual, tinha por objetivo máximo a acomodação do sistema político em suas principais dimensões: relações Executivo-Legislativo e relações governo central-estados. O partido, na verdade, seria um operador independente, capaz de controlar ao mesmo tempo o governo federal e o Congresso. Ao se definir como congressual, seu funcionamento ótimo dependeria de um cenário no qual o Poder Legislativo fosse autônomo com relação ao Executivo e aos poderes regionais. A premissa de Francisco Glicério, para o desempenho eficaz de seu partido, parece ter sido a existência de um Legislativo que fosse a materialização perfeita das prescrições constitucionais. Daí a ênfase do programa do PRF na defesa da Constituição. Não se tratava do apego a um princípio vago e retórico, mas sim de um ponto pragmático, que via na independência total do Legislativo a única condição possível para a existência de um partido único, capaz de monopolizar todas as mediações necessárias ao funcionamento do sistema político.

A derrota do PRF diante do Poder Executivo excede em significado a sua expressão anedótica. É horrível dizer isso, mas "objetivamente" o que se passava excedia o desempenho visível da matreirice e das manobras parlamentares. A morfologia do mundo político acabou por inviabilizar a primeira tentativa de organização partidária nacional. A única independência radical que o Legislativo, de fato, possuía era com relação ao *demos*. Os regulamentos eleitorais do novo regime faziam com que a composição do Congresso fosse determinada pela orientação das políticas locais, o que permitiu ao Executivo compreender que a lealdade parlamentar era dependente de acordos com chefes estaduais.

O desempenho de Francisco Glicério parece ter desconsiderado tais questões, percebidas por outros atores relevantes. O líder do PRF chegou mesmo a definir uma doutrina que fez de seu partido a principal referência institucional da República. Em discurso na Câmara de Deputados, a imaginar uma possível ruptura entre o presidente da República e o PRF, Francisco Glicério pontificou que a lealdade dos membros do partido era para com seu líder, isto é, ele mesmo: "A comunhão de ideias deve ser verificada pelo partido a que todos pertencemos e ao qual devemos prestar obediência[157]."

A fraqueza e a derrota final do PRF podem ser atribuídas, além dos efeitos da estratégia política de seus adversários, a fatores inerentes a seu próprio campo político. A heterogeneidade política de seus adeptos tornava a disciplina partidária extremamente débil, a demandar grandes esforços de composição. Grande parte do tempo político despendido pelos líderes do partido visava administrar sua diversidade interna. Mais grave do que isso foi, para a estrutura do PRF, o papel desestabilizador desempenhado pela diversidade oligárquica, fenômeno designado por Raymundo Faoro como "a distribuição natural do poder". A aspiração de que todos os grupos estaduais fossem perfilados pelo partido, e de que ele, assim municiado, agisse de modo unívoco sobre o governo, contra-

---

[157] Sebastião Witter, op. cit., p. 247.

riava a compreensão que as elites regionais tinham a respeito do federalismo. Os custos de uma ação coordenada, em âmbito nacional, eram superiores aos da ligação direta entre chefes estaduais e o presidente da República. Essa possibilidade, em princípio aberta, restringiu de modo prático as atribuições do Legislativo – a ecologia do partido de Francisco Glicério. Por outro lado, as atribuições constitucionais do Executivo tornavam-no praticamente irresponsável do ponto de vista político. Ele era livre, portanto, para estabelecer estratégias de sustentação que visassem diretamente as bases do Legislativo, os poderes estaduais.

O drama público do PRF encontrou plena sintonia com o drama privado de Francisco Glicério. O poderoso "General das 21 brigadas", de 1893, eleitor do presidente da República e da totalidade da Câmara dos Deputados e controlador do Legislativo, em 1894, não foi sequer reconhecido nas eleições de 1900, vítima exemplar da Comissão de Verificação de Poderes, na altura reformada sob inspiração de Campos Sales.

O ato final do governo Prudente de Moraes foi o do encaminhamento do processo sucessório. Diante da questão, o que havia sobrado do PRF dividia-se em duas alas: os "republicanos" – maioria pró-Prudente de Moraes – e os "concentrados", ainda leais a Francisco Glicério. O nome de Campos Sales foi lançado pela política baiana, seguindo-se o apoio de Pernambuco, Minas Gerais e São Paulo. A oposição, reduzida a poucos "gliceristas" e ao Partido Republicano Rio-Grandense (PRR), dirigido por Júlio de Castilhos, lançou simbolicamente a candidatura de Lauro Sodré.

O candidato dos "republicanos", com extensa biografia republicana, não possuía vinculações com o PRF. Seus biógrafos destacam como traço saliente de seu comportamento político a ausência de compromissos. É nesse sentido o depoimento de Alcindo Guanabara: Havia assumido o governo de seu estado sem compromissos e sem compromissos nele se mantinha, quando lhe foi oferecida candidatura à Presidência[158].

No banquete político organizado em sua homenagem, a 31 de outubro de 1898, o candidato confirmou esse traço político-psicológico. Afirmou não pertencer a nenhuma das facções em disputa e que sua missão era para com o "partido republicano", entidade imaterial, posto que existente apenas na época da propaganda[159].

A estratégia de apresentação de Campos Sales visava exibi-lo como candidato desvinculado da entropia dos anos caóticos, daí a valorização de sua independência, ausência de compromissos e caráter conservador e apegado à ordem. Mas, não a ponto de defini-lo como *outsider* na ordem republicana. Na verdade, ele se apresenta como o mais republicano de todos, pois enquanto os outros definiam-se a partir de identidades erráticas, segundo os precários depoimentos de seus sentidos e instintos políticos, a identidade de Campos Sales apresentava-se como matricial. Referia-se ao momento primordial da República, no qual as ambições políticas e a proliferação opiniática não haviam ainda perdido e obliterado a visão das verdadeiras formas republicanas. A sua lealdade básica, portanto, não pertencia ao mundo dos corpos políticos sensíveis e dirigia-se diretamente à ideia republicana enquanto forma pura.

Apesar de ter sido lido durante um banquete, o programa de governo de Campos Sales não se caracterizou por conter considerações sobre amizade ou amor. Na verdade, manifestou em todos os seus pontos militante aversão aos ca-

---

[158] Alcindo Guanabara, op. cit., p. 30.
[159] Idem, pp. 37-50.

prichos, às paixões e aos interesses. Apesar disso, importa considerá-lo como texto elucidativo de uma nova proposta de organização da República, dotada da finalidade de impedir a contaminação do futuro do regime pelos seus pecados de infância.

No dia 31 de outubro de 1897, o candidato Campos Sales, diante de uma audiência de oligarcas amigos, apresentou seu programa de governo[160]. Se alguma ordem há no mundo, ela habita o domínio das palavras, e é como discurso dotado de sentido que a fala do candidato pode ser apreendida. Antes de tudo, Campos Sales apresenta à audiência o autor do programa: ele mesmo, só que preenchido por conteúdos precisos. Sua identidade não se define a partir dos sinais dos conflitos correntes e tem como base o passado esquecido da pureza republicana que, caprichosamente, aparece em sua biografia política: "propagandista dos princípios democráticos", "organizador das instituições republicanas", "constituinte e senador da República", "ministro do glorioso Governo Provisório", e "presidente do estado de São Paulo".

O programa exposto era, segundo o autor, uma projeção de sua identidade política. Na medida em que não pertencia a nenhuma das facções em disputa, seu partido era o "partido republicano histórico" dos tempos da propaganda, e o único elo entre o passado e o momento presente era a biografia pessoal do candidato. O programa tinha por meta, pois, a restauração do espírito republicano, o que, em termos práticos, implicava dar solução a problemas políticos objetivos, discriminados ordenadamente pelo candidato.

---

[160] Para uma análise do programa de governo de Campos Sales, ver Campos Sales, op. cit., cap. IV, pp. 125-166; Campos Sales. *Manifestos e mensagens (1898-1902)*. Rio de Janeiro, Imprensa Nacional, 1902; e Alcindo Guanabara, op. cit., pp. 37-50.

A primeira questão considerada pelo programa foi a das relações entre o presidente da República com o partido que o elegeu. A referência visava exorcizar da vida republicana o exemplo do governo Prudente de Moraes, no qual, como vimos, um partido pretendeu ser a principal instituição política do país. Para Campos Sales a eleição de um presidente transforma radicalmente sua identidade política: ele, que antes era parte, já que candidato de um partido, com a eleição passa a reunir a totalidade da nação:

> Aquele que é elevado pela vitória das urnas à suprema direção dos destinos do país não é, decerto, o chefe de um partido, representante de suas paixões e animado do ódio contra os vencidos; mas representa antes de tudo e acima de tudo um triunfo de princípios e de ideias, uma sanção pedida à maioria da nação e outorgada por ela. Ele é, pois, o chefe legítimo do Estado[161].

Tal opinião já havia sido manifestada por ocasião de sua eleição para o governo de São Paulo, em 1896:

> Qualquer que tenha sido a sua posição anterior nas lutas políticas, o cidadão, uma vez eleito, passa a ser o chefe do Estado. Ele deixa a superintendência dos interesses exclusivos do partido para assumir a alta gestão dos negócios da comunidade[162].

A mudança de posição no espaço político – de cidadão a chefe de Estado – implica uma verdadeira conversão de atributos individuais:

> Aquele que é elevado ao governo pelo voto popular deixa na arena ardente das lutas e das paixões, os sentimentos que armam a eficácia da resistência ou da agressão lá onde se agita o incessante con-

---

[161] Apud Alcindo Guanabara, op. cit., pp. 39-40.
[162] Idem, p. 40.

flito dos interesses e das opiniões, para levar às regiões serenas da aplicação só os grandes ideais que a alma do combatente acalentara como necessidades primordiais do progresso social[163].

No tratamento dessa questão, Campos Sales manifestou preocupação presente em todos os seus manifestos políticos: a crítica ao espírito de facção e ao caráter desenfreado das paixões e dos interesses. Em termos diretos, tais entidades nefastas significam: atores políticos autônomos, portadores de valores destoantes com relação à direção imposta à política pelo Poder Executivo.

O segundo problema considerado pelo manifesto dizia respeito à necessidade de fortalecimento do Poder Executivo. Ao criticar o parlamentarismo – "planta que só pode viver nas estufas da Monarquia" –, Campos Sales afirmou que a única forma possível de regime constitucional era a do governo unipessoal:

> ...o governo concentra-se no depositário único do Executivo, que assim se caracteriza pela responsabilidade direta e pessoal do presidente da República, cuja autoridade legal ou moral jamais deverá desaparecer atrás de seus ministros[164].

O candidato, assim, formula uma Teoria do Presidente Unitário, em uma República federativa, capaz de definir o funcionamento do Poder Executivo. O Presidente deveria ouvir os ministros separadamente, ao contrário da praxe republicana até então de reuniões de gabinete, e caberia exclusivamente a ele dotar, de unidade política, a fragmentação administrativa do governo.

O manifesto toca também em um dos pontos mais problemáticos do governo Prudente de Moraes: o das relações entre

---
[163] Ibidem, p. 40.
[164] Idem, p. 45.

Executivo e Legislativo. Para Campos Sales, devem elas ser de "cordialidade", porém reguladas pelo princípio de que "o parlamento não governa, nem administra". Se a tarefa fundamental do governo é administrar, segue-se que o parlamento é virtualmente irrelevante no modelo. O que deve ser feito é imaginar um mecanismo que neutralize a natural vocação dos corpos representativos ao tumulto e à paralisia. Campos Sales acreditava que as relações entre os dois poderes não poderiam ser de outra natureza senão harmônicas. Tal crença, contudo, deriva de uma falácia. Parlamento e governo relevam da mesma origem – o voto popular – e portanto possuem "naturalmente uma comunhão íntima de ideias". Para Campos Sales, tal "comunhão" era tudo, menos natural.

Até esse ponto o manifesto circunscreve o seguinte tipo político: um presidente imune ao conflito entre paixões; capaz de excluir de sua agenda a instabilidade provocada pela competição entre as facções; dotado de controle exclusivo, sem delegar poderes, sobre a máquina do Executivo; possuidor de uma rígida linha de demarcação entre as suas atribuições e as que restaram ao Legislativo. Para que tudo isso? Para administrar.

O governo, na imaginação de Campos Sales, é uma instância de administração cujas decisões devem ficar a salvo da competição facciosa; em uma expressão, a salvo da política. A definição de governo como administrador procura protegê-lo da política, que deve ficar contida nos estados, sob a responsabilidade dos chefes locais. O candidato propõe a despolitização da estrutura governamental ou, o que é mais plausível, uma nova modalidade de política que deve buscar canais de expressão outros que não sejam o parlamento ou os partidos. Tal despolitização, ou deslocamento da política, é consistente com a definição do principal ponto da agenda do governo: a questão financeira. A opção aqui é liberal: trata-se de questão financeira e não econômica, pois essa dependeria do desempenho dos agentes privados. O receituário é também liberal: resgate do papel-moeda, moralização da arrecadação, "discriminar os serviços públicos de modo que não pesem sobre o Tesouro da União", "proscrever das tarifas o princípio do inoportuno protecionismo", entre outros.

A escolha da questão financeira como ponto central de governo por si é capaz de mudar os termos do debate político. De um momento no qual até a sobrevivência física dos presidentes era duvidosa, e no qual os ecos da rua do Ouvidor eram importante referencial político, o país deveria ingressar em uma fase na qual o governo administra e trata de finanças.

"Muito terá feito pela República o governo que não fizer outra coisa senão cuidar de suas finanças"[165]: a experiência prévia da República aparece como contrafactual: facções e turbas destruindo-se por falsas questões. A verdadeira política não é visível, mora no câmbio e nos orçamentos e não nas ruas. Para conduzi-la, um governo administrativo, e não multidões, partidos e parlamentos.

A última questão relevante tratada pelo manifesto dizia respeito ao "coração da República brasileira": a estabilização do sistema federativo. As ameaças à forma federativa foram variadas durante a década do caos. Intervencionismos provocados pelos governos militares, movimentos militares em vários estados, além da tentativa de Prudente de Moraes de regulamentar o artigo 6º da Constituição, no sentido de torná-lo mais preciso e utilizável. Para Campos Sales, ao contrário, o artigo 6º era intocável:

---

[165] Ibidem, p. 50.

Tenho, pois, por dever primeiro do Executivo Federal nas relações com os estados o escrupuloso respeito das fronteiras demarcados pelo artigo 6º da Constituição, cuja necessidade foi antevista com admirável sagacidade pela sabedoria do legislador constituinte (...) É essa uma condição de paz interna[166].

Organizar as relações entre a *polis* e o governo, delimitando suas áreas de competência e influência mútua: tal é a ênfase do candidato. Campos Sales, assim, procura dar continuidade à tradição do Império, no sentido da verticalização da ordem política. O que se busca é a definição de um mundo político, impermeável ao *demos*, no qual as formas de convivência entre os diferentes segmentos da *polis* estejam definidas e onde sejam previsíveis os critérios de seu acesso ao governo. A autonomia dos estados visa sobretudo garantir a autonomia do Executivo federal.

O que defende o candidato é um modelo centrífugo, no qual a política e as relações entre *polis* e *demos* encontrem nos estados os seus *loci* de resolução. Ao propor um governo administrativo e ao insistir na opção federalista, o que se imagina é a desnacionalização da atividade política tradicional, e de seus rituais específicos, tais como eleições e vida partidária.

Em nenhum momento, o candidato falou em reforma dos costumes políticos. Trata-se de fala avessa à moralização da política. Para Campos Sales, a política é facciosa, apaixonada e caprichosa. Nenhuma ilusão a respeito das possibilidades de alterar essa natureza. O que pode ser feito é o redimensionamento do espaço público, atribuindo aos estados o tratamento desses *vícios privados* e deixando o governo da República livre para governar. A ordem imaginada por Campos Sales é

---
[166] Idem, p. 43.

assemelhada à colmeia de Bernard de Mandeville, descrita em seu poema The Grumbling Hive:

> Their crimes conspired to make them great:
> And virtue, who from politics
> Had learned a thousand cunning tricks,
> Was, by this happy influence,
> Made friend with vice[167]...

A virtude da República está nos estados, mais potentes do que a rua do Ouvidor ou do que os quartéis. A eles está garantida a intocabilidade, pela Carta de 1891. A eles caberá o enquadramento do *demos*, sem preocupações formalistas a respeito da legalidade dos procedimentos a adotar. Ilegalidades locais – *a thousand cunning tricks* – serão a condição necessária para a legalidade republicana agregada. Assim parece ter imaginado o demiurgo republicano Campos Sales: *vícios privados, virtudes públicas.*

---

[167] Apud Thomas Horne. *The Social Thought of Bernard de Mandeville: virtue and commerce in Early Eighteenth century England.* London, MacMillan Press, 1978, p. 8.

PARTE 2
A POLÍTICA DEMIÚRGICA
(1898-1902)

"Nesta República monstruosa, onde não há justiça, nem instrução, nem eleição, nem responsabilidades, a bandeira da federação é a bandeira negra do corso cobrindo todas as depredações da pirataria política."

MARTINS SOARES
O babaquara
Rio de Janeiro, 1912

IV

SAINDO DO CAOS: OS PROCEDIMENTOS DO PACTO

> *Quem se propõe a consultar opiniões alheias, sujeita-se naturalmente a modificar as suas, e era isso que eu desejava evitar.*
> CAMPOS SALES. *Da propaganda à presidência.*

Na história republicana brasileira, o governo de Campos Sales, de 1898 a 1902, representa o início da rotinização do regime. O sistema político definido pela Carta de 1891, carregado de imprecisões e dilemas, ganha através de um pacto não escrito contornos mais concretos. Tal como será visto, a formulação desse pacto, verdadeiro processo de criação de uma ordem política, mesclou realismo e utopia. A dimensão realista ficou por conta do reconhecimento, por parte de Campos Sales, da preexistência de uma "distribuição natural do poder" na sociedade brasileira a partir de seu desempenho espontâneo. O componente utópico, a ser tratado no capítulo seguinte, buscou definir novas bases morais e doutrinárias para a política nacional, através do desenho de uma comunidade política despolitizada e prioritariamente voltada para a "obra administrativa". A mescla de utopismo e apego à realidade pode definir um tipo político aparentado ao cinismo, mas sobretudo conciliador de duas mentalidades antagônicas: *construtivismo* e *espontaneísmo*.

O objetivo deste capítulo é o de considerar os procedimentos que encaminharam o processo de rotinização da República. Na literatura sobre o período, tradicionalmente tais processos estão associados à formulação e aplicação da "Política dos Governadores", ou "Política dos Estados", segundo terminologia do próprio Campos Sales:

> Outros deram à minha política a denominação de *política dos governadores*. Teriam talvez acertado se dissessem – *política dos Estados*. Esta denominação exprimiria melhor o meu pensamento[168].

Minha intenção a esse respeito é menos a de inovar do que a de investigar o *modo de construção dessa política, os atores relevantes para sua formulação e suas implicações sobre a estruturação do sistema político*. Para tal fim, gestos e palavras dos atores envolvidos serão tomados e utilizados como indicadores relevantes para a inteligibilidade do que se passou. As motivações ocultas, de existência e localização duvidosas, não aparecerão no correr da análise.

O desafio maior, legado pelos anos entrópicos à posteridade republicana, dizia respeito a como definir um novo marco de unidade política nacional. As definições produzidas durante a primeira década republicana revelaram um padrão de respostas dotado de implicações centrífugas. Na tentativa de criar novas instituições, os inventores da Carta de 1891 foram extremamente zelosos em imaginar as partes componentes do novo sistema político em sua total independência. O valor *autonomia* – presente nas dilatadas atribuições do Legislativo, na virtual irresponsabilidade política do Executivo e na intocabilidade legal dos estados – falou mais alto do que o valor *integração*. O somatório das partes do sistema político,

---

[168] Ver Campos Sales. *Da propaganda à presidência*. São Paulo, Typografia "A Editora", 1908, p. 236.

naquela chave ficcional, deveria ser consequência automática de sua máxima diferenciação.

A experiência dos anos entrópicos provou o contrário. Mais precisamente, no final do governo Prudente de Moraes, com a predominância dos fatores endógenos de instabilidade, o que se pode perceber é o fato de que a maximização simultânea das atribuições do Executivo, do Legislativo e dos poderes estaduais não tendia ao perfeito equilíbrio institucional, gerando conflitos de soberania e, por extensão, incerteza. Mas, o que emergiu com maior nitidez dessa experiência anárquica foi a constatação de que a institucionalização da República não poderia comportar a existência de um parlamento com substância liberal, formado a partir de escolhas individuais dos cidadãos e segmentado segundo diferenciações político-partidárias. A existência de um Executivo irresponsável em termos políticos – para cuja definição não concorre o Legislativo – e a precedência do fenômeno da distribuição natural do poder – fragmentando a comunidade política nacional em várias *poleis* regionais – serão no governo Campos Sales os referenciais absolutos para definir o lugar e os limites da soberania do Congresso.

A nova institucionalização republicana evitou, pois, o fortalecimento das instituições representativas clássicas. A estabilidade deveria derivar de um arranjo entre o governo nacional e os chefes estaduais, com vistas a definir o que se pode designar como a *parte não constitucional do pacto político*: trata-se de reconhecer a morfologia espontânea do poder e de introduzir algum desígnio político, na suposição de que, se a dinâmica espontânea gera os atores, ela o faz tão somente em *estado bruto*.

A tarefa do esteta político é, pois, a da conversão desse estado primordial do mundo da *polis* a uma ordem estável e regulada, cuja emergência deriva de um processo intencional de fabricação institucional. A institucionalização republicana, pela mão de Campos Sales, reedita, pois, a prescrição de Bernard de Mandeville, traduzida no idioma das oligarquias. No lugar da fórmula *vícios privados, virtudes públicas,* as bases doutrinárias do novo regime estabelecem a seguinte disjuntiva: *particularismo estadual, unidade nacional.* Tal como em Mandeville, não cabe na operacionalização dessas bases a ação da providência. A tradução do vício em virtude depende decisivamente das *artes do bom governo.* O que será feito a seguir é uma avaliação da gênese dessas artes.

Campos Sales foi eleito sucessor de Prudente de Moraes com o apoio de todas as forças políticas estaduais[169]. Mesmo os gaúchos, avessos ao PRF, a Prudente de Moraes e a eleições, evoluíram de uma aversão inicial ao candidato para a neutralidade, rótulo público de um protocolo secreto de apoio ao futuro presidente da República, firmado por Júlio de Castilhos, presidente do Rio Grande do Sul. A oposição a Campos Sales reduziu-se a políticos sem controle sobre as políticas estaduais e viu o seu candidato – Lauro Sodré – conquistar macérrimos 16.534 votos. Apesar da magnitude do apoio recebido, o candidato vitorioso foi o menos votado em toda a história republicana: Campos Sales recebeu das urnas apenas

---

[169] Para uma apreciação histórica do governo Campos Sales, v. José Maria Bello. *História da República, 1889-1902.* Rio de Janeiro, Civilização Brasileira, 1940; Edgar Carone. *A República Velha.* São Paulo, Difel, 1974; Célio Debes. *Campos Sales: perfil de um estadista.* Rio de janeiro, Francisco Alves, 1978; Alcindo Guanabara, *A Presidência Campos Sales.* Rio de Janeiro, Laemmert, 1912; Campos Sales, op. cit.; Sertório de Castro. *A República que a revolução destruiu.* Rio de Janeiro, Freitas Bastos, 1932; e José Maria dos Santos. *A política geral do Brasil.* São Paulo, J. Magalhães, 1930.

174.578 votos, 116.305 a menos que seu antecessor e 141.670 a menos que seu sucessor, Rodrigues Alves[170].

Mas, a República não se fazia com votos e eleições e o cálculo político de Campos Sales privilegiou o que acreditou ser a verdadeira expressão do resultado eleitoral, a sua dimensão qualitativa. Ao interpretar o significado dos votos recebidos, declarou em seu manifesto de posse: ...o que pretendeu o voto popular nos comícios de 1º de março, foi colocar no governo da República o espírito republicano na sua acentuada significação[171].

A vitória eleitoral é apresentada como o ingresso do Brasil em um novo marco de sua, até então, infeliz existência. Com Campos Sales, segundo Campos Sales, o país inauguraria uma política nacional de tolerância e concórdia, na qual os partidos seriam necessários na medida em que soubessem exercer uma ação prudente, tolerante e disciplinada[172].

Ao dirigir-se à diminuta parcela do país interessada em suas intenções, o novo presidente adiantou o que viria a ser uma das ideias invariantes em toda a sua pregação política futura: a aversão aos partidos, apresentada como crítica ao espírito de facção:

> O que deve ser proscrito, porque é um mal social e um grave embaraço às soluções do presente, é o espírito partidário com suas paixões e violências, ora perturbando a evolução benéfica das ideias, ora contrapondo-se ao desdobramento tranquilo da atividade governamental[173].

A experiência do governo anterior deveria ser evitada. As metas de Campos Sales apresentam-se como incongruentes

---

[170] Edgar Carone, op. cit.
[171] Apud Alcindo Guanabara, op. cit, p. 81.
[172] Idem, p. 81.
[173] Campos Sales, op. cit., p. 226.

com a existência de um ator partidário, dotado de autonomia com relação ao Executivo e que faz do presidente apenas mais um de seus militantes. A retórica da independência do presidente e da alteração de sua identidade política – afastada da disputa partidária – visou criar uma área de atuação imune aos resultados do conflito político. As condições externas para a materialização dessa orientação eram favoráveis: os grandes estados possuíam alguma estabilidade política, os militares estavam em adiantado estado de domesticação, os jacobinos derrotados e um importante acordo com os credores internacionais do país estava encaminhado[174].

A combinação entre uma ecologia política favorável e a grandiosidade autoatribuída à sua eleição permitiu a Campos Sales representar sua investidura como missão regeneradora da República. Seu governo, excedendo as rotineiras atribuições de manter em funcionamento a máquina pública, visava sobretudo, como atestou Alcindo Guanabara, corrigir processos e práticas de governo, no sentido de implantar na direção dos negócios federais as normas resultantes do regime político instituído pela Constituição[175].

O país, apesar da Carta de 1891, continuou a ser regido por um dos macroatributos mais típicos do modelo aplicado no Império: o unitarismo, presente na década anterior à investidura de Campos Sales, propiciador de um constante padrão de incerteza nas relações entre o poder central e os estados, materializado em inúmeras intervenções federais. Por outro lado, o *ethos* parlamentarista ainda estaria vigente, nas

---

[174] Os termos do acordo podem ser encontrados em Campos Sales, op. cit., pp. 167-204 e Alcindo Guanabara, op. cit., pp. 307-327. Ver, também, a tal respeito, Rosa Maria Godoy Silveira. *Republicanismo e federalismo*. Brasília, Senado Federal, 1978, pp. 165-166.
[175] Alcindo Guanabara, op. cit., p. 33.

tentativas feitas pelo Congresso de obter supremacia sobre o presidente.

A crítica de Campos Sales ao passado é elucidativa do padrão político dos anos caóticos. Naquele período, ao mesmo tempo que na esfera do Executivo buscava-se um comportamento concentrador, a ponto de alterar os equilíbrios políticos estaduais, o desempenho do Congresso visava à desconcentração do sistema político, a partir da tentativa de afirmar de modo prático a relevância do Legislativo diante do Executivo. Com relação a tal dilema, já antes da eleição – através de seu *Manifesto Eleitoral* –, Campos Sales, ao mesmo tempo em reafirmou sua profissão de fé federalista, defendeu o que aqui se designa como uma teoria do presidente unitário. Seu mote, se tivesse de fato sido cunhado, bem poderia ser este: *os estados são autônomos, o parlamento é digno e fundamental, mas quem manda é o presidente*. A possibilidade de instituir um mecanismo de decisões mais desconcentrado é firmemente rejeitada. Conforme escreveu Alcindo Guanabara:

> A noção de governo como um corpo coletivo, cuja ação resultasse da deliberação da maioria, era substituída pela de uma direção singular nascida da própria e exclusiva inspiração do presidente, livre de aceitar, ou não, em relação aos negócios de cada pasta o conselho ou o alvitre do ministro respectivo[176].

Tal base doutrinária foi aplicada na montagem da equipe de governo. Segundo a doutrina, a função de ministro sofre nítido rebaixamento; não mais conselheiro do chefe, proprietário de fatia do aparato público ou portador de projetos políticos próprios. Apenas simples depositário da

---
[176] Idem, pp. 90-91.

confiança do presidente da República. Pode-se suspeitar de que a doutrina seja mero truque retórico, elaborado com o objetivo de racionalizar decisões cujos critérios são irracionais e misteriosos. Mas foi deste modo que Campos Sales contou a história:

> Para a escolha dos ministros não tratei de saber como pensavam as "influências": ouvi de preferência algumas pessoas afastadas da política militante, especialmente sobre o que de individual me era preciso conhecer com relação aos homens com que teria de estabelecer constante e íntima convivência e, portanto, laços de recíproca confiança[177].

A indicação dos ministros obedeceu, pois, segundo o presidente, a um critério de confiança e afinidade pessoal.

No Ministério da Fazenda, definido como instância mais importante de seu governo, Campos Sales colocou Joaquim Murtinho. Em seu livro de memórias políticas – *Da propaganda à presidência* – viria a justificar a indicação pela afinidade com as ideias do ex-ministro da Indústria do governo Prudente de Moraes, a favor da ortodoxia financeira e do equilíbrio do Tesouro, como condições necessárias à saúde econômica do país. Campos Sales em seu depoimento afirmaria, ainda, que embora a pasta da Fazenda tenha sido a mais relevante em seu governo, seu critério de preenchimento teria sido puramente técnico[178].

O mesmo procedimento marcou a escolha dos outros ministros. No Ministério da Justiça, Epitácio Pessoa foi lembrado pelo seu "alto critério jurídico" e pelo fato de se achar

---

[177] Campos Sales, op. cit., p. 206.
[178] Para um perfil detalhado de Joaquim Murtinho, ver Nicia Vilela Luz (org.). *As ideias econômicas de Joaquim Murtinho*. Brasília, Senado Federal/ FCRB, 1980.

afastado da política partidária. Olynto de Magalhães, indicado para a pasta de Relações Exteriores, era diplomata de carreira e representante do governo brasileiro na Suíça. Os ministros militares foram decantados por Campos Sales como amantes da ordem, severos, disciplinadores, amigos de sua classe e da autoridade. O general Mallet e o contra-almirante Baltazar da Silveira foram apresentados como apolíticos e competentes administradores. A única exceção no ministério foi a da indicação do ministro da Indústria, Severino Vieira, incluído no governo por solicitação do presidente da Bahia. Mas, conhecida a aversão de Campos Sales e de Joaquim Murtinho a políticas industrialistas, pode-se supor o peso daquela pasta no conjunto do governo.

Ao avaliar o conjunto de seu ministério, disse Campos Sales:

> Como se vê, este ministério representa nos seus elementos uma composição planejada e realizada fora das vistas do partidarismo político e das conveniências regionais. Era um ministério de administração[179].

As relações iniciais do governo com o Congresso são idílicas, fato interessante, pois a composição daquele poder era a mesma da do período final do governo Prudente de Moraes, quando a confusão parlamentar imperava. O Congresso seguia dividido em duas facções – Concentrados e Republicanos –, ambas apoiando o novo presidente. Por perceber que a confusão também gera harmonia, Campos Sales obteve tudo o que queria do Congresso. Em um mês e meio – de maio a junho de 1899 – foram votados o Orçamento Federal e as medidas necessárias ao cumprimento dos acordos com os credores estrangeiros. Além disso, o governo recebeu do

---
[179] Campos Sales, op. cit., pp. 210 e 211.

Congresso uma verdadeira reforma tributária, favorável ao Tesouro da União[180].

Com o objetivo de garantir a "defesa da União contra a absorção dos impostos pelos estados", o Congresso, sem tirar nada dos cofres de propriedade dos chefes estaduais, sobretaxou ainda mais quem não possuía representação: o *demos* pagador de impostos. Novos impostos são criados para a arrecadação da União: produtos farmacêuticos, fumo, perfumaria, velas, calçados, vinagre, conservas de carne, tecidos, chapéus, bengalas e cartas de jogar terão seus preços finais acrescidos. Em alusão ao procedimento adotado para a nova taxação, a plebe carioca em recesso rebatiza o presidente: Campos *Selos*[181]. Mas, no Congresso, os ecos dos contribuintes não representados não se fazem ouvir, e a própria oposição tratou de apresentar projetos para desafogar o Tesouro. Esse foi o caso de uma proposta de Lauro Müller, derrotado por Campos Sales na eleição presidencial, permitindo ao governo federal o arrendamento e a alienação de estradas de ferro da União.

O aspecto político do país apresentava forte contraste com a situação anterior. Os chefes estaduais, garantidos pelo compromisso não intervencionista do presidente, empenhado em confinar o conflito político ao interior dos estados, não se constituem como focos de oposição. Sua atitude variou desde o apoio mais explícito – como no caso do presidente de Minas Gerais – à neutralidade benévola dos gaúchos. Por extensão, o comportamento das bancadas foi dócil:

> O Congresso Federal, no correr do ano de 1899, não lembrava sequer o campo de batalha cruel que fora nos antecedentes; e o

---

[180] V. Rosa Maria Godoy Silveira. op. cit., p. 167.
[181] Célio Debes, op. cit., p. 463.

governo pode com tranquilidade reorganizar o país, lançar os fundamentos de um plano vasto e começar a dar-lhes execução...[182]

O comportamento dócil do Legislativo não foi, contudo, suficiente para eliminar as antigas clivagens. Com a proximidade das eleições de 1900 – que renovariam a totalidade da Câmara e 2/3 do Senado – a ativação política torna-se maior: "no silêncio das votações unânimes ouvia-se o ranger de espadas"[183]. A expectativa das diferentes facções era eliminar na disputa eleitoral a facção oposta, controlar o Congresso e, por extensão, reeditar no novo governo a experiência de Prudente de Moraes. Tal foi o temor de Campos Sales, segundo os analistas do período. Vale considerar o depoimento, sempre agudo, de Alcindo Guanabara:

> Acompanhando a direção que aos negócios públicos ia imprimindo o presidente, os dois grandes agrupamentos formados no Congresso não perdiam de vista a eleição próxima. O que conseguisse formar maioria considerável sobre o outro teria nas mãos a arma eficiente para coagir o governo a apartar-se desse terreno de neutralidade partidária em que se mantinha e impor-lhe a continuação dos processos que até então tinham sido seguidos na direção do Estado[184].

A possibilidade de novo surto entrópico, temida por Campos Sales, não derivava de pura paranoia política. O próprio funcionamento da Câmara contribuía para tornar o resultado das eleições imponderável. Segundo a Carta de 1891, a decisão final a respeito da composição do Congresso cabe a ele próprio, através da Comissão de Verificação de Poderes. A ausência de uma justiça eleitoral autônoma fazia com que as

---

[182] Alcindo Guanabara, op. cit., p. 102.
[183] Idem, p. 103.
[184] Idem, p. 104.

eleições fossem controladas pelos potentados estaduais, durante as apurações, e pelo Congresso Nacional, no reconhecimento final dos eleitos e na degola dos inimigos. Esse era o coração do Legislativo, um poder dotado da magia de engendrar-se a si mesmo.

O método de composição da comissão era curioso. Passadas as eleições, no início da instalação da nova Câmara de Deputados, o parlamentar mais idoso entre os presumidamente eleitos ocupa a presidência da casa, nomeando cinco deputados para formar a comissão encarregada de decidir sobre a legitimidade do mandato dos demais. Feito o reconhecimento dos eleitos, procede-se a sorteio entre os deputados para escolher os encarregados de julgar as reclamações dos não eleitos. Como notou Campos Sales, "a questão estava assim entregue a um certificado de idade".

A inovação política promovida pelo presidente consistiu em alterar o Regimento Interno da Câmara. O objetivo foi o de restringir ao mesmo tempo o alto grau de aleatoriedade presente no critério de idade e reduzir o poder da Câmara de Deputados sobre sua renovação. Através de reforma do regimento, apresentada pelo líder da maioria, deputado Augusto Montenegro, procedeu-se a duas mudanças:

1. Alteração no critério de escolha do presidente da Câmara, encarregado de nortear a Comissão de Verificação de Poderes: pelo novo regimento ele passa a ser o mesmo da legislatura anterior.
2. Definição precisa do que significavam os diplomas: pelo novo texto o diploma passa a ser a ata geral da apuração da eleição, assinada pela maioria da Câmara Municipal correspondente ao distrito eleitoral, encarregada por lei de coordenar a contagem dos votos.

Com o primeiro ponto, garante-se a continuidade da direção política da Câmara, pela reeleição do seu presidente. No caso em questão, o cargo era ocupado pelo mineiro Vaz de Mello, cujo estado possuía a maior bancada, composta de 37 deputados. A docilidade da futura Câmara estava, pois, garantida, dada a proximidade entre Campos Sales e o chefe da política mineira, Silviano Brandão.

O principal significado da inovação passou despercebido aos analistas do período. A nova origem da Comissão implicou a perda de soberania do Legislativo, dada a definição atribuída aos diplomas. As eleições já vêm praticamente decididas, antes que a Comissão delibere a respeito dos reconhecimentos. Na verdade, ela opera como garantia suplementar para impedir o acesso de inimigos ao parlamento. Na maior parte dos casos, a degola da oposição é feita já na expedição dos diplomas pelas juntas apuradoras, controladas pelas situações locais. Em caso de dúvida a respeito da eleição de algum postulante, o novo modelo socorre-se da *teoria da presunção*, da lavra do próprio Campos Sales[185]: caso ocorra disputa entre candidatos que exibem diplomas equivalentes e lutam pela mesma vaga, opera a presunção em "favor daquele que se diz eleito pela política dominante no respectivo estado". Os fraudulentos são os outros, os que não dispõem do apoio dos chefes estaduais e julgam que apenas com o critério quantitativo do somatório de votos podem representar o eleitorado. A Câmara de Deputados é a expressão de uma *qualidade*: a direção política dos chefes estaduais.

---

[185] A "teoria" aparece formulada em carta de Campos Sales a Rodrigues Alves: "Como tenho dito, a presunção, salvo prova em contrário, é a favor daquele que se diz eleito pela política dominante no respectivo estado." Campos Sales, op. cit., p. 248.

A legitimidade da Câmara não deriva, portanto, de formalidades legais, mas da ação dos ordenadores de voto. Mandato legítimo é todo aquele que tem por origem a política oficial de seu estado. Abre-se o caminho para carreiras políticas anódinas, tais como a do deputado Numa Pompílio de Castro, personagem impagável de Lima Barreto, frequentemente barrado na porta da Câmara, já que nem os contínuos sabiam seu nome ou lhe guardavam os traços fisionômicos: "era o deputado ideal; já se sabia de antemão a sua opinião, o seu voto e a sua presença nas sessões era fatal"[186].

A montagem da reforma do regimento, com suas implicações para a dinâmica dos conflitos, exigiu negociação e busca de apoio político. Como que, a antecipar o padrão de articulação política que desejava impor, a negociação não foi congressual: Campos Sales dirigiu-se diretamente aos chefes estaduais mais importantes para tornar a modificação do regimento efetiva. Na rede de cumplicidade construída, a primeira peça foi representada pelo presidente de Minas Gerais, Silviano Brandão. Em carta de 8/2/1890, posterior à reforma do regimento e às eleições, Campos Sales explica as razões de sua intervenção e solicita o apoio da política mineira. Algumas passagens são elucidativas:

> Espero que a representação mineira (...) virá trazer o importante concurso de seu apoio para a realização da grande obra que o meu governo tem em mãos e que, (...) para levá-la à conclusão, não carecem senão firmeza dos bons elementos que constituírem o futuro Congresso. Deve ser observado, com a mesma tristeza que eu, a multiplicidade das duplicatas eleitorais, indecoroso sinal do grau de rebaixamento a que têm descido os nossos costumes políticos. É indispensável e urgentíssimo opor decidida

---

[186] Lima Barreto. *A numa e a ninfa*. São Paulo, Brasiliense, 1961, p. 25.

resistência a este descalabro moral a que tão criminosas ambições impelem a República[187].

Passado o exórdio, o presidente explica a seu amigo o significado das mudanças adotadas, verdadeiro método de produzir "bons elementos":

> Ao lado dessa reforma estatuiu também o regimento as condições do que seja, em princípio, o diploma legal ou presumidamente legítimo: aquele que é expedido pela maioria das juntas apuradoras. Segundo o acordo estabelecido entre chefes políticos, cuja influência deve ser bem acentuada nos trabalhos da próxima legislatura, é com essas providências regimentais que se há de chegar à melhor e à mais justa conclusão na verificação de poderes[188].

O caminho defendido pelo presidente visava garantir a legitimidade da Câmara. É nesse sentido que se dirige a outro membro da colmeia oligárquica, Luiz Vianna, presidente do estado da Bahia:

> Só a execução fiel e inteligente do acordo estabelecido no fim da sessão passada, entre diversas influências políticas, tendo por base a aludida reforma regimental, é que poderá garantir a formação de uma Câmara legítima, impedindo o vergonhoso e desmoralizador triunfo das duplicatas fraudulentas. A firmeza nessa conduta concorrerá também para poupar-nos os vexames de cenas escandalosas, senão humilhantes, inevitáveis nos prolongados debates, nas lutas encarniçadas em que entrarão por muito os mais ousados assaltos e os menos escrupulosos conchavos contra a legitimidade dos diplomas[189].

A linguagem é a de um reformador dos costumes, mas de fato Campos Sales visava ao *efeito prático* dessas considerações sobre condutas desmoralizadoras. O presidente da Bahia parece

---

[187] Campos Sales, op. cit., p. 239.
[188] Idem, p. 240.
[189] Ibidem, pp. 242-243.

não ter entendido em profundidade o que lhe foi proposto e respondeu a sugerir uma ampla reunião – espécie de grande conselho oligárquico para definir as bases do novo pacto. A tréplica de Campos Sales é pedagógica, e vale como declaração de princípios de primeira filosofia:

> Devo dizer a V. Exa. que, em regra, sou infenso às grandes reuniões para deliberar sobre assuntos que, pela sua natureza, se relacionem com a direção ou a orientação que se deve imprimir a um determinado momento político. Essa é uma função que pertence a poucos e não à coletividade (...) nas grandes reuniões predomina o conselho dos mais exaltados, que nem sempre se inspiram no sentimento de justiça ou nas verdadeiras e reais conveniências da causa política. Isto é tanto mais perigoso quanto é certo que, no momento atual, dada a ausência de partidos regulares, nos achamos em pleno estado de anarquia política (...) Parece-me, portanto, que o mais acertado será evitar a reunião e sujeitar o exame dos meios práticos, para execução do acordo, ao critério de alguns poucos, que sejam conhecidamente mais competentes. Uma ação bem conduzida por parte destes será bastante para levar o acordo à sua completa execução, oferecendo seguras garantias aos que tiverem por si a legitimidade do voto[190].

O ciclo de consultas encerra-se com a correspondência entre Campos Sales e Rodrigues Alves, senador por São Paulo[191]. O tom é idêntico ao das cartas aos presidentes de Minas Gerais e da Bahia: ali aparecem também as mesmas referências à necessidade de uma Câmara legítima, à urgência de eliminar os mecanismos de duplicidade de diplomas e à *teoria da presunção*. Encerrado o ciclo, o governo pode contar, no mínimo, com o apoio das bancadas desses estados: 37 deputados mineiros, 22 paulistas e 22 baianos. Como notou

---
[190] Ibidem, pp. 244-245.
[191] Ibidem, pp. 247-251.

Faoro, a adesão dos pequenos estados é quase automática, pois constituem eles o lado oculto da assim chamada autonomia estadual. Economias decadentes, sem vínculos com o mercado externo, estavam privadas do maior filão tributário dos estados, os impostos sobre exportações, e, por isso, dependiam frequentemente do socorro do Tesouro Federal[192].

A política adotada – alcunhada por Campos Sales como *política dos estados* – recebe ampla aceitação dos chefes dos poderes estaduais. Ela significa o congelamento da competição política nos estados: os grupos detentores do poder, no momento de realização do pacto, adquirem condições de eternização nos governos estaduais. Minas Gerais ficará sob o domínio político do governador e da Tarrasca, comissão executiva do Partido Republicano Mineiro, controladora autocrática da política mineira[193]. Em São Paulo, o Partido Republicano Paulista permanece no poder por todo o período coberto pela República Velha, só vindo a conhecer a existência de um partido de oposição em meados dos anos 1920[194]. No Rio Grande do Sul, apesar das reticências iniciais com relação a Campos Sales, a política dos governadores é uma bênção: no único estado relevante a apresentar uma situação bipartidária durante a toda a Primeira República, o pacto proposto garante a uma das facções, o Partido Republicano Rio-Grandense, a perspectiva de eternização no poder. Lá, o presidente Borges de Medeiros o ocuparia por 25 anos[195]. Nos estados do Norte, o congelamento das disputas é

---

[192] Raymundo Faoro, op. cit., p. 568.
[193] Sobre a política mineira bem como sobre o papel de Minas Gerais, durante a República Velha, ver John Wirth. *O fiel da balança*. Rio de Janeiro, Paz e Terra, 1982.
[194] Sobre São Paulo, ver Joseph Love. *A locomotiva: São Paulo e a Federação brasileira, 1889-1937*. Rio de Janeiro, Paz e Terra, 1982.
[195] Sobre a política rio-grandende, ver Joseph Love. *O regionalismo gaúcho*. São Paulo, Perspectiva, 1975.

semelhante, com a diferença de eternizar no poder máquinas políticas com forte feição familiar, como demonstram os casos de Acioly no Ceará, Nery no Amazonas e Rosa e Silva em Pernambuco[196]. Estavam definidas as bases do grande condomínio oligárquico, caracterizado, segundo Rui Barbosa, pelo "absolutismo de uma oligarquia tão opressiva em cada um de seus feudos quanto à dos mandarins e paxás"[197].

As primeiras eleições republicanas realizadas à sombra desse pacto conservaram algumas características das anteriores: "O que se passa nas seções eleitorais é mera comédia para aparentar que se observa a lei"[198]. O que realmente contou foram as atas, lavradas "em casa dos chefes eleitorais". O verdadeiro período eleitoral ocorreu, portanto, entre a eleição propriamente dita e a reunião das juntas apuradoras: a luta dos candidatos para obtenção, a qualquer preço, de diplomas que os habilitassem ao julgamento da Comissão de Verificação de Poderes. Como de hábito, apareceram na Câmara duplicatas de diplomas, mas, contrariamente à praxe anterior, passa a operar um novo poder, a "guilhotina Montenegro", simpática alcunha conferida ao desempenho do líder da maioria,

---

[196] Contra Acioly, o "Babaquara", talvez tenha se escrito a página mais violenta, e provavelmente fidedigna, de toda a crônica política da Primeira República: "O Babaquara é fisicamente horrendo; como se sabe. A caricatura tem largamente divulgado essa figura de pesadelo, digno invólucro de uma consciência torpe. Macrocéfalo, de enormes orelhas côncavas e pendentes, lívido, a cabeça metida nos ombros, com uma voz de sapo, míope e glutão. Intelectualmente, ele apresenta uma forma particular de degeneração em que todas as faculdades de compreensão e raciocínio foram abolidas em favor dessa tendência mórbida que se chama a bossa da velhacaria." Para convincente demonstração empírica desse perfil, ver Martim Soares. *O babaquara: subsídios para a história da oligarquia do Ceará.* Rio de Janeiro, 1912. O trecho citado encontra-se à página 15. Devo a Wagner Neves da Rocha a descoberta dessa raridade. Publicado o livro, Martim Soares nunca mais pôde se sentir seguro em seu estado.

[197] Apud Raymundo Faoro, op. cit., p. 566.

[198] Alcindo Guanabara, op. cit., p. 109.

Augusto Montenegro, encarregado de impedir a diplomação de oposicionistas. Sua eficácia parece ter sido total: "Estado por estado, os oposicionistas, ou fossem membros da Concentração do Partido Republicano, foram executados sem demorado sofrimento[199]." Um dos atingidos foi o ex-general das 21 brigadas, Francisco Glicério: a política dos governadores era implacável e rancorosa. O resultado agregado da combinação entre guilhotina, preferência por "bons elementos" e consulta a pessoas certas foi a constituição de uma Câmara de Deputados como amostra fiel da situação política do país e um espelho naturalista da distribuição espontânea e natural do poder.

O desempenho futuro do Congresso foi de apatia. As questões políticas realmente relevantes já vinham tratadas por meio de um arranjo que excluía o Legislativo enquanto instituição. O presidente falava diretamente aos estados, o comportamento legislativo passa a ser função da extensão do acordo entre aquelas partes. Uma questão que foge dos limites desta investigação é a de saber para que serviria o Legislativo. Suspeito que, aqui, como em outras questões, predomina a inércia: o país já tinha um parlamento e seria custoso eliminá-lo, além do fato de que o Legislativo constitui-se como cenário relevante para a definição de carreiras políticas, e a nenhum chefe estadual ocorreria abrir mão de sua bancada federal, importante canalizador dos conflitos políticos locais.

Sobre esse acordo de momento repousam as bases do pacto republicano. A simples modificação do regimento da Câmara revelou uma nova distribuição do poder. Nela, não há lugar para a *res publica* e tampouco há cidadãos. Os atores rele-

---
[199] Idem, p. 110.

vantes são os estados. O parlamento será uma extensão dos seus domínios. Mas, por respeito à verdade factual, senão por distante afinidade, cabe registrar o protesto dos que, como Rui Barbosa, imaginavam ter fundado a *res publica* quando na verdade apenas haviam proclamado a República:

> O governo federal entregava cada um dos estados à facção, que dele primeiro se apoderasse. Contanto que se pusesse nas mãos do presidente da República esse grupo de exploradores privilegiados, receberia dele a mais ilimitada outorga, para servilizar, corromper e roubar as populações (...) A hipótese de intervenção federal não o inquietaria nunca mais. O governador da União não usaria dela mais nunca, a não ser quando a quadrilha protegida a solicitasse, para ultimar, em nome da autonomia estadual, a servidão, a desonra e a pilhagem do estado[200].

Com Campos Sales a República encontrou sua rotina. Como toda ordem emergente, essa também tratou de negar o passado. O singular, nesse caso, foi que, do ponto de vista da construção institucional, as regras definidas pelo pacto oligárquico não tiveram como contraponto o regime que a República substituiu. Em outras palavras, a referência negativa para a nova ordem não foi o antigo regime, mas a infância do próprio regime republicano. Salvar a República de seus primeiros passos implicou tornar a nova ordem, senão semelhante, ao menos respeitosa com relação ao passado monárquico. O próprio Campos Sales, quando sustentava não existirem partidos na República, dava como exemplo de verdadeiras organizações partidárias os partidos monárquicos. Com efeito, no Império, os partidos tinham "como principal fundamento da sua organização e disciplina a obediência à direção dos chefes"[201].

---

[200] Apud Faoro, op. cit., 569.
[201] Campos Sales, op. cit., pp. 244-245.

O que deveria ser erradicado, portanto, era a experiência anárquica dos primeiros anos de República. Campos Sales, como nenhum outro ator político de seu tempo, percebia que o abandono da forma monárquica não implicava o desaparecimento dos problemas institucionais que aquele regime, a seu modo, soube resolver. Nesse sentido, a engenharia política do pacto oligárquico e a definição do governo como instrumento de administração podem ser enquadradas como sendo a busca por um *equivalente funcional do Poder Moderador*. Tal suposição pode ser comprovada pela comparação entre os atributos do Poder Moderador e os problemas macropolíticos que buscava encaminhar, com os alvos da nova regulação pretendida a partir do pacto oligárquico.

A engenharia política do Poder Moderador, tal como vista, dotou o sistema político imperial do controle sobre quatro dimensões básicas, para qualquer ordenamento político e institucional, a saber:

1. *A dinâmica legislativa*, através da atribuição exclusiva do Poder Moderador em dissolver a Câmara e em nomear os senadores.
2. *As eleições*, pela legislação excludente e pelos poderes conferidos ao governo para realizá-las.
3. *As administrações regionais*, através da nomeação dos presidentes de província, cujo encargo mais importante era preparar convenientemente as eleições.
4. *O processo de geração de atores políticos legítimos*, através da ação exercida sobre os partidos pelo Poder Moderador, em última análise, o único eleitor relevante no modelo.

Exceto pela exclusão do *demos*, através da proibição do voto dos analfabetos e do Regulamento Alvim, os primeiros anos da República não foram capazes de gerar respostas duradouras a respeito daquelas questões. O que procurarei argumentar a seguir é que a política dos governadores consistiu na resposta republicana aos problemas deixados em aberto com a queda do Império. A suposição implícita é a de que a mudança de regime não alterou os valores básicos de construção do mundo público, daí a legitimidade de se tratar o novo modelo a partir dos antigos problemas.

A argumentação toma como ponto de partida conceitual as duas dimensões macroinstitucionais, propostas por Robert Dahl, já aqui mencionadas, presentes na configuração geral dos sistema políticos, conforme a seguinte figura:

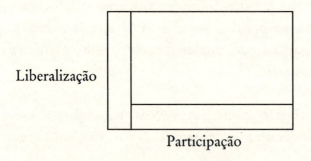

O eixo vertical do modelo, definido pela dimensão *liberalização*, diz do grau de consolidação do pluralismo e da competição política regulada entre as elites. Indica, ainda, o alcance da diversidade política e da institucionalização dos acessos da *polis* ao governo, bem como de suas regras de interação. O eixo vertical diz respeito a um mundo habitado pelas elites políticas, e pelas regras de constituição da *polis* e do governo. Em termos esquemáticos, uma experiência política desprovida de padrões mínimos de institucionalização configura um cenário de conflito aberto entre as elites e de ausência de mecanismos regulares de administração de conflitos. Ao contrário, quanto maior a institucionalização, mais pacífica e previsível se torna a interação entre as forças políticas em conflito.

O eixo horizontal – *participação* – diz respeito ao *demos*, ou seja, à magnitude da presença da população no processo político. O *demos*, nesse sentido, é o que resulta da passagem da mera demografia para o que poderia ser designado como um *povo político*. Nos termos clássicos, postos por T. H. Marshall, o eixo horizontal mensura a extensão dos direitos de cidadania política[202].

Tanto o Império como a República oligárquica tiveram em comum a opção pelo congelamento do eixo horizontal, através da utilização combinada de mecanismos legais e recursos extralegais. Da mesma forma, pode-se encontrar nos dois modelos a escolha de um padrão que implicou a verticalização da ordem política. O caso imperial já foi aqui tratado com maior detalhe, em capítulo anterior. Resta verificar, no contexto da política dos governadores, quais foram as formas de tratamento do eixo vertical – de institucionalização do regime – promovidas pelo pacto oligárquico.

Ao contrário da ordem imperial, a República oligárquica promoveu uma desnacionalização da competição política. O *demos* nacional, entendido como a parcela da população com acesso a eleições, era diminuto, em função das restrições legais ao alistamento eleitoral, da não obrigatoriedade do voto e, para dizer de modo educado e um tanto eufemístico, dos desincentivos à participação política autônoma. As relações do *demos* com a *polis*, entendida como o conjunto dos sujeitos políticos que monopolizam as funções de representação,

---

[202] T. H. Marshall. *Cidadania, classe social e status.* Rio de Janeiro, Zahar, 1967.

foram reguladas pela morfologia do poder consagrada pela política dos governadores.

A rigor, não cabe mais nesse modelo falar da relação entre *polis* e *demos* em escala nacional. Na medida em que cada estado foi assinado a um "grupo de exploradores privilegiados", sem que o governo federal se preocupasse com os métodos utilizados para perpetuação das facções aquinhoadas no poder, as relações entre *demos* e *polis* saem da esfera nacional e realizam-se no plano das políticas estaduais. As relações estabelecidas são, pois, entre as diversas parcelas estaduais daqueles dois conjuntos. A nova *polis*, estadualizada, passa a ser dotada de plena autonomia para definir métodos de controle e obtenção de apoio eleitoral. Do ponto de vista do governo federal, relevante é o resultado daquelas relações: não importa por quais procedimentos as bancadas e os governos estaduais são eleitos se, no plano federal, agem em consonância com o poder central.

O confinamento das relações entre *demos* e *polis* à esfera estadual fez com que o governo federal ficasse desobrigado de tratar do problema da incorporação política e da participação como questões políticas nacionais. O arranjo era adequado à definição dada por Campos Sales a respeito das metas do governo, preocupado em exercer exclusivamente a administração. Nesse sentido, uma das principais virtualidades da dinâmica política baseada em disputas eleitorais periódicas, *a ação e o surgimento de oposições,* fica confinada exclusivamente ao desempenho de organizações políticas subnacionais. O efeito conseguido foi o da *maximização dos custos da oposição,* produzido a partir da ação de diversos operadores: fraudes e violências durante o processo eleitoral, degola de parlamentares oposicionistas e riscos de intervenção ou de tratamento não preferencial, no caso de divergência entre uma situação política estadual e o governo federal.

A pulverização da *polis* e a plena autonomia dada a suas parcelas para tratar dos eleitorados locais contribuiu de forma decisiva para reduzir a competitividade das políticas estaduais. A situação típica, no plano das políticas estaduais, durante a República Velha, foi a da existência de vários regimes locais de partido único: com efeito, a história eleitoral não registra vitórias da oposição, quer em eleições legislativas quer em eleições executivas.

Pretendia-se com a política dos governadores obter, também, baixa competitividade na definição dos que devem ocupar o governo federal. A percepção da comunidade política nacional, segundo Campos Sales, como formada pela reunião dos estados, configura um espectro de sujeitos políticos com recursos desiguais. Aos grandes estados, com maior eleitorado e presença parlamentar, cabem iniciativas para fazer das sucessões presidenciais rituais de transmissão do poder, sem apelo à incorporação do *demos* e mesmo de parcela maior da *polis*. É evidente que, mesmo nos limites do modelo, algum conflito é inevitável durante as sucessões presidenciais. O que é importante não é a eliminação do conflito, mas seu tratamento por meio de canais desprovidos de caráter público.

Também na esfera de elaboração da política nacional opera o modelo de ampliação das dificuldades das oposições. Uma política mais tolerante que, por exemplo, conferisse ao eleitorado maior autonomia para a definição de quem deve ocupar a *polis*, implicaria dotar o sistema político de enorme incerteza. Para a elite republicana, criadora da política dos governadores, o preço a pagar por tal tolerância seria a própria unidade política nacional.

O tratamento dado pelo pacto oligárquico aos problemas conceitualmente circunscritos pela dimensão vertical do modelo de Dahl visava resolver três problemas cruciais para a institucionalização e estabilização do regime, a saber: (i) as relações entre Executivo e Legislativo; (ii) as relações entre Poder Central e estados; e (iii) a geração de atores políticos legítimos.

O Poder Legislativo transformou-se em expressão da distribuição estadual – e natural – do poder. Sua docilidade será função do grau do acordo entre o presidente da República e os estados. Da mesma forma que no Império, o processo de institucionalização da vida política no novo regime exigiu a regulação da dinâmica do Legislativo.

As relações com os estados, reconhecendo sua plena soberania no exercício da política interna, são marcadas pela hierarquização da importância das unidades da federação. Dos pequenos estados, esperava-se apoio incondicional em função da premiação oferecida: não intervenção, cinismo diante dos esbulhos cometidos contra a cidadania e socorro do Tesouro Federal. Aos grandes estados, o modelo acena com maiores atribuições. A eles caberá a direção dos negócios da República, contribuindo para introduzir alguns dilemas no modelo imaginado por Campos Sales.

A pretendida profilaxia política, buscando afastar da esfera do poder presidencial a ativação política do mundo das oligarquias estaduais, acabará afetada pela presença de estados que não se limitam a excluir o *demos* ou a esperar benesses do Tesouro. A independência do presidente, seu apartidarismo, sua aversão às paixões não o impedem de reconhecer que há forças políticas obrigatoriamente constitutivas de qualquer proposta de organização do regime.

A opção pela verticalização da ordem política foi favorecida pelas características naturais do espaço político. O eleitorado, no novo regime republicano enfim rotinizado, acabaria contido pelas estruturas do poder local. A nova ordem, do ponto de vista do seu núcleo, desobrigou-se de inventar novas fórmulas para tratar do problema da incorporação. Bastou-lhe a ordem natural. Os poderes locais, frequentemente tomados como símbolo político da República Velha, puderam exercer, no tratamento dado aos temas da participação e da incorporação, inestimável contribuição à institucionalização do regime. No mundo do localismo, os poderes privados vetam preventivamente a diversidade política, pelos evidentes custos que impõem aos desobedientes[203].

A ordem imaginada por Campos Sales pode, pois, combinar doses de construtivismo com tinturas de espontaneísmo. Na definição das regras de constituição da *polis* e de suas relações com o governo, o modelo fez uso abundante do desígnio e do artifício. Nesse aspecto, a ordem aparece como produto da vontade. Vontade que, por outro lado, retira sua viabilidade do reconhecimento da natureza prévia do espaço político. O construtivismo moderado reconhece a relevância da expressão espontânea do tecido político. Mais do que isso, reconhece a sua eficácia, comprovada pela duradoura e competente exclusão do *demos.*

Tal exclusão, pelas artes do construtivismo moderado de Campos Sales, não significou garantia plena de paz pública ou a proliferação da apatia no corpo do *demos.* A fúria do povo da capital esteve presente, como bem registrou José Maria dos Santos, no momento da partida de Campos Sales, ao fim de seu governo, para São Paulo:

---

[203] A suposição que orienta esse juízo é a de que, durante a Primeira República, os chamados "poderes locais" caracterizaram-se menos como geradores de políticas positivas do que como instrumento de veto à diversidade política. Para um tratamento mais detido do assunto, ver Renato Lessa. *A ordem oligárquica brasileira: esboço de uma reflexão alternativa.* Rio de Janeiro, CPDOC, 1978, especialmente pp. 30-34.

Quando o seu bota-fora surgiu na praça fronteiriço à estação, levantou-se da massa popular, que se comprimia por trás dos cordões de polícia, uma assuada verdadeiramente indescritível. Por cima das linhas de soldados, vinha-lhe em meio aquela fragorosa corrente de injúrias, toda uma saraivada de projéteis, os mais variados e heteróclitos, desde ovos e legumes adquiridos nas quitandas da vizinhança, até frutos verdes arrancados às jaqueiras do Campo de Santana. Quando o trem se pôs em movimento, a terrível manifestação, ao longo da linha, continuou. A gente dos subúrbios havia descido das suas residências às barreiras do caminho de ferro. Durante 10 km até os extremos de Cascadura, o ex-presidente ouviu, sob o estrépito do comboio em marcha, ulular furioso pela noite adentro o desespero do povo carioca.[204]

---

[204] José Maria dos Santos. *A política geral do Brasil*. São Paulo, J. Magalhães, 1930, p. 406.

V
OS FUNDAMENTOS DA NOVA ORDEM: OS VALORES DO PACTO

"When I use a word", Humpty Dumpty said in rather a scornful tone, "it means just what I choose it to mean – neither more nor less."
"The question is", said Alice, "whether you can make words mean so many different things."
"The question is", said Humpty Dumpty, which is to be master – that's all."

Lewis Caroll *Through the Looking Glass.*

O capítulo anterior procurou descrever os procedimentos aplicados por Campos Sales para configurar a parte não constitucional do pacto oligárquico que acabou por rotinizar a política durante a Primeira República, bem como suas implicações na estruturação da dinâmica dos conflitos. Os termos práticos do arranjo diziam respeito à constituição da ordem política republicana, visando dotar a esfera pública de maior capacidade de governo, através do congelamento da competição política, via reconhecimento das oligarquias regionais como proprietárias das parcelas estaduais do *demos* e como únicos atores políticos e sociais relevantes. A proposta de Campos Sales definia ao mesmo tempo os critérios de formação e reconhecimento dos sujeitos políticos relevantes bem como as bases da ação coletiva legítima, entendida como ação organizada das oligarquias.

As referências rotineiras à imaginação de Campos Sales fazem justiça a seu sucesso em implantar um modelo político capaz de erradicar a herança dos anos entrópicos[205]. No entanto, os indicadores escolhidos para ilustrar tal sucesso limitam-se aos *procedimentos* utilizados na estruturação do pacto: a reforma no regimento da Câmara e a nova distribuição do poder através da política dos governadores. A consideração desses aspectos é, por certo, compulsória, em função dos efeitos que geraram sobre a dinâmica da política: congelamento da competição oligárquica, reconhecimento automático de quem manda nos estados e docilização do Legislativo. O que pretendo indicar neste capítulo é que o arranjo produzido no governo Campos Sales excedeu suas dimensões pragmáticas, comportando também um conjunto de valores substantivos que podem ser tratados de modo autônomo. Tais valores dizem respeito a um universo de princípios, com variado grau de abstração, que buscava instituir os *verdadeiros critérios de geração da ordem política*. O espectro é variado. Nele há desde reflexões diretamente voltadas para dimensões "objetivas" do mundo público, tais como o governo e os partidos, como para atributos pertencentes ao mundo dos atributos privados, tais como as paixões, os rancores e a honra.

Minha suposição é a de que o "Modelo Campos Sales" pode ser decomposto em duas dimensões básicas: a *substantiva* e a que diz respeito a *procedimentos*. A primeira contempla o mundo dos valores, definidores das artes do bom governo, sendo necessariamente aparentada com a crença, com o de-

---

[205] Em especial, ver Fernando Henrique Cardoso. "Dos governos militares a Prudente – Campos Sales". In Boris Fausto (org.). *História geral da civilização brasileira*, t. III, v. I. São Paulo, Difel, 1975; e Maria do Carmo Campello de Souza. "O processo político-partidário na Primeira República". In Carlos Guilherme da Mota (org.). *Brasil em perspectiva*. São Paulo, Difel, 1974.

lírio e com a ficção. A dimensão dos procedimentos, antes analisada, é obrigatoriamente mais realista, pois implica o reconhecimento do estado do mundo político tal como ele se apresenta: o oligopólio das oligarquias sobre o *demos* nacional. Sendo assim, os termos do arranjo podem ser formulados sucintamente do seguinte modo:

1. O modelo político proposto por Campos Sales teve por finalidade dotar a esfera executiva de um mínimo de governabilidade;
2. O mínimo de governabilidade implicou:
   a) congelar a incorporação do *demos*, atribuindo plena autonomia às elites estaduais para estabelecer nexos específicos entre *demos* e *polis*;
   b) envolver a esfera pública em um padrão de política administrativa, para o qual a competição política aparece como inessencial e nefasta.

O modelo visava, pois, combinar o máximo de eficácia administrativa com o máximo de autonomia das elites regionais. Dito de outro modo, tratava-se de viabilizar uma concepção despolitizadora do papel do governo federal, com o pleno reconhecimento da identidade política das oligarquias regionais. As bases dessa concepção administrativa ou despolitizada da esfera pública nacional, definida no item 2b, serão consideradas a seguir, na reflexão sobre o aspecto substantivo do modelo.

A dimensão substantiva da parte não constitucional do pacto político é formada por um conjunto de "teorias", envolvendo os seguintes pontos: representação e papel do governo; Estado como instrumento de administração; partidos e facções; bases do regime; formas legítimas de ação coletiva;

estratificação política; e, por fim, paixões. Independentemente de sua base ficcional, tais "teorias" informam as escolhas políticas concretas e configuram um mapa simbólico que torna possível a cognição do mundo político. A suposição dessa leitura é a de que o conteúdo simbólico presente na dimensão substantiva do modelo não pode ser reduzido a mera racionalização retórica, encarregada de encobrir os "verdadeiros motivos" da ação política. A relevância da análise deriva, pois, do seu reconhecimento como dimensão constitutiva do mundo político.

Um dos requisitos da ordem imaginada por Campos Sales é o pleno predomínio do conhecimento e da sabedoria sobre a ambição e o apetite. Daí a relevância, no interior de seu modelo, de considerações a respeito das paixões, percebidas como componentes inerradicáveis do mundo da política. O problema consistia na existência de um estado de anarquia que favorece a ação apaixonada, criando, assim, um círculo perverso: a anarquia gera a paixão desenfreada que, exercida excessivamente, conduz à parcialidade e realimenta a configuração anárquica do mundo político. Para Campos Sales, o efeito maligno de tal dialética sobre o plano público era a inviabilidade do "desdobramento tranquilo da atividade governamental".[206] No plano privado, a proliferação das paixões e de seus subtipos, os ódios, rancores e ressentimentos, interdita o que, para o criador da política dos governadores, seria a virtude típica da ordem republicana: *a honra*. O que em Montesquieu foi definido como virtude própria das Monarquias, aparece em Campos Sales como atributo da República, entendido como conduta disciplinada e conduzida pela ação dos chefes.

---

[206] Campos Sales. *Da propaganda à presidência*. São Paulo, Typographia "A Editora", 1908, p. 226.

A mediação dos chefes – caracterizados pelo "prestígio moral, pela capacidade superior e pela responsabilidade pessoal" – aparece como condição necessária à domesticação das paixões. A estratificação política daí derivada define, na base da sociedade, um mundo sem formas, dominado pelas paixões, que devem ser traduzidas pela mediação dos chefes, para viabilizar a criação de um corpo político. Somente a partir da materializarão desse corpo seria possível a geração da ordem política. A comunidade política não se caracteriza, pois, pelas prescrições constitucionais, baseadas na igualdade de direitos e na atribuição às escolhas individuais dos cidadãos, através do voto, da prerrogativa de escolher o governo e a representação nacional.

O mundo de Campos Sales é eminentemente extraconstitucional. Sua percepção da comunidade política não reconhece o princípio da isonomia. Ao contrário, o corpo político é marcado por uma distribuição desigual de virtudes e atribuições: há os que se limitam a agir segundo o depoimento de seus apetites desenfreados, e há aqueles que se orientam pela prudência, pela moderação e pelo espírito público. A boa política consiste, então, em traduzir para a ordem pública a hierarquia natural da ordem íntima.

A estratificação das virtudes define duas formas possíveis de ação coletiva, mutuamente excludentes, que podem ser representadas pela contraposição dos seguintes atributos: "ação" versus "agitação"; "moderação" e "tolerância" versus "demagogia" e "conservadores" versus "exaltados". As formas perversas de ação coletiva, orientadas pelos "caudilhos políticos" e reguladas pela "ação demagógica dos exaltados", têm por base um componente instituído pelas "afeições pessoais". A ação coletiva legítima, ao contrário, deve ser impessoal, e ter como finalidade a produção do bem público: impõe-se que seja orientada por "bons elementos" e que tenha como meta o "interesse nacional"[207].

O bem público, segundo a lógica substantiva do modelo, não é o produto da competição entre as diferentes versões parciais do conflito, mas sim da utilização de instrumentos desinteressados, por parte de sujeitos políticos cujos atributos pessoais garantem uma relação equilibrada entre política e verdade. O modelo define, pois, uma precisa relação entre conhecimento e política, privilegiando o que poderia ser designado como um *modo privado de cognição política,* orientado para a identificação do interesse nacional. A meta a ser alcançada é a da produção de um padrão de ação coletiva voltada para o interesse geral, sem que o processo de aplicação prática desse valor implique a utilização de procedimentos públicos. É o que pode ser depreendido dessa passagem de Campos Sales, já aqui referida:

> Em regra sou infenso às grandes reuniões para deliberar sobre assuntos que, pela sua natureza, se relacionem com a direção ou orientação que se deve imprimir a um determinado momento político. Esta é uma função que pertence a poucos e não à coletividade[208].

A ação coletiva legítima é, pois, protagonizada por sujeitos altruístas, que se satisfazem com o usufruto de benefícios públicos – o "interesse nacional" – e que operam fora do espaço público. Para a definição dos interesses nacionais, a dinâmica visível dos conflitos é irrelevante, pois o bom exercício da política depende da operacionalização de um arranjo político infenso à espontaneidade, à diversidade e à turbulência. A gê-

---
[207] Idem, p. 232.
[208] Ibidem, p. 224.

nese da ordem poderia ser representada a partir da seguinte sequência:

1. Definição das paixões como elemento perturbador e como produtor de um comportamento egoísta.
2. Operacionalização de uma "trégua às paixões", a partir do exercício pedagógico dos chefes.
3. Criação de um espaço político desapaixonado e movido pela intenção altruística.
4. Definição dos "interesses nacionais" através de mecanismos de ação coletiva que evitem procedimentos públicos e sejam imunes à verificação por parte do *demos* e, mesmo, por parte da *polis*.
5. Identificação do altruísmo como condição necessária e suficiente para o processo de geração de ações coletivas legítimas.

A recusa a qualquer critério público de deliberação, presente na aversão às "grandes reuniões", deixa entrever uma percepção normativa a respeito da política, que deve ser calma e despolitizada. Naquelas reuniões predomina o "conselho apaixonado dos mais exaltados, que nem sempre se inspiram nos sentimentos de justiça ou nas verdadeiras e reais conveniências da causa pública"[209]. A oposição entre *paixão* e *reais conveniências* agrava-se, para Campos Sales, pelo estado objetivo do mundo político: "dada a ausência de partidos regulares nos achamos em pleno estado de anarquia política"[210]. O pessimismo do estadista revela um conteúdo nostálgico com relação aos partidos do Império:

---

[209] Idem, p. 224.
[210] Ibidem, p. 244.

Outrora, quando os partidos tinham como principais fundamentos da sua organização a disciplina e a obediência à direção dos chefes, as assembleias políticas podiam ser de grande utilidade, precisamente porque elas não serviam senão para, com a homologação do seu voto, revestir de maior autoridade moral o pensamento previamente conhecido dos que de fato exerciam a soberania diretora. Hoje, porém, não é isso o que se vê. Estamos ainda sob a influência da revolução que, com o antigo regime, fez desaparecer todos os aparelhos de governo que dentro deles existiam. Desapareceram, como era fatal, os partidos e eliminou-se também a supremacia dos grandes chefes. As perturbações contínuas por que tem passado a República, a preferência dada aos processos violentos, com o abandono das lutas políticas regulares, não tem permitido a organização dos partidos com a característica manifestação das suas tendências opostas e com os seus chefes à frente, exercendo uma autoridade real, inteligentemente atacada e disciplinadamente obedecida[211].

Da teoria das paixões, do imperativo dos chefes e da definição a respeito das verdadeiras bases da ação coletiva, passa-se à teoria dos partidos. Pela passagem acima reproduzida, vê-se que os bons partidos foram os partidos de outrora, mas a teoria sobre eles não se alimenta apenas de nostalgia. Na verdade, seu núcleo é movido pela análise do mundo partidário tal como ele se apresentava no momento em que Campos Sales chega à presidência. Mundo representado pela combinação das seguintes características:

(i) dominado por "paixões e violências";
(ii) marcado pela "pugna de ódios e rancores";
(iii) monopolizado por uma "aberração política" – o Partido Republicano Federal/PRF – sem unidade na direção;
(iv) proliferador de caudilhos.

---
[211] Ibidem, p. 245.

O alvo objetivo da aversão ao mundo partidário era o PRF, partido que o apoiou em sua eleição para a presidência. Não obstante, Campos Sales desqualifica a sua identificação enquanto partido. Para ele, o PRF era uma "grande agregação de elementos antagônicos", cujo malefício sobreviveu à implosão. Mesmo dividido e em decadência, o PRF contaminou o mundo político: "os elementos que dele se desagregaram levaram no seio os vícios de origem". Este é o lado negativo da teoria: ao classificar as características do PRF, Campos Sales diz como não deve ser um partido.

Já a teoria positiva contém duas dimensões distintas. A primeira diz respeito às características ideais de um partido. A segunda descreve os critérios adequados para a existência real de uma "sã organização partidária".

O verdadeiro partido confere à política um "caráter nacional", conforme à "índole essencialmente conservadora das classes preponderantes no país". Por caráter nacional, segundo os valores do modelo, pode-se entender uma ação voltada para o interesse público, e não para a expressão organizada de demandas de parcelas específicas do *demos* e da *polis*. É essa orientação compulsória que deve circunscrever uma das características básicas do bom partido: a unidade de doutrina. Sua expressão não é produto das crenças e preferências aleatórias de seus membros. Ela será tão verdadeira quanto mais afastada estiver do mundo das preferências privadas. Um partido define-se pela sua utilidade para a produção do interesse nacional e não pela sua função de representação. Do ponto de vista de sua organização, os partidos devem obedecer a um critério militar. É o que se depreende das metáforas utilizadas para indicar a sua verdadeira materialização: devem possuir "direção concentrada" e a "disciplina perfeita de um exército". Devem, ainda, seguir a "direção dos chefes, marchando em linha cerrada como batalhões"[212].

No plano da realidade, essas organizações devem se curvar às necessidades do país. Para Campos Sales, o imperativo da "trégua às paixões" faz com que a geração de um bom partido seja dependente de uma perspectiva totalizante a respeito do espaço político nacional. As condições concretas da política brasileira vetam a existência de partidos, tal como definidos acima. O modelo é, pois, anfíbio. Possui uma teoria a respeito dos partidos, que reconhece a sua necessidade. Mas curva-se, realisticamente, aos imperativos do mundo político concreto – deserto de virtudes e proliferador de todos os vícios.

A aversão ao "espírito partidário" – perturbador da "evolução benéfica das ideias" – é consistente com as premissas de Campos Sales a respeito da morfologia política nacional. Partidos lembram cidadãos, cidadãos evocam indivíduos. Logo, uma comunidade política na qual não se reconheça a existência política de indivíduos terá na presença de partidos um experimento absurdo e perturbador. A morfologia política nacional não reconhece a existência de indivíduos e cidadãos clássicos, sujeitos capazes de produzir trajetórias autônomas de vinculação entre público e privado. Qual será, então, a sua configuração positiva?

A teoria de Campos Sales sobre as bases do regime tem como núcleo a precisa definição do que significava a morfologia política brasileira:

> ...o verdadeiro público que forma a opinião e imprime direção ao sentimento nacional é o que está nos estados. É de lá que se

---
[212] Idem, p. 226.

governa a República por cima das multidões que tumultuam, agitadas, nas ruas da capital da União[213].

A política dos governadores tem, pois, um conteúdo doutrinário claramente antiurbano: a cidade é percebida como lugar da anarquia, da identidade política difusa e arredia ao controle governamental. É bem verdade que a capital justificava em larga medida tal juízo, em função de seu *ethos* "bilontra" e de sua invariável disposição irredenta, a despeito dos indicadores de baixa participação eleitoral[214]. Campos Sales odiava o Rio de Janeiro. Paixão plenamente retribuída pela população: ao deixar o governo e partir para São Paulo, o trem que o levava foi insistentemente apedrejado até às estações mais distantes.

A morfologia política brasileira é formada pelos estados, a "verdadeira força política neste regime". A verdadeira opinião nacional é constituída pela "soma dessas unidades autônomas". Os estados são a nação política. Logo, a política dos governadores, pelos procedimentos que adota, é a única forma virtuosa capaz de estabelecer os nexos entre a *polis* e o governo. A morfologia sociopolítica brasileira não comporta uma *polis* liberal, definida pelo somatório dos representantes livremente escolhidos pelo *demos*. A política dos governadores é, ao mesmo tempo, criação demiúrgica da *polis* nacional e da vinculação dessa com o governo. É evidente que tudo isso é extraconstitucional. A Carta de 1891 prescreve um espaço político no qual os nexos entre *demos*, *polis* e governo

---

[213] Idem, p. 252.
[214] Sobre a participação eleitoral no Rio de Janeiro, nos primeiros anos da República, ver José Murilo de Carvalho. *Os bestializados: o Rio de Janeiro e a República que não foi*. Rio de Janeiro, Cia. das Letras, 1987, especialmente o capítulo III.

são resolvidos pela mágica da representação liberal. A *polis* é a expressão da diversidade do *demos* e o governo a sua materialização simbólica. Campos Sales não contradita a ficção constitucional. A representação nacional pode ser definida formalmente pela consulta ao *demos*. O que importa é definir procedimentos capazes de fazer com que os resultados dessas consultas coincidam com o que pontifica o interesse nacional, enigma decifrável exclusivamente pelo idioma das oligarquias.

A dualidade "Brasil real" versus "Brasil legal", tão cara aos autoritários não necessariamente equivocados em função do qualificativo, pode encontrar, na definição dada por Campos Sales à *polis* brasileira, nova expressão. Com a operação ótima do modelo, o Brasil terá uma *polis real* e uma *polis legal*. A primeira formada segundo os critérios da nova política, a segunda, de corte liberal, será condenada a adquirir relevância apenas nos momentos de crise, nos quais os mecanismos da *polis* real, por qualquer razão, deixam de operar.

O federalismo, em função da morfologia política nacional, é a melhor das ordens possíveis. A alternativa a ele seria a barbárie do unitarismo, vetada sistematicamente por Campos Sales. Vale a pena atentar para as razões desse veto.

A *polis* brasileira é formada por estados que possuem vários atributos em comum: "costumes", "tradições", "língua", "coloração moral", "grandes aspirações nacionais" e "solidariedade étnica". Se isso é verdade, por que não optar, então, por uma República unitária? A resposta de Campos Sales, ao evitar tal alternativa, fundamenta-se na existência de uma disparidade básica, capaz de ponderar para menos o peso específico de cada um dos atributos comuns: os "interesses peculiares". É legítimo, pois, aos estados orientar a sua ação por um atributo que é vetado aos indivíduos: o *interesse*.

A convergência desses interesses, condição para a existência de um espaço político nacional, não pode ser produto de um artifício unitarista:

> ...não pode servir de garantia, à unidade nacional nem ao acordo dos "grandes interesses", a existência de um poder supremo no centro, dominando, absorvendo e avassalando todas as energias da periferia[215].

Aos que, como Rui Barbosa, viam no modelo uma artimanha benévola aos apetites das quadrilhas regionais, Campos Sales adverte: Eliminem-se as vinte tiranias, e ficará implantada, em lugar delas, a mais implacável, a mais formidável, a mais abominável das tiranias – a tirania do centro[216].

O veto ao unitarismo deixa em aberto a questão de saber como se dará a convergência dos interesses. Para Campos Sales, ela será produto da "cooperação espontânea". A resposta não esclarece. Pelo contrário, confunde: será Campos Sales um *construtivista realista* ou um *espontaneísta seletivo*? As duas alternativas são igualmente plausíveis. Seu construtivismo é limitado pelo reconhecimento de um mundo natural prévio. Já a seletividade da aplicação do critério espontaneísta é nítida, no tratamento distinto dispensado à *polis real* e à *polis legal*. A primeira constitui-se pela "cooperação espontânea", enquanto que a segunda, se deixada à sua própria sorte, gerará, no melhor dos casos, parlamentos com comportamento errático, partidos apaixonados e a "perfídia das reservas mentais". Há atores com relação aos quais não é escusado confiar em sua subjetividade. Esse parece ser o caso daqueles que constituem a *polis real,* pois de que outro domínio pode-

---

[215] Idem, p. 259.
[216] Idem, p. 259.

ria vir a disposição para a cooperação espontânea, senão da subjetividade altruística dos chefes estaduais? O veto à subjetividade e à espontaneidade na definição da *polis legal*, através da aversão às paixões, não opera no tratamento da *polis real*. Há, portanto, subjetividades confiáveis.

Campos Sales, ao elaborar os valores substantivos que imaginava constitutivos do pacto político, construiu uma peça de ficção: a fábula da constituição do mundo político e do interesse geral. Mas, o discurso ficcional, mesmo delirante, possui suas regras, sobretudo no caso de Campos Sales, que não parecia estar disposto a fazer literatura fantástica ou surrealista. Nesse sentido, não constitui pretensão descabida, de uma onipotente crítica externa ao texto, imaginar que o discurso de Campos Sales não resolve de forma consistente o problema da convergência dos "interesses peculiares". A legitimidade dos interesses é dada pela identidade de seus portadores, e essa pela qualidade de seus interesses. Trata-se do clássico *dialelo* dos antigos céticos: o discurso toma como premissa suas próprias conclusões[217]. A solução não é simplesmente de corte mandevilleano, como a permitir a passagem de uma subjetividade negativa para uma objetividade positiva. Ao dizer que os "interesses peculiares", agregados espontaneamente, formam o interesse geral, Campos Sales parece falar em *newspeak*, antecipando a refutação *à la* George Orwell, posta em seu livro *1984*, do princípio da identidade.

---

[217] O dialelo, figura que devemos ao cético grego Agripa, é um dos modos de raciocínio diante do qual se deve suspender o juízo. Segundo Sexto Empírico, a mais importante figura do ceticismo grego, o dialelo "se obtém quando aquilo que deve ser a confirmação da coisa investigada necessita da prova da coisa investigada", apud Rodolfo Mondolfo. *El Pensamiento Antiguo*, v. II. Buenos Aires, Losada, 1942, p. 165. Ver também Victor Brochard. *Les Sceptiques Grecs*. Paris, Vrin, 1923, p. 302, 1ª ed., 1887.

Definidos os traços característicos da esquizofrênica *polis* nacional, o modelo Campos Sales apresenta ainda uma teoria sobre a representação política. Como se sabe, Campos Sales foi eleito em 1898 por um partido – o PRF – por ele considerado, *a posteriori,* uma "aberração política". Uma vez vitorioso, declarou não ter vínculos com esse partido, ou com nenhum outro empiricamente existente. Sua lealdade era para com o antigo partido republicano, de cuja herança ele supõe ser o único portador. Seu compromisso é o interesse nacional. Diante de uma plateia reunida para lhe dar boas-vindas de sua viagem à Europa, em 1898, Campos Sales foi direto: não possui vínculos partidários, pretende "governar com o concurso de todos os elementos úteis" e seu programa de governo "não podia ser posto nos moldes de opressivo partidarismo".

Aparentado à ética de convicção, considerava o mandato que lhe foi conferido como autorização para realizar um "governo patriótico", dotado da "coragem moral precisa para fazer o que julga ser o bem da... pátria". Em suas memórias políticas, Campos Sales é ainda mais claro:

> Mais do que a egoística ambição de conquistar efêmeros aplausos, preocupava-me o dever de servir à pátria, vencendo e dominando as resistências, sem cuidar do que seriam capazes as paixões em revolta[218].

As últimas referências são suficientes para revelar uma das inspirações da teoria da representação presente no modelo. As afinidades burkeanas são evidentes[219]. O representante não

---

[218] Idem, p. 275.
[219] Refiro-me à concepção de representação, tal como definida por Edmund Burke, em discurso a seus eleitores de Bristol, ao fim do século XVIII. A agradecer pela eleição, Burke declara que não defenderá qualquer interesse particular, mas o do "povo inglês", tomado em conjunto, e segundo os ditames da sua – dele – consciência. Ver Edmund Burke. "Speech to the Electors

presta contas de sua interpretação do que seja o bem público a seus eleitores. Escolhido pelo somatório de consentimentos individuais, tem ele como função tomar decisões gerais, visando ao bem público, segundo o depoimento da sua consciência. O partido que o elegeu é uma "aberração", as multidões da capital formam uma choldra politicamente inqualificável, enfim, não há nada no mundo político que seja tomado como interlocutor válido para a produção de decisões. Nota importante: Campos Sales quando se estende sobre esse ponto não estabelece sequer uma correlação a respeito de um dos postulados do modelo, a existência de uma *polis real*. A relevância da *polis real* limita-se ao momento de constituição da ordem. Sua gestão continuada pertence exclusivamente ao governo, cujo patriotismo é inversamente proporcional à sua responsabilidade política.

Mas, há outra inspiração na teoria da representação. Com relação aos estados, a concepção de Campos Sales é puramente hobbesiana. Para Hobbes, a fundação de uma comunidade política ocorre quando é atribuída a alguém a prerrogativa de agir pelo conjunto. Como notou Hanna Pitkin, a representação, nesses termos, é entendida enquanto autorização formal para que haja governo, e como o único mecanismo capaz de organizar a ação coletiva. A sociedade se faz um agregado dotado de mecanismos de cooperação graças à ação reguladora de um agente político instituído para tal fim[220].

O componente hobbesiano do modelo está presente na atribuição dada às oligarquias regionais para submeter o *demos* pelos meios mais apropriados. Ou seja, para Campos Sales há

---

of Bristol". In *The Works of the Right Honorable Edmund Burke*. London, Henry G. Bohn, 1854-6; e, também, Hanna Pitkin. *The Concept of Representation*. Berkeley, University of California Press, 1972, pp. 168-189.
[220] Idem, caps. 2 e 3, pp. 14-59.

ordem nos estados e, portanto, comunidade política, se neles se define de modo inequívoco quem manda. Não importam os nexos estabelecidos entre o governo e o *demos* em cada estado, o importante é que haja governo e que esse detenha no Congresso uma bancada apta a desempenhar seu papel de apoio ao governo federal com lealdade. Assim, tem-se a teoria de Campos Sales sobre a representação: hobbesiano com relação aos estados e burkeano a respeito de si mesmo.

O efeito mais importante dessa dupla concepção a respeito dos mecanismos de representação é uma percepção do governo como entidade impessoal. Na verdade, os componentes hobbesiano e burkeano da doutrina incluem-se em uma ideia mais ampla de *representação simbólica*[221]. Por ela, o poder público é percebido como antecipação da nação: ele é posto em ação por valores e por uma ética que a sociedade poderia ter se sobre ela não operassem travas de origem múltipla. Na medida em que a ordem social é terreno fértil para a dispersão das paixões e do egoísmo, o governo, burkeanamente encarregado de agir de acordo com o interesse público, deve desconsiderar para fins de decisão e de escolha pública o depoimento das facções. A crença na virtude do governo enquanto prefigurador da sociedade encontra sua plena expressão no epicentro do modelo Campos Sales: a *teoria do Estado administrador*.

De acordo com Campos Sales o governo tem como principal finalidade a "obra de pura administração", separada dos interesses e das paixões partidárias. Administração e política são, assim, excludentes: a obra administrativa não poderia ficar sob o domínio da "vivacidade incandescente das lutas políticas... sem objetivo". A política, pois, é percebida como

---

[221] Idem, cap. 5, pp. 92-111.

exercício supérfluo e inessencial à produção do bem público. Campos Sales, nesse ponto, é movido por uma cega ética de convicção: a meta do governo é administrar, o que, no plano prático, significa eliminar os déficits do Tesouro, valorizar o câmbio e honrar os compromissos com os credores externos. Tais pontos são inegociáveis, e nem mesmo o clamor em contrário do público seria indicador da necessidade de alteração de curso. Na verdade o modo de verificação a respeito do acerto da direção do governo é perverso: toda vez que a oposição disser que o governo está errado, tem-se a prova de que ele está certo.

O governo é obrigado a tomar decisões desagradáveis para realizar o bem público. Diante desse imperativo, a queixa dos atingidos não é relevante como critério de avaliação da correção das decisões. É o que pode ser depreendido das seguintes passagens:

> ...disposto a ser útil ao meu país, tomei a resolução de adotar a mais rigorosa conduta na execução do meu programa – exigindo tudo quanto é possível e não cedendo senão ao que é absolutamente indispensável – embora veja bem que não é essa a administração mais de molde a gerar a popularidade em torno de tal governo[222].

> Cada um dos que perdem alguma vantagem adquirida é um descontente: ao seu lado agrupam-se os patronos, os defensores dos "interesses sacrificados" e também dos "direitos adquiridos", e para logo formam-se legiões de "desgostosos". É preciso que o governo não se detenha diante da resistência, se ele tem patriotismo, se ele tem coragem moral precisa para fazer o que julgar ser o bem de sua pátria, com sacrifício embora da sua própria popularidade[223].

---
[222] Campos Sales, op. cit., p. 273.
[223] Idem, p. 274.

A escolha do critério administrativo como valor absoluto orienta a representação feita por Campos Sales a respeito do funcionamento da República. O Congresso deve ser um ponto de partida para a agremiação de forças úteis, que constituam um partido de governo devotado aos interesses da administração da República[224].

A nostalgia de Campos Sales com relação ao Império parece não ter se limitado à avaliação positiva a respeito dos partidos monárquicos. O fascínio pela administração, como valor suficiente para definir as metas do Estado, não é original do seu modelo. Na imaginação política do Império, referência obrigatória com relação a esse ponto é a obra de Paulino José Soares de Souza, o visconde de Uruguai[225]. Não importa saber se Campos Sales o leu. Em seus textos não há referências explícitas. De qualquer forma, as afinidades são suficientes para que a teoria do visconde seja utilizada como recurso para melhor entendimento da obsessão de Campos Sales.

Para o visconde de Uruguai, o Poder Executivo deve ter duas qualidades básicas: a centralização e a "largueza de liberdade de ação". Uma de suas finalidades é a de gerir o poder administrativo, conjunto de procedimentos e de decisões que configuram a ação concreta do governo. Os governos têm por fundamento a política, mas se realizam na administração. Antecipando Campos Sales, o visconde recomendava no seu *Ensaio sobre o Direito Administrativo*, publicado em 1862, que a organização administrativa não deve estar definida na Constituição: "os assuntos administrativos são essencialmente minuciosos, e compreendem disposições e medidas, pela maior parte sujeitas a mobilidade". A administração é enten-

---
[224] Ibidem, p. 250.
[225] Visconde de Uruguai. *Ensaio sobre o Direito Administrativo*. Rio de Janeiro, Tipografia Nacional, 1862, pp. 71-100.

dida como aplicação do interesse geral a casos específicos: põe-se "em contato com o cidadão individualmente, e vê-se muitas vezes na necessidade de sacrificar o interesse particular desse e mesmo o seu direito ao interesse geral"[226].

Da mesma forma que em Campos Sales, o *Ensaio* admite a inevitabilidade da frustração como componente das relações entre o governo e os cidadãos. O modelo, se levado ao infinito, produz o seguinte resultado: é possível que o governo "sacrifique o interesse particular" de todos os cidadãos, e, ainda assim, poderá estar agindo em função do interesse geral. Mas há uma diferença entre os dois estadistas: há mais sofisticação analítica e classificatória na teoria do visconde de Uruguai. Ele discrimina, por exemplo, duas formas de poder administrativo: a *graciosa* e a *contenciosa:*

> A administração graciosa, atributo e instrumento essencial ao Poder Executivo, procede discricionariamente e com arbítrio (...) Toma (...) as medidas que julga convenientes ao interesse geral da sociedade. Ninguém as pode atacar ou discutir quer perante os tribunais ordinários, quer perante os tribunais administrativos[227].

A administração graciosa, pois, tem por finalidade regular as tensões entre o interesse geral e o interesse particular. Na medida em que esse último pode manifestar-se por diversas e imprevisíveis formas e conteúdos, a "lei" é incapaz de definir procedimentos regulares: Em matéria de interesse, e no caso de colisão entre os dos particulares e os da sociedade, não pode deixar de haver na administração certo poder discricionário para resolver"[228].

---

[226] Idem, tomo I, p. 76.
[227] Idem, tomo I, p. 79.
[228] Ibidem, tomo I, p. 80.

A parte graciosa da administração tem por virtualidade ferir os *interesses,* na medida em que submete discricionariamente o interesse particular ao interesse geral. A administração contenciosa não atinge os interesses, mas sim os *direitos.* Ela age provocada por litígios entre as partes da sociedade, e não entre o público e o privado. Ao regular as relações entre as partes da sociedade, a administração contenciosa está encerrada nos limites da aplicação de uma lei, e suas decisões discriminam entre as partes em litígio aquela dotada de legitimidade em suas pretensões.

As duas dimensões da administração ocupam dois eixos distintos. O primeiro circunscreve as relações entre o público, entendido como o interesse geral, e o privado, o mundo dos interesses particulares. Nesse primeiro eixo, as decisões são discricionárias, podendo infinitamente ferir os interesses particulares sem afetar a promoção do bem público, e não admitem recurso ordinário: "das decisões da administração graciosa, há somente o recurso gracioso". O segundo eixo diz respeito às relações entre as partes da sociedade, e produz decisões específicas a partir da lei, podendo ferir ou garantir direitos.

A chave da diferença entre administração graciosa e administração contenciosa encontra-se na distinção entre *interesses* e *direitos*. Nos termos definidos pelo visconde de Uruguai, *interesse* "é o que é útil, o que importa, a vantagem que resulta para este ou aquele indivíduo de que seja ou não adotada esta ou aquela medida administrativa...". Já os *direitos* podem ser de *dois* tipos: o "propriamente dito", "inerente a alguém por virtude da lei", e o "adquirido", que "tem sua origem em atos administrativos puramente discricionários".

O alcance dessas diferenças entre interesses e direitos pode ser percebido no exemplo utilizado pelo *Ensaio*:

Tem de ser aberta uma estrada. Um município que se acha na sua direção pede que essa estrada passe pela sua vila. Tem nisso interesse porque a passagem dos viandantes, tropas etc. poderá concorrer para aumentar a indústria e comércio dela. A administração decide que a estrada há de passar por outro lugar que julga mais conveniente. Foi ferido um interesse importante, talvez justo; mas não foi ferido direito algum. A administração estava no seu direito, usou de uma faculdade discricionária, não estando indicados por lei os pontos pelos quais havia de passar a estrada[229].

Tomada a decisão graciosa, a escolha de outro trajeto para a estrada imaginária ou a concessão para um particular de explorar os seus serviços, está firmado um *direito:*

Feita uma concessão pela administração, o objeto concedido torna-se propriedade do outorgado. A violação ou revogação deste ato administrativo constituiu a violação de um direito adquirido, e a reclamação e discussão tornam-se então contenciosas[230].

A promoção de um interesse particular à categoria de direito depende, pois, de uma decisão graciosa, isto é, discricionária e não sujeita aos formalismos constitucionais. O critério dessa promoção é o juízo dos administradores, capazes de discriminar entre os interesses particulares aqueles que devem ser considerados como direitos adquiridos, sem ferir a integridade do interesse geral. As decisões graciosas só admitem recurso gracioso. Ou seja: a alteração dos critérios de escolha pública será feita sem diminuir o monopólio do administrador em traduzir o interesse geral.

O *Modelo Campos Sales* pode ser entendido como reedição seletiva do *Modelo visconde de Uruguai.* Na reedição está ausente a preocupação com a hipercentralização política, mas

---
[229] Idem, tomo I, p. 89.
[230] Idem, tomo I, p. 91.

não a ênfase na necessidade de um padrão concentrado de decisões administrativas. Ao pretender confinar a política aos estados, Campos Sales atribuiu ao governo federal o monopólio da gestão do interesse geral, que deve ser administrado de forma graciosa. As diferenças de vocabulário entre Uruguai e Campos Sales podem ser explicadas, em parte, pela diferença de circunstâncias. O visconde escreve, em 1862, após duas décadas do término daquilo que segundo juízo de Bernardo Pereira de Vasconcelos foi uma anarquia: os anos de regência (1831-1840). Campos Sales, por sua vez, revela em seu texto o veto a uma experiência menos remota: os anos entrópicos da República. Para o visconde, a garantia de uma correta administração depende em grande medida de consistência jurídica, não envolvendo a necessidade de criação institucional. O Brasil, sob a paz imperial, possuía já instituições capazes de implementar a boa administração. O cenário de Campos Sales é distinto. Ele habita um mundo ainda entrópico, sem mecanismos institucionais definidos, caracterizado segundo expressão do poeta Arnaldo Antunes, pela "proliferação das pestes": o exercício excessivo das paixões, a "perfídia das reservas mentais" e a "perda do espírito público", na notação do próprio Campos Sales.

O modelo não deixa de encarnar uma espécie de subplatonismo tropical. Em pálida reedição da utopia, a política reduz-se ao monopólio do especialista, o homem público que constrói sua carreira fora das identidades impuras geradas pela competição egoísta e apaixonada. Sua motivação deriva da postura do esteta que, diante da matéria bruta, produz a forma acabada, dando-lhe existência real: a ordem é o produto de sua intervenção positiva.

O dirigente tem como papel não apenas conhecer de modo correto o mundo, mas sobretudo dar-lhe existência real a partir de um modelo verdadeiro. Na medida em que o compromisso maior do "chefe" é para com essa esfera de verdade, que lhe é revelada pelos atributos positivos do seu caráter, o fator perturbador inerente à atividade política deve ser regulado, para permitir que os problemas postos como reais tenham nitidez e preponderância. O resultado é a reversão da tendência intrínseca da atividade política à desordem: a ordem não é o produto de seu curso regular, mas algo proveniente de um meio externo, da criação positiva de um esteta desapaixonado.

PARTE 3
AS FORMAS DA DECADÊNCIA

*Unconfusion submits,
its confusion to proof.*

MARIANNE MOORE.
The mind is an enchanting thing

VI
OS NOVOS ÂMBITOS DO ABSURDO

"Every step and every movement of the multitude, even in what are termed enlightened ages, are make with equal blindness to the future, and nations strumble upon establishments, which are indeed the result of human action, but not the execution of any human design."

Adam Ferguson. *An essay on the History of Civil Society*

A criação de uma ordem política tem como ponto de partida um ato de imaginação. Por maiores que sejam, as pressões do chamado mundo objetivo não explicam de forma incontroversa os valores embutidos nas formas institucionais. Nenhuma redução sociológica é capaz de erradicar do mundo da fabricação institucional o peso da imaginação. Isso não significa atribuir-lhe a dignidade que lhe conferem os construtivistas, que percebem a ordem como produto de um desígnio racional e elaborado em oposição às circunstâncias sensíveis e aparentes do mundo. A imaginação é uma dessas circunstâncias e, dessa forma, vê-se condenada a conviver com a possibilidade de seu próprio fracasso ou decadência. Por maior que seja, sua vitalidade tem como contrapontos inevitáveis o peso do passado, a inércia e os azares da vida social.

A invenção política visa produzir novas formas de ordem, capazes de aprisionar e domesticar a espontaneidade do mundo natural. Dessa forma, contém, além de sua dimensão demiúrgica, um perfil consolidador. A criação de novas instituições não pode ser pensada, portanto, nem como ato de pura demiurgia nem como reflexo de alterações na morfologia social. Ela põe em jogo, de modo necessário, um diálogo com o passado. A demiurgia de Campos Sales ilustra com propriedade esse ponto. Se, por um lado, o modelo por ele proposto fabrica ordem a partir do caos da primeira década republicana, por outro, a sombra do Império se projeta como legado: tratava-se, para Campos Sales, de encontrar, para erradicar o caos, o equivalente funcional do Poder Moderador.

Os capítulos anteriores procuraram demonstrar que o equivalente funcional – o modelo Campos Sales – teve por objetivo combinar um conjunto de *procedimentos* precisos com a definição de *valores substantivos* de caráter genérico e universal. O modelo possuía, pois, uma *técnica política* e uma *teoria geral* sobre um espectro de temas variados. Se tal suposição for plausível, o modelo Campos Sales não se limita nem à política dos governadores, nem à produção de mecanismos de docilização do Legislativo. Seu alcance inclui a formulação de uma doutrina a respeito das funções do Estado e dos critérios de operação da comunidade política, cuja aplicabilidade não está confinada à emergência provocada pelos anos entrópicos. A agenda de Campos Sales é, pois, circunstancial, no que se refere a procedimentos, e permanente, no que se refere a valores.

Antes de considerar os problemas que essa suposição pode provocar, é necessário reconhecer uma das virtudes do modelo. Uma vez aplicado no governo Campos Sales, ele caracterizou as rotinas políticas do regime republicano até 1930. A sucessão de Campos Sales, por exemplo, foi inauguradora da nova ortodoxia. O nome do sucessor – Rodrigues Alves – foi legitimado por consultas do presidente aos chefes estaduais. Campos Sales justificou a indicação pela necessidade de dar continuidade a sua "obra de administração". Tendo sido superados os problemas postos pelos anos entrópicos, a República ainda necessitava da "competência do administrador calmo e prudente, capaz de, por isso mesmo, agir na linha reta dos interesses gerais"[231].

A sucessão manifestou a plena aplicação do modelo: procedimentos e valores apareceram como reciprocamente adequados. Como foi visto, o principal objetivo do modelo era o de dotar o governo federal de um mínimo de governabilidade e estabilidade. Sob esse ponto de vista não há como negar a virtude do arranjo. Nenhum dos mandatos presidenciais definidos pelos procedimentos da política dos governadores foi interrompido de forma extraordinária[232]. Da mesma forma, a redução das margens de ação das oposições fez com que durante a República Velha pós-Campos Sales só tenham ocorrido três eleições presidenciais competitivas, em um total de oito.

Há, contudo, formas menos impressionistas para mensurar a estabilidade do arranjo. E o que pode ser feito a partir da operacionalização de dois índices, desenvolvidos por Wanderley Guilherme dos Santos e utilizados por Cléa Sarmento na análise da instabilidade governamental do Império: o *índice de rotatividade ministerial* e o *índice de estabilidade governamental*[233].

O primeiro tem por objetivo mensurar o "ritmo de substituições ministeriais, ou seja, a taxa de rotatividade de ministros, através do cálculo da média de permanência no cargo dos referidos atores". O índice visa ponderar os seguintes fatores: núme-

---

[231] Campos Sales. *Da propaganda à presidência*. São Paulo, Typographia "A Editora", 1908, p. 367.
[232] A exceção ficou por conta do governo de Washington Luís, derrubado por um golpe a um mês de seu término legal, além dos casos de Afonso Pena (1909) e Rodrigues Alves (1918), atingidos por um fator exógeno ao modelo Campos Sales: a morte.
[233] Ver Wanderley Guilherme dos Santos. *A anatomia da crise*. São Paulo, Vértice, 1986; e Cléa Sarmento. *Estabilidade governamental e rotatividade de elites políticas no Brasil Imperial*, originalmente publicado na Série Estudos, n. 4 (Iuperj, março/1982).

ro de ministros que ocuparam cada pasta em um período presidencial; número total de ministros no período e duração em meses do mandato presidencial. O índice "expressa em meses a média de permanência no cargo do conjunto dos incumbentes dos departamentos administrativos do Executivo, servindo, pois, como um primeiro padrão de comparação intragovernamental". O índice pode ser formalizado do seguinte modo:

X = (d.n): m
Onde:
X = média de permanência ministerial no cargo
d = duração em meses de todo o período governamental
n = número de ministérios
m = número de ministros que ocuparam cada pasta.

O segundo índice "mostra o grau de estabilidade governamental através da ponderação do índice X, pela duração total do governo". O resultado é uma medida padronizada, "capaz de permitir comparações intergovernamentais". A formalização obedece ao seguinte critério:

Sg = X : d
Onde:
Sg = estabilidade governamental
X = rotatividade ministerial
d = duração do período governamental.

A utilização de ambos os índices, para mensurar a estabilidade e a rotatividade do governo na República oligárquica, fundamenta-se na importância conferida pelo próprio Campos Sales ao papel do Executivo. Não é absurdo, pois, supor que a estabilidade dos órgãos executivos fosse uma condição necessária para o sucesso do modelo. O Quadro 1 revela os índices de rotatividade e estabilidade, aplicados à República Velha.

QUADRO 1

ÍNDICE DE ROTATIVIDADE E ESTABILIDADE GOVERNAMENTAIS (1889-1930)

Período de governo		(n) Número de ministérios	(d) Duração (meses)	(m) Número de ministros	X=m: Média de permanência no cargo (meses)	Sg=d Índice de estabilidade governamental
15.11.89/24.02.91	Governo Provisório	8	15	26	4,6	0,30
24.02.91/23.11.91	Deodoro da Fonseca	8	9	12	6	0,66
23.11.91/15.11.94	Floriano Peixoto	9[1]	36	6	9	0,25
15.11.94/15.11.98	Prudente de Moraes	6[2]	48	18	16	0,33
15.11.98/15.11.02	Campos Sales	6	48	11	26,1	0,54
15.11.02/15.11.06	Rodrigues Alves	6	48	7	41,1	0,85
15.11.06/15.06.09	Afonso Pena	6	31	6	31	1,00
15.06.09/15.11.10	Nilo Peçanha	7[3]	17	8	14,7	0,85
15.11.10/15.11/14	Hermes da Fonseca	7	48	17	19,7	0,41
15.11.14/15.11.18	Wenceslau Brás	7	48	14	24	0,50
15.11.18/15.06.19	Delfim Moreira	7	8	7	8	1,00
15.06.19/15.11.22	Epitácio Pessoa	7	40	10	28	0,70
15.11.22/15.11.26	Artur Bernardes	7	48	11	30,5	0,63
15.11.26/24.10.30	Washington Luís	7	47	8	41,1	0,87

Fonte: *O governo presidencial do Brasil, 1889-1930*. Rio de Janeiro, Fundação Casa de Rui Barbosa, 1985.

[1] Durante o governo Floriano Peixoto, o Ministério da Justiça, o Ministério do Interior e o Ministério da Instrução Pública, Correios e Telégrafos foram fundidos, em 1892, ao Ministério da Justiça e Negócios Interiores.
[2] O Ministério da Agricultura, Comércio e Obras Públicas deixa de existir no governo Prudente de Moraes.
[3] Criação do Ministério da Agricultura, Indústria e Comércio.

A leitura dos índices de estabilidade governamental (Sg=X:d) permite uma nítida distinção entre a década do caos – 1889-1898 – e o período inaugurado pelo governo Campos Sales. Na primeira década republicana, com a exceção do governo constitucional de Deodoro da Fonseca, os índices revelam alta instabilidade governamental e parecem reeditar o padrão do Império, revelado pelo trabalho já citado de Cléa Sarmento[234]. A exceção Deodoro é relativa. O índice de 0,66 revela estabilidade na ocupação de postos executivos, mas não constitui indicador suficiente para emprestar ao período a sensação de estabilidade global. O período, revelando total fratura entre Executivo e Legislativo, além de completa dispersão de focos de poder, foi marcado por extrema síndrome de ingovernabilidade. A fragmentação política do Congresso, a anarquia estadual provocada por inúmeras intervenções federais e a desobediência militar permanente são mais relevantes, para uma avaliação do período, do que a estabilidade na ocupação de cargos executivos. Estabilidade nesse caso pode indicar, simplesmente, impermeabilidade do Poder Executivo diante da diversidade dos focos de oposição e do que se passava no país.

O período pós-Campos Sales apresenta índices crescentes, atingindo o máximo durante o governo de Afonso Pena, solidamente sustentado pela coalizão Minas Gerais/São Paulo. A queda apresentada no governo Hermes da Fonseca coincide com a emergência de duas situações atípicas: a primeira eleição presidencial competitiva da República e a cisão política decorrente entre São Paulo e Minas Gerais. Minas e Rio

---

[234] O índice de estabilidade governamental aplicado ao Império revelou variação de um mínimo de 0,12 para um máximo de 0,86. Dos 19 períodos examinados pelo trabalho de Cléa Sarmento, 7 apresentaram índice inferior a 0,20; 8 se aproximaram de 0,50 e apenas 4 ficaram acima desse índice. Ver Cléa Sarmento, op. cit., p. 21.

Grande do Sul lideraram o bloco político que sustentou a candidatura de Hermes da Fonseca, ex-ministro da Guerra de Afonso Pena, enquanto São Paulo, ao lado da Bahia, compôs a Campanha Civilista, liderada pelo candidato oposicionista e perdedor renitente Rui Barbosa[235].

É evidente que a apresentação do cálculo dos índices, aplicado à Primeira República, não pode ser tomada como juízo definitivo e suficiente a respeito do modo de funcionamento do regime. No entanto, a sua utilização pode revelar a vitalidade dos arranjos políticos que definiram as equipes governamentais, bem como das bases de sustentação política dos governos do período. O contrário seria supor que a Primeira República teria mantido altos índices de permanência das equipes executivas, sem que possuísse métodos rotineiros para a geração dos governos, bem como de suas bases estaduais e parlamentares.

Na suposição de que houve estabilidade governamental, e de que essa derivou da aplicação do Modelo Campos Sales, cabe agora indagar: como, na operacionalização do modelo e na estabilidade dele resultante, interagiram as suas duas partes, a substantiva e a do domínio dos procedimentos?

Minha opinião é a de que a convivência entre as duas dimensões foi tensa, na medida em que cada uma delas se refere a tempos diferentes e parte de premissas diametralmente opostas. Até esse ponto, a análise constatou a *estabilidade* do modelo, bem como alguns indicadores pertinentes. O que se segue é uma tentativa de indicar o que julgo serem as bases da sua *decadência*.

---

[235] Para uma descrição da primeira grave crise do Brasil oligárquico, em 1909 e 1910, ver Edgar Carone. *A República Velha*. São Paulo, Difel, 1974, especialmente o capítulo sobre o governo de Afonso Pena. Para uma excelente cobertura a respeito do que foi a Câmara de Deputados no período, ver José Vieira. *A Cadeia Velha*. Brasília, Senado Federal/Fundação Casa de Rui Barbosa, 1980.

As duas dimensões do modelo pertencem a *tempos políticos distintos*. O capítulo quarto deste livro, que considerou os procedimentos do pacto oligárquico, procurou demonstrar que tanto a política dos governadores como a reforma do regimento da Câmara dos Deputados, efetuados no governo de Campos Sales, derivaram do reconhecimento da existência de uma prévia distribuição natural do poder. Do ponto de vista prático, as fórmulas adotadas não visaram à criação de novos atores políticos, mas tão somente definir um arranjo no qual sua interação fosse compatível com a institucionalização do regime. Nesse sentido, o tempo político próprio da dimensão dos procedimentos foi o contexto dos anos entrópicos, já que os atores considerados relevantes para a obra de institucionalização da República foram gerados naquele período. Os procedimentos do pacto são, pois, *circunstanciais*. Constituíam os meios disponíveis e realistas para obter, naquele momento, a domesticação dos conflitos.

Os valores do pacto certamente foram adequados à circunstância dos anos entrópicos. Por isso, pode-se legitimamente supor que a obsessão administrativa de Campos Sales e sua concepção a um só tempo hobbesiana e burkeana da representação têm como referência negativa a experiência da ingovernabilidade dos anos caóticos. No entanto, o que o capítulo quinto deste livro, que tratou dos valores do pacto, tentou estabelecer foi que a dimensão substitutiva do modelo *excede a circunstância histórica imediata*, configurando uma espécie de teoria geral do mundo público. Se é assim, a sua temporalidade pertence ao domínio da imaginação. Se não se conferir dignidade, no contexto do modelo, à dimensão substantiva com relação à dos procedimentos, a reflexão de Campos Sales caracterizar-se-ia por um "excesso" de simbologia: se o objetivo fosse exclusivamente produzir um arranjo emergencial, não seriam necessárias considerações sobre as paixões ou sobre os verdadeiros critérios de organização partidária e de obtenção da felicidade pública, dissolvidas no elogio do Estado administrador e despolitizado. Mesmo na correspondência com seus pares, oligarcas imunes à sofisticação intelectual e com os quais Campos Sales falava claramente quando se tratava de solicitar apoio para decisões concretas, a simbologia substantiva é utilizada permanentemente, não se limitando a simples recurso retórico[236]. Até prova em contrário, os valores do pacto podem ser percebidos como permanentes, e constituem a fábula de criação da ordem pública no Brasil resultante da primeira entropia republicana. Na fábula emergem como elementos necessários (i) o componente altruístico dos atores relevantes, orientados exclusivamente para a produção do bem público, (ii) uma concepção despolitizadora a respeito da comunidade política e (iii) a atribuição ao Estado de uma missão administrativa e regeneradora.

Dada a diferença de tempos – entre um tempo real e um tempo ideal –, é possível supor que o período de governo de Campos Sales define-se como momento no qual a realidade dos procedimentos e o carácter ideal dos valores aparecem como mutuamente adequados. Em outras palavras, naquele contexto os procedimentos adotados foram percebidos como os únicos capazes de materializar a estabilidade institucional, condição para a existência de um governo voltado para o ideal da administração. Assim, dada a disparidade de tempos lógicos e conceituais entre os dois aspectos do modelo – o substantivo e o dos procedimentos –, de sua adequação mútua

---

[236] Assim testemunha a correspondência de Campos Sales, citada por ele mesmo em *Da propaganda à presidência* e reproduzida à exaustão por Célio Debes em *Campos Sales: perfil de um estadista*. Rio de Janeiro, Francisco Alves/MEC, 1978.

produzida em um tempo t0 não deriva de modo necessário a continuidade de tal convergência nos tempos hipotéticos t1, t2, t3,..., tn. É possível, pois, supor que a conexão de sentido entre procedimentos e valores, posta no governo de Campos Sales, seja contingente e não necessária. A conclusão que se impõe é a de que o arranjo que proporcionou, após uma década de ingovernabilidade, alguma estabilidade à República é formado por dois aspectos em tensa interação. Dessa forma, os atributos que garantem estabilidade, potencialmente, possuem a propriedade de gerar incerteza e, no limite, configurar um padrão de decadência da ordem que contribuíram para viabilizar. Tal suposição, acredito, ficará mais plausível com a referência feita a seguir à total disparidade das premissas que definem a parte substantiva e os procedimentos do modelo, tratadas respectivamente como *premissa altruística* e *premissa particularista*.

> PREMISSA ALTRUÍSTICA: A finalidade do governo legítimo é a produção graciosa do interesse nacional. Logo, as formas legítimas de ação coletiva têm por base a adesão de sujeitos políticos orientados de modo altruístico.

> PREMISSA PARTICULARISTA: As bases reais do poder estão nos estados. Logo, só haverá ordem se as "classes preponderantes" em cada um deles forem dotadas de plena autonomia para domesticar as parcelas particulares do *demos* que se encontram sob sua responsabilidade.

Os procedimentos definem os sujeitos políticos relevantes, bem como as regras de sua interação: esse é o desenho do mundo real. A base ficcional do modelo, presente nos valores, imagina a ação daqueles atores reais segundo critérios altruísticos, esquivos aos interesses particulares. A indiferença do modelo com relação aos métodos aplicados em cada estado para a definição de quem controla o poder acaba por exigir dos atores um comportamento esquizofrênico: vício na ordem particular e virtude na ordem nacional; ou, para retomar a linguagem de Bernard de Mandeville, *egoísmos locais, altruísmo nacional*.

A suposição de funcionamento ótimo do modelo tinha por base um comportamento desinteressado dos chefes estaduais no plano nacional, liberando o governo das pressões apaixonadas e viabilizando a obsessão administrativa. Os chefes estaduais limitar-se-iam a tratar de suas parcelas específicas do *demos* e a contribuir para a constituição de uma *polis legal*, através do envio ao Congresso de bancadas disciplinadas. A função local dos chefes seria preponderante sobre os apetites, evitando a disputa por parte do governo da União.

Se os chefes estaduais de fato se orientassem segundo aquela expectativa, eles estariam violando a premissa particularista e, por extensão, as próprias regras de constituição do mundo natural. Mas, mesmo supondo que suas atribuições limitavam-se a obter a paz pública em seus estados, é possível imaginar que a captura não exatamente altruísta de partes do aparelho público federal tenha servido como recurso relevante para controlar as ordens locais. Isso vale tanto para o controle de agências governamentais capazes de produzir políticas substantivas compatíveis com interesses regionais, como para, simplesmente, obter um maior número de postos na burocracia federal para acomodar facções das oligarquias locais.

A exacerbação desse comportamento egoísta revela que as oligarquias estaduais excedem o seu poder de domesticação do *demos* local. A pretendida profilaxia, que buscava isolar a esfera federal da contaminação da política de campanário, dificilmente poderia ser bem-sucedida. A não ser que se violasse uma das cláusulas básicas da lógica da ação coletiva, presente em contextos fortemente marcados por uma cultura utilitarista: a necessidade de geração de benefícios colaterais como garante da adesão[237]. Os valores do modelo supunham que seu potencial agregador se sustentava na obtenção de um benefício público: a estabilidade do regime e a otimização do desempenho administrativo do governo. O estado do mundo no qual esses valores buscavam cristalização era, no entanto, perverso: a autonomia concedida aos chefes estaduais impedia a geração de qualquer critério, a não ser os do número e os da força, que barrasse seus apetites em direção a benefícios adicionais e particularizados.

Havia ainda uma agravante, a escassez: o tamanho do Estado era limitado. Com efeito, durante a República Velha foi baixa a diferenciação de funções no interior dos governos. De Prudente de Moraes (1894-1898) até o governo de Afonso Pena (1906-1909), a estrutura do Poder Executivo comportou tão somente seis ministérios. A única alteração significativa deu-se no período governamental de Nilo Peçanha (1910), com a criação do Ministério da Agricultura, Indústria e Comércio, mesmo assim incorporando órgãos administrativos já existentes. No interior desses ministérios parece não ter ocorrido algo assemelhado à proliferação de subagências burocráticas. O Quadro 2 pode demonstrar de modo apropriado a baixa diferenciação da estrutura do governo. Através dele poderá ser percebida a quantidade de órgãos subordinados a cada ministério bem como o perfil de sua diferenciação ao longo do tempo.

O cálculo incluiu apenas os ministérios civis, julgados mais relevantes para a competição oligárquica, excluídos os ministérios militares e o das Relações Exteriores que, por sinal,

---

[237] Tal é a premissa desenvolvida por Mancur Olson Jr. em *The Logic of Collective Action: Public Goods and the Theory of Groups*. Cambridge, Harvard University Press, 1971, ícone da ciência política de corte utilitarista.

QUADRO 2
NÚMERO DE ÓRGÃOS MINISTERIAIS SUBORDINADOS
SEGUNDO OS QUATRIÊNIOS PRESIDENCIAIS
(1898-1930)

Quatriênios Ministérios	3º 1889-1902	4º 1902-1906	5º 1906-1910	6º 1910-1914	7º 1914-1918	8º 1918-1922	9º 1922-1926	10º 1926-1930
Agricultura, Indústria e Comércio[1]	–	–	18	17	18	21	22	20
Fazenda[2]	7	8	10	11	11	11	11	12
Justiça e Negócios Interiores[3]	18	20	19	18	17	19	21	20
Viação e Obras Públicas[4]	11	12	9	10	10	9	9	9

Fonte: *O governo presidencial do Brasil, 1889-1930*. Fundação Casa de Rui Barbosa, 1985.

[1] Criado no governo Nilo Peçanha (1909-1910).
[2] Não incluídas as Alfândegas e Mesas de Renda.
[3] Não incluídas as Faculdades de Medicina e Direito, subordinadas a partir do sexto quatriênio ao Conselho Superior de Ensino.
[4] Até o quarto quatriênio chamava-se Ministério da Agricultura, Comércio e Obras Públicas.

manteve sua estrutura inalterada por todo o período. A baixa diferenciação pode ser ilustrada pela variação dos totais em cada quatriênio. O terceiro e o quarto quatriênios apresentaram um total de, respectivamente, 36 e 40 órgãos subordinados. O número total elevou-se para 56 no quinto quatriênio, em função da criação de novo ministério, permanecendo inalterado durante o sexto e o sétimo. Os três últimos períodos governamentais da República Velha apresentaram, por ordem, os seguintes totais: 60, 63 e 61.

É verdade também que o número de competidores foi relativamente congelado durante o período. A ordem oligárquica construiu fortes barreiras à entrada de novos postulantes ao poder ou a partes desse. A contenção do *demos,* por parte dos poderes estaduais e pelas restrições ao alargamento do eleitorado, somados à inexistência de oposições nacionais com viabilidade de crescimento dentro das regras constitucionais, fizeram com que o espectro de candidatos à ocupação dos segmentos da burocracia se limitasse aos atores titulares do pacto oligárquico. Mas, mesmo assim, a profilaxia proposta pelo modelo aparece ameaçada constantemente, pois o que importa não é tanto o número reduzido de pretendentes aos prêmios da burocracia federal, mas a intensidade com que eles ultrapassam as funções de domesticação das parcelas do *demos* nacional e buscam, segundo cálculos egoístas, posições vantajosas na estrutura do Estado.

A diferença de atributos entre as duas dimensões do modelo permite, então, supor que o arranjo inaugurado por Campos Sales manifestava uma incongruência potencial entre valores e procedimentos. A adesão continuada dos chefes estaduais, em função da plena autonomia que lhes era concedida, dependia do usufruto de vantagens mais tangíveis do que as prometidas pela parte substantiva do modelo. O pagamento dessas vantagens implicaria a definição de uma distribuição do poder federal capaz de contemplar o apetite das oligarquias locais, segundo seu peso político específico e, portanto, um critério de organização do poder público não contido na idílica ortodoxia administrativa.

A visão idílica de um modelo político comprometido com valores altruísticos e voltado para pura administração encontrou desde o início a reação de críticos radicais. Um deles foi o próprio irmão do presidente, que publicava no jornal *Estado de São Paulo*, artigos do seguinte teor:

> A política divorciou-se inteiramente da moral. Governadores e Congresso firmaram entre si pactos reprováveis, esquecidos e desprezados os deveres constitucionais, para se entregarem à gatunagem e à licença, enchendo as algibeiras com o produto do imposto e afugentando os honestos com a perseguição política. O mundo oficial nos estados, que devia representar o escol da população, caindo de dia em dia na mais abjeta depravação, não passa hoje, com caríssimas exceções, de verdadeiros grupos debandados, organizados à sombra da Constituição e das leis.
>
> Por toda parte campeia a mais desenfreada imoralidade, em virtude dessa lei fatal que faz do exercício do poder um patíbulo do caráter (...). Se nos estados não há honestidade nem civismo, se aí dobram todos ao menor aceno que possa vir do alto, contanto que não sejam perturbados na satisfação de seus mais gananciosos desígnios – *sacra lames auri* – não menos contristador é o espetáculo que, sob o ponto de vista moral, nos oferece o Congresso federal[238].

No lugar do idílio, uma ordem fraturada, na qual o mundo dos procedimentos, a vida política real, não possuía valores

---

[238] A passagem, de 1901, é de Alberto Sales. A íntegra do manifesto, intitulado "Balanço político: necessidade de uma reforma constitucional", pode ser encontrada em Antônio Paim (org.). *Plataforma política do positivismo ilustrado*. Brasília, Editora da Universidade de Brasília/Câmara dos Deputados, 1980, pp. 63-75. Devo a José Murilo de Carvalho a lembrança desta importante referência.

outros senão os do cinismo, da indiferença e dos negócios do dia. Impressão largamente corroborada por Barbosa Lima Sobrinho, no fino e brilhante perfil psicológico que elabora do político mineiro Antonio Carlos de Andrada:

> O sr. Antonio Carlos (...) faz lembrar as épocas de decadência, em que costumam florescer espíritos assim, flutuantes, indecisos, céticos, requintados, divertindo-se com a palavra em exercícios de apurada prestidigitação verbal. Os seus conceitos mais claros estão cheios de subentendidos e de reservas, pois que, para ele, os vocábulos foram criados com o objetivo de libertar, e não de prender os homens. (...) De mais com todos esses elementos, não saberia fugir à categoria dos tímidos. Mas como o tímido é sempre uma personagem autônoma e única, que não se confunde nem mesmo com os que se encontram na mesma classificação psicológica, o sr. Antonio Carlos não exclui o cinismo, com requinte da displicência[239].

A utopia administrativa aparece como convicção deslocada em um mundo de cínicos oligarcas, tal como foi constatado por críticos da República Velha e de seus arranjos extralegais. Há extensa galeria de críticos óbvios, capaz de incluir republicanos decepcionados com a quimera que ajudaram a criar e intelectuais como Silvio Romero e Oliveira Vianna, além dos poucos políticos de oposição, verdadeiros exemplares de conduta pouco prudente. Havia críticos ácidos em outros domínios, que podem ser considerados insuspeitos. Refiro-me à própria elite política paulista no fim da década de 1920, que, ao contrário do que se supõe habitualmente, não estava satisfeita com o estado corrente da República.

Para os principais líderes do Partido Republicano Paulista – PRP – os valores do pacto proposto por Campos Sales teriam

---

[239] Barbosa Lima Sobrinho. *A verdade sobre a Revolução de Outubro* – 1930. São Paulo, Alfa-Ômega, 1975, pp. 19-20.

sido completamente inviabilizados pela experiência prática do regime. É essa a sensação de Azevedo Amaral, um dos mais importantes intelectuais ligados ao mundo da política oficial paulista[240]. Colaborador do *Correio Paulistano*, órgão oficial do PRP, Azevedo Amaral criticava sistematicamente o que definia como a "política obsoleta" do país, vale dizer, uma lógica política governada pelos procedimentos do pacto oligárquico. O seu efeito mais nefasto seria o abandono da perspectiva da administração e do tratamento dos "problemas reais" da nação, ou seja, da parte substantiva do modelo Campos Sales.

Para Azevedo Amaral, a República, entre os governos de Campos Sales e de Rodrigues Alves (período de 1898-1906) e o governo de Washington Luís (1926-1930), teria mergulhado em um fundo processo de decadência. Os oito primeiros anos, nos quais a "orientação de São Paulo exerce a sua influência construtiva na propulsão de atividades úteis, traduzidos na solução de problemas administrativos"[241], foram interrompidos "por uma série de governos, em que se refletiam os efeitos de orientações diferentes". O resultado foi a obsolescência da política brasileira: ...tantos problemas de ordem administrativa até agora deixados sem solução por um Estado ainda quase por completo absorvido pelas velhas tendências da política obsoleta[242].

A classificação de Azevedo Amaral distingue, pois, dois estilos antagônicos de condução da coisa pública. De um lado, a "política paulista", associada à eficiência administrativa e à modernização; por outro, o padrão governado pela "política obsoleta", marcada pelo predomínio de "orientações diferen-

---

[240] Azevedo Amaral. *Ensaios brasileiros.* Rio de Janeiro, Omena Barreto, 1930.
[241] Idem, pp. 236-237.
[242] Idem, p. 238.

tes". A diferença de estilos corresponde a uma óbvia periodização da história da Primeira República: os oito anos iniciais (1898-1906) e os quatro finais (1926-1930), dominados pela política altruística dos paulistas, teriam sido sabotados por um interregno obsoleto de duas décadas (1906-1926). Examinar a fundo o que teria ocorrido de aberrante nesses 20 anos, por oposição aos anos puros de predomínio paulista, excede os limites desta reflexão. No entanto, é incontornável a evidência de que de 1906 a 1926 a chamada política obsoleta tem inequívoco tom mineiro.

Minas Gerais esteve diretamente na presidência durante 11 desses 20 anos de suposta obsolescência: Afonso Pena (1906-1909), Wenceslau Brás (1914-1918) e Artur Bernardes (1922-1926), sem falar no curto período de Delfim Moreira no início de 1919. O estado patrocinou, ainda, a eleição, em oposição a São Paulo, do presidente Hermes da Fonseca (1910-1910), completando a chapa vitoriosa com o vice-presidente Wenceslau Brás. Participou ainda da indicação do paraibano Epitácio Pessoa, eleito em 1919 após a morte de Rodrigues Alves, na medida em que vetou a alternativa paulista da candidatura de Altino Arantes.

A evidência é, sem dúvida, precária, pois a posse pura e simples do Executivo federal pelos mineiros não pode ser tomada como indicador da emergência de um padrão distinto do da "política paulista". O que farei a seguir é uma tentativa de estabelecer de um modo menos impressionista quais argumentos e evidências permitiram aos críticos paulistas da República ameaçada, nostálgicos dos valores do modelo de Campos Sales, associar a presença de Minas Gerais no cenário nacional ao predomínio da "política obsoleta". Meu objetivo será o de sugerir que tanto o *padrão paulista* como o *padrão obsoleto* estavam plenamente autorizados pelo Modelo Campos Sales.

A sensibilidade analítica que diferenciava os dois padrões políticos antagônicos não foi monopólio de Azevedo Amaral. A percepção de que a República estava assolada por uma ética política predatória, e que isso de algum modo implicava injustiça com relação a São Paulo, aparece em vários momentos durante a década de 1920. Em 1924, por exemplo, a Câmara de Comércio de São Paulo e seu presidente José Carlos de Macedo Soares apoiam uma rebelião militar contra o governo do mineiro Artur Bernardes. Parece ser mesmo o caso de perguntar: Que teria levado um vetusto representante das "classes conservadoras" de São Paulo a apoiar a segunda aventura tenentista? As razões são dadas pelo próprio personagem em questão: o protesto armado contra o governo nacional, ainda que incidindo sobre o governo de São Paulo, era legítimo dado o desvirtuamento das instituições republicanas, a proliferação da "politicagem utilitária" e a marginalização política de São Paulo na federação:

> Tinha São Paulo o direito de abandonar a Federação ao domínio – por vezes exclusivo – de estadistas menos adiantados, de permitir a politicagem utilitária do "empreguismo", desanimando todas as coragens cívicas, pelo apoio sistemático aos mandões regionais, pela expropriação injusta dos mandatos? Pois bem: a abstenção de São Paulo não se limitou aos cargos de nomear, que têm constituído o alvo e a ambição de quase todos os homens públicos do país. Perdemos totalmente a influência legislativa, tanto na Câmara Federal quanto no Senado. Fomos completamente excluídos de um dos poderes da República, pois no Supremo Tribunal Federal, a esta hora, não há um único juiz de São Paulo. Entretanto, deles dizia Rui Barbosa: Podemo-nos consolar da fraqueza de seus políticos, ao menos, com a serenidade impoluta dos seus magistrados. Não temos um só representante no Conselho Superior do Comércio. Na Diplomacia como na Magistratura, na Marinha, como no Exército, nos poderes do Estado, por toda parte, em todos os postos

de influência e de autoridade, São Paulo está sistematicamente excluído[243].

O texto de Macedo Soares antecipa a taxonomia de Azevedo Amaral, pois nele também aparecem com nitidez os dois padrões políticos brasileiros. O "padrão obsoleto", descrito por Azevedo Amaral, corresponde à "politicagem utilitária" do texto de Macedo Soares, da mesma forma que as "orientações diferentes", execradas pelo primeiro, são protagonizadas pelos "estadistas menos adiantados", acusados pelo segundo. O padrão obsoleto-utilitário corresponde estritamente ao desempenho da premissa egoísta componente do Modelo Campos Sales. Como notou Simon Schwartzman, "neste tipo de política o cargo público era algo para ter e gerir como patrimônio pessoal, para aumentar o prestígio e a riqueza pessoal do político – uma espécie de patrimônio pessoal"[244]. O comportamento político compatível com esse padrão corresponde a todas as situações nas quais as oligarquias locais excedem suas funções de domesticação do *demos* local e buscam, a partir de um desempenho egoísta e predatório, vantagens e fatias do espaço público federal. São Paulo, para os autores acima citados, corresponderia a um padrão distinto, caracterizado pela proliferação de comportamentos derivados da premissa altruística do modelo Campos Sales.

O argumento comum feito tanto por Macedo Soares como por Azevedo Amaral não se limita, contudo, a constatar a antinomia entre *egoístas obsoletos* e *altruístas modernos* ou, o

---

[243] José Carlos de Macedo Soares. *Justiça: a revolta militar em São Paulo*. Paris, Imprimerie Paul Dupont, 1925, p. 12.
[244] Simon Schwartzman. *São Paulo e o Estado nacional*. São Paulo, Difel, 1975, p. 123.

mesmo é dizer, entre Minas Gerais e São Paulo. Para ambos, tal diferença tem como implicação inelutável a marginalização política de São Paulo e uma distribuição desigual de custos e benefícios entre os dois estados.

A marginalização política teria como evidência o desequilíbrio entre Minas Gerais e São Paulo no preenchimento de cargos importantes no Executivo e no Legislativo. No Poder Executivo, levando em conta a ocupação dos postos ministeriais, tem-se a seguinte distribuição ao longo da República Velha:

QUADRO 3
MINAS GERAIS E SÃO PAULO: OCUPAÇÃO
DE POSTOS MINISTERIAIS
(1889-1930)

Ministérios	Ministros MG	Ministros SP	Meses MG	Meses SP
Justiça	7	2	166	30
Fazenda	7	4	123	88
Agricultura	2	6	23	51
Viação e Obras Públicas	2	0	33	0
Relações Exteriores	2	2	52	46
TOTAIS	20	14	397	215

Fonte: John Wirth – *O fiel da balança: Minas Gerais na Federação Brasileira*. Rio de Janeiro, Paz e Terra, 1982.

No Poder Legislativo federal, o poderio de Minas Gerais tinha como base o tamanho de sua bancada de 37 deputados. São Paulo e Bahia possuíam igual peso numérico: 22 deputados. Pernambuco e Rio Grande do Sul vinham a seguir com, respectivamente, 17 e 16 cadeiras. O tamanho das bancadas tinha por base a população dos estados, frequentemente superestimada por razões óbvias. Admitindo que a superestimação fosse comum a todos os estados, nesse particular os mineiros parecem ter exagerado: nas eleições de 1930, o governo mineiro estimou a população do estado em 7.400.000 almas, precisamente 700.000 além do que foi apurado pelo censo de 1940[245].

Em comparação com São Paulo, o predomínio mineiro no Poder Legislativo foi incontestável. Em nove ocasiões os mineiros presidiram a Câmara de Deputados, contra duas vezes dos paulistas. A liderança do governo na Câmara foi exercida por Minas Gerais em doze ocasiões, enquanto que a São Paulo coube o papel em seis oportunidades. A presidência da Câmara e a liderança do governo, como se pode depreender com facilidade, estavam longe de ser cargos decorativos. De ambos dependia a operação do que havia de mais relevante, e por vezes recôndito, na dinâmica legislativa: o funcionamento das Comissões Parlamentares, das quais se destacavam as seguintes: *Obras Públicas,* encarregada de examinar os orçamentos de investimentos federais; *Finanças,* que emitia parecer sobre o orçamento anual do governo; *Poderes,* a cujo cargo ficava decidir sobre a própria composição do Legislativo, e *Justiça,* encarregada de dar parecer inicial em qualquer inicia-

---

[245] A manipulação do governo mineiro de estimativas da população do estado irritava profundamente os paulistas sensíveis ao assunto, tal como pode ser verificado no comentário a seguir: "...a não ser que a população de Minas seja inferior à população de São Paulo, força será reconhecer que lhe é inferior em qualidade, pois não se concebe que, com maior quilometragem de vias férreas para exportar seus produtos, não produza, pelo menos tanto quanto São Paulo. Não há de sair desse dilema: ou a população mineira é menor ou, sendo maior, é de uma inércia lamentável". A diatribe é de Manuel Olympio Romeiro, e aparece em seu interessante livro *São Paulo e Minas na economia nacional.* São Paulo, Revista dos Tribunais, 1930, p. 102.

tiva legislativa. A distribuição dessas comissões entre Minas Gerais e São Paulo apresenta o seguinte resultado:

QUADRO 4
PARTICIPAÇÃO DE SÃO PAULO E MINAS
GERAIS EM COMISSÕES PARLAMENTARES
(1891-1930)

Comissões	São Paulo	Minas Gerais	Demais estados
Obras Públicas	0	21	19
Finanças	14	19	7
Poderes	1	18	21
Justiça	1	12	27
TOTAIS	16	70	74

Fonte: John Wirth, op. cit.

A distribuição desigual de custos e benefícios entre os dois estados pode ser percebida na análise de Manuel Olympio Romeiro, oficial do gabinete do ministro da Fazenda entre 1922 e 1924. Segundo esse autor, em livro publicado em 1930 – *São Paulo e Minas na economia nacional* –, os dados orçamentários sobre investimentos federais em estradas de ferro e sobre arrecadação fiscal demonstram total disparidade entre Minas Gerais e São Paulo, caracterizando o primeiro estado como beneficiário do Tesouro da União enquanto que São Paulo continuaria sendo o "pagador geral da nação", segundo retórica dos federalistas radicais do século XIX[246]. De fato, os dados apresentados demonstram grande contraste: a malha ferroviária mineira, de cerca de 7.724 km em 1928, era controlada em 70% pela União; enquanto que nos 6.920 km

---

[246] Sobre o federalismo radical, em versão paulista, ver o primeiro capítulo deste livro.

das ferrovias em São Paulo, o governo federal tinha a propriedade de apenas 12%[247]. A disparidade refletia-se na distribuição de investimentos federais nos dois estados. De 1862 até 1928, a União investiu em Minas Gerais, em estradas de ferro, um total de 907.383:888$983. O valor aplicado em São Paulo foi de 151.234:451$236, cerca de oito vezes menor[248]. Os gastos federais em São Paulo com estradas de ferro corresponderam, no período, a 1/42 do que o estado arrecadou em impostos federais. Já os investimentos feitos em Minas Gerais representaram o dobro da arrecadação estadual ali executada.

A arrecadação federal em São Paulo correspondia a 1/3 da receita total da União. A comparação com Minas Gerais demonstra não apenas a disparidade entre as duas economias, como também distintas capacidades de extração fiscal. Entre 1890 e 1929, São Paulo contribuiu para o Tesouro Nacional com a quantia de 6.453.198:621$546, ao mesmo tempo que Minas participou com 499.764:937$039. Para maior irritação dos paulistas, o estado pagou mais em impostos federais, de retorno diminuto, do que em impostos estaduais (6.453.198:621$039 contra 4.094.350:590$737). A carga fiscal sobre o estado ficava mais nítida com o cálculo da contribuição *per capita:*

---

[247] Ver Manoel Olympio Romeiro, op. cit., p. 22.
[248] Idem, p. 86.

QUADRO 5
CONTRIBUIÇÃO *PER CAPITA* DE IMPOSTOS FEDERAIS: SÃO PAULO, MINAS GERAIS E UNIÃO
(1928)

Estados	População	Contribuição agregada	Contribuição *per capita*
São Paulo	4.392.188	708.627:493$733	154$310
Minas Gerais	5.888.174	61.845:132$542	10$503
Brasil	30.635.605	2.216.512:535$032	72$350

Fonte: Manuel Olympio Romeiro. *São Paulo e Minas na economia nacional (Contribuição ao estudo das relações financeiras destes dois Estados com o governo da União)*. São Paulo, Revista dos Tribunais, 1930.

A referência a Macedo Soares, bem como aos dados de Manuel Olympio Romeiro, não tem por finalidade estabelecer um juízo afirmativo sobre o estado da justiça federativa no Brasil da Primeira República. Meu objetivo é apenas o de sugerir que, aos olhos dos críticos paulistas do "padrão obsoleto", havia um estoque disponível de indícios para fundamentar suas perplexidades. Essas incidiam negativamente sobre os estadistas "menos adiantados", responsáveis pela proliferação de uma ética política predatória, sustentada pela utilização irracional dos recursos do governo. O padrão pode ser facilmente associado a um comportamento derivado da *premissa particularista* do modelo Campos Sales, que concedia de modo incondicional às oligarquias regionais um papel de domesticação das parcelas locais do *demos* nacional. Como foi aqui sugerido, tal controle sobre a ordem local não possuía, no modelo Campos Sales, algum código de ética a estabelecer limites morais ou legais ao desempenho daquela prerrogativa. Dessa forma, o assalto aos recursos da União, embora vetado pela *premissa altruística* do modelo, acabou por ser um desdobramento plausível do pleno cumprimento da *premissa particularista,* na medida em que cargos ou verbas federais puderam servir como recursos necessários para o controle das dinâmicas sociais e políticas locais.

Os críticos paulistas da Primeira República, nos seus anos terminais, buscaram contrapor ao predomínio da "política obsoleta" uma reedição do modelo Campos Sales, devidamente depurado de sua pauta de procedimentos. Feita a profilaxia, restariam os valores que recomendavam o compromisso com a perspectiva altruística e uma concepção do governo como entidade administrativa, envolvida com os problemas *reais* do país. Tanto para Campos Sales como para seus descendentes políticos da década de 1920, a realidade do país indicava a necessidade de uma feliz associação entre ânimo produtivo e governo como entidade puramente administrativa. Azevedo Amaral, por exemplo, recomendava, ao fim da década de 1920, a retomada da obsessão administrativa e da consideração exclusiva dos "problemas reais" do país, em oposição ao que percebia como sendo mera retórica bacharelesca, presente no mundo das artimanhas da política oligárquica.

O elo que une Azevedo Amaral a Campos Sales associa o veto às paixões ao reconhecimento da indignidade da política. Ou melhor, da indignidade de um padrão político descolado de sua utilidade "real". A conversão da República em um condomínio dominado pela política inútil aparece aos paulistas como ameaça em adiantado estado de realização. Tal inutilidade estaria presente na predominância de um liberalismo anódino e de uma ética de responsabilidade que teriam transformado a política em uma finalidade em si mesma. Os truques parlamentares, as mesuras, os discursos de aceno às galerias e a sucessão interminável de acordos fisiológicos configuravam a aparência comportamental de um drama de proporções maiores, revelado pelos números de Manuel Olympio Romeiro.

Refletindo sobre a elasticidade da política oligárquica, o poeta modernista Menotti del Picchia, companheiro de cruzada de Azevedo Amaral, dizia que "a versatilidade é de índole feminina e as nações de hoje precisam no seu leme de pulsos bem orientados e fortes"[249]. Além de Azevedo Amaral e Menotti del Picchia, um legião de intelectuais pró-São Paulo tenta reeditar ao fim da Primeira República as prescrições da parte substantiva do modelo Campos Sales. As páginas do *Correio Paulistano* estão repletas de artigos representativos dessa tendência, assinados também por Cassiano Ricardo, Plínio Salgado e Oswald de Andrade, já na altura um tanto libertário. Esses intelectuais mergulharam apaixonadamente na luta política por ocasião da sucessão do presidente Washington Luís, em 1930. A vitória do candidato paulista Júlio Prestes é por eles defendida como questão de salvação nacional, mesmo sabendo que ela implicaria quebra do procedimento oligárquico clássico, na medida em que o nome do candidato não havia sido submetido ao crivo do condomínio. Para os intelectuais ligados ao PRP, tratar-se-ia de excelente oportunidade para afirmar a preponderância dos valores do modelo Campos Sales sobre os seus procedimentos.

O candidato Júlio Prestes, para Plínio Salgado, encarnava a figura do "chefe": dotado de "estatura moral", impõe a seus seguidores as "diretrizes e orientações" e, como Campos Sales, "não se deixa transigir"[250]. Cassiano Ricardo é ainda mais enfático: Júlio Prestes "sabe perfeitamente que a missão dos governos modernos não é tornar os homens mais livres, senão

---

[249] Menotti del Picchia, artigo publicado no *Correio Paulistano*, 8/1/1930.
[250] *Correio Paulistano*, 8/1/1930.

mais capazes e mais felizes". Afastado o liberalismo, definido como "vadiação democrática", o candidato paulista teria por missão "solucionar os problemas administrativos", pois a República "não foi feita apenas em nome da liberdade". Mais do que isso, Júlio Prestes era o portador da "nova mentalidade" e observava o Brasil "tal qual ele é, sem a menor formação literária"[251].

A plataforma eleitoral do candidato paulista foi definida por Cassiano Ricardo nos seguintes termos: "Um abrir de novos caminhos para a terra nova, habitada por uma população tenaz e laboriosa que não precisa de discursos para ser feliz, mas de amparo e proteção à sua capacidade produtiva"[252].

A visão de um *demos* dotado exclusivamente do atributo trabalho fornece um novo argumento para a teoria do Estado administrador; a política é um exercício supérfluo e a solidariedade entre governantes e governados se estabelece fora dos padrões liberais:

> Que vem a ser afinal de contas a solidariedade entre governantes e governados, a unidade de vistas entre povo e os responsáveis pelos destinos desse mesmo povo, ao ponto de dispensar a ideia de oposição, senão uma forma prática e instintiva de verdadeira democracia?"[253]

Os termos da plataforma eleitoral de Júlio Prestes, lançada em 1929, adotavam plenamente os valores ativados pelos intelectuais do partido[254]. Nela, a tarefa específica do governo era

---

[251] Idem.
[252] Idem.
[253] Idem.
[254] Analisei com maior detalhe as plataformas eleitorais da campanha presidencial de 1930, em ensaio intitulado "Messiânicos e carcomidos: simbologia e conflito político na campanha presidencial de 1930 (esboço de análise retórica)", escrito em 1985 e nesta edição publicado como anexo.

apresentada como exercício de pura administração, entendido como extensão da capacidade regulatória do governo sobre as relações sociais. A organização retórica do texto da plataforma discriminava uma série de problemas de ordem prática, que deveriam ser tratados pelo governo, indicando ainda o tipo de regulação que cada um desses problemas demandava. Talvez por uma astúcia da história, ou por mero acaso, o texto inaugural – Campos Sales – e o texto terminal – Júlio Prestes – da ordem oligárquica representavam a vida social brasileira como um mundo em estado bruto, à espera de regulação virtuosa. As bases dessa regulação foram dadas pela vocação administrativa e pela percepção do caráter supérfluo da política. O veto às paixões reaparece orientado para atacar a propaganda da oposição, reunida em torno da coalizão entre Minas Gerais e Rio Grande do Sul, a Aliança Liberal:

> Nunca desejaríamos uma pátria messiânica, que encontrasse a felicidade somente nas ideias abstratas e que vivesse tão longe dos nossos dias, que, dentro dela, aparecêssemos como estranhos exilados. A nossa época não é retórica, não comporta mais os liberalismos concebidos com a abstração da humanidade, que é hoje ação e movimento, trabalho e criação[255].

De que tratavam os intelectuais e os políticos do Partido Republicano Paulista, ao fim da primeira República? Até onde percebo, o bloco paulista procurava restaurar o que acreditava ser a "verdadeira República". Tal resgate implicava a operação de dois tipos de veto e de um mecanismo de recuperação. Os alvos fazem parte do esquema a seguir:

---

[255] Julio Prestes de Albuquerque. *Plataforma eleitoral da concentração conservadora* apud Renato Lessa. "Messiânicos e carcomidos...", op.cit.

	Valores	Procedimentos
Parte constitucional do pacto (Carta de 1891)	Federalismo Liberalismo	Independência dos Poderes; Sistema Representativo
Parte não constitucional do pacto (Modelo Campos Sales)	Teoria do Estado Administrador; Representação Simbólica	Política dos Governadores; Controle do Legislativo

O bloco paulista, em 1930, vetava em sua retórica tanto os *valores e procedimentos da parte constitucional do pacto*, como os *procedimentos da parte não constitucional*. Seu objetivo, pois, era dotar de plena autonomia os *valores substantivos apresentados no modelo Campos Sales*, a partir de novos argumentos antiliberais. Isso chegou a incluir, nos casos de Azevedo Amaral, Cassiano Ricardo e Menotti del Picchia, indisfarçável simpatia pelas "verdadeiras democracias", exemplificadas pelo caso italiano de então.

O bloco oposicionista, em 1930, composto por Rio Grande do Sul e Minas Gerais, além da Paraíba e de oposições estaduais, reeditou ao final da Primeira República o comportamento já adotado pelas dissidências oligárquicas em 1910 (Campanha Civilista de Rui Barbosa) e 1921 (Reação Republicana, comandada por Nilo Peçanha): acenar para o *demos,* como mecanismo de conquista de posições privilegiadas na *polis* e no governo. O movimento desencadeado a partir de 1929 pela Aliança Liberal teve como principal argumento para justificar sua oposição ao governo a "indevida ingerência" do presidente na escolha de seu sucessor[256]. Um dos líderes da Aliança chegou a doutrinar sobre o assunto: segundo

---

[256] Aliança Liberal. *Documentos de campanha.* Rio de Janeiro, 1930.

Borges de Medeiros, ex-presidente do Rio Grande do Sul durante praticamente toda a Primeira República, o presidente tinha o dever de "coordenar" a sucessão, mas não o direito de "influir" na escolha do candidato. O direito de "influir", contudo, constituía praxe na República Velha, e foi inúmeras vezes aceito pelos gaúchos, além de largamente praticado pelo próprio Borges de Medeiros, em suas sucessivas eleições. Tal como os paulistas, os aliancistas também estavam saudosos de Campos Sales, só que de seu realismo, materializado nas consultas epistolares a seus amigos oligarcas. O presidente Washington Luís não era dado a tais formalismos, e além disso parece ter odiado o presidente de Minas Gerais, Antonio Carlos – a quem segundo a praxe caberia dirigir, a partir de 1930, o governo e o tesouro federais. A folclórica teimosia de Washington Luís e sua recusa em cumprir os mecanismos egoístas do pacto oligárquico foram os elementos propulsores da dissidência autointitulada de *liberal*.

A maior parte dos autores que procurou interpretar o dissenso oligárquico de 1930 buscou em fatores invisíveis – ou "estruturais" – o que seriam as suas verdadeiras razões[257]. Não cabe aqui refutá-los, mas tão somente ponderar que o atributo *teimosia* pode, no contexto do mundo oligárquico, ser tomado como variável relevante e capaz de desafiar a funcionalidade da ordem. A análise de Barbosa Lima Sobrinho – de resto uma das melhores reflexões sobre a política brasileira em todos os tempos – demonstrou que a *teimosia* do presidente Washington Luís implicou a quebra de um padrão permanente que regulava as trocas políticas dentro do condo-

---

[257] Para uma análise das diferentes interpretações a respeito da Revolução de 1930, ver, Celina do Amaral Peixoto Moreira Franco, Lúcia Lippi de Oliveira e Maria Aparecida Hime, "O contexto político da Revolução de 1930" in *DADOS*, 7, 1970.

mínio oligárquico[258]. Em outras palavras, a *teimosia* privada se convertia em um atributo público e perverso. A escolha de mais um paulista, fora dos rituais de consulta e de obtenção de apoio, significou a opção por afirmar os *valores* do modelo Campos Sales, em oposição a seus *procedimentos*.

A dissidência mineiro-gaúcha foi, antes de tudo, ortodoxa no que se referia à exigência do cumprimento dessas formalidades e, posteriormente, *liberal*, quando se tratou de ampliar o âmbito do conflito, através de acenos democratizantes ao *demos*, com a finalidade exclusiva de acumular novos recursos para habitar com maior competitividade o mundo da *polis*. Os documentos de campanha da Aliança Liberal foram marcados pela queixa a respeito da conduta antirrepublicana do presidente Washington Luís. Não se pode dizer que estivessem errados. Da mesma forma, os políticos do campo oficial declaravam antirrepublicanos os liberais. Não se pode dizer, igualmente, que estivessem equivocados. O problema residia na diferença de critérios para determinar o que era ser *republicano*. O presidente e seus seguidores eram antirrepublicanos, na medida em que desconheciam as formalidades definidas pelos procedimentos do pacto, enquanto que o antirrepublicanismo dos dissidentes ficava por conta de seu reduzido apego à assepsia do mundo dos valores.

A saída encontrada pelos liberais foi adotar, deliberadamente, uma política esquizofrênica: ortodoxa com relação à *polis* e "avançada" com relação ao *demos*. Enquanto os textos oficiais de campanha da Aliança Liberal reeditavam o linguajar austero e enfadonho das plataformas eleitorais da República Velha, a propaganda nos jornais subsidiados por aquela coalizão era de tonalidade mais radical.

---

[258] Barbosa Lima Sobrinho. *A verdade sobre a Revolução de 1930*, op. cit.

Na plataforma de governo dos aliancistas, escrita pelo gaúcho Lindolfo Collor – titular de um dos estilos mais enfadonhos da história da República –, não aparece qualquer proposta que não estivesse contida em textos eleitorais anteriores. A propalada defesa aliancista de teses inovadoras, tais como o voto secreto ou a necessidade de novas leis trabalhistas, simplesmente não esteve presente nos documentos oficiais de campanha. O máximo a ser encontrado são pálidas referências à necessidade de eleições honestas e "verdadeiras" e de maior proteção do trabalhador.

Na campanha desenvolvida pela imprensa, no Rio de Janeiro, o jornal *A Pátria* publicou diariamente, durante o ano de 1929 e início de 1930, artigos do futuro ministro do Trabalho, Lindolfo Collor, nos quais exercia uma espécie de crítica culta e desapaixonada ao governo federal, concentrando toda a ênfase em questões econômicas e financeiras. Curiosamente, o futuro suposto "pai da legislação social" não tocou durante toda a campanha eleitoral no problema trabalhista. A questão foi tratada em outros domínios, de acordo com a conduta escolhida de inovar apenas quando se tratava de acenar para o *demos*. Foi através de jornais "populares" do Rio de Janeiro, provavelmente folhas de aluguel, tais como *A Esquerda* e *A Batalha*, entre outros, que a Aliança Liberal fará, de modo apócrifo, suas propostas radicais, dificilmente repetidas pelos principais líderes da coalizão[259].

A combinação perversa entre teimosia de uns e esquizofrenia de outros definiu a moldura política da crise brasileira do final da década de 1920, revelando mais uma vez que

---

[259] A propaganda aliancista, através de jornais "populares" subvencionados, foi por mim analisada no ensaio "As visões da esquerda: 1930, a sociedade, o Estado e o conflito político", escrito em 1978.

acontecimentos historicamente grandiosos podem depender de motivos caprichosos e banais. A fratura da ordem, ao fim dos anos 1920, aparece, pois, como um embate terminal entre facções orientadas pelo mesmo objetivo: *republicanizar a República*. O que instituiu o conflito, o capricho e a banalidade foi a percepção diferenciada a respeito do que significava aquele objetivo comum. Para os "paulistas" significava recuperar com toda pureza os *valores* do pacto, sem transigir com os procedimentos, percebidos como indicadores de política obsoleta. Os "liberais" – liderados por um gaúcho, até então anódino, que sete anos mais tarde articularia um golpe de Estado em nome dos ideais altruístas de pura administração – buscavam restaurar a República de modo ambíguo. Para o *demos* valia a máxima de Joaquim Francisco Assis Brasil: *Representação e justiça*[260]. Vale dizer, o pleno cumprimento da parte constitucional do pacto republicano. No mundo real, ou seja, no universo da *polis*, valia simplesmente a maximização da premissa particularista.

Se o comportamento visível dos atores possui relevância suficiente para revelar o que se passa no mundo político, é possível dizer que a decadência e crise final da ordem oligárquica brasileira foram protagonizadas pelo embate entre as duas partes constitutivas do modelo Campos Sales. Aqui, como nas tragédias, não houve engano: os principais segmentos da ordem agiram exatamente de acordo com as premissas do arranjo. Uns visaram operar na ortodoxia dos procedimentos. Outros procuraram derivar dos valores do pacto mecanismos – com tinturas antiliberais – de modernização da política bra-

---
[260] O lema, de autoria de Assis Brasil – veterano dissidente republicano gaúcho e futuro autor do Código Eleitoral de 1932 – exigia o cumprimento rigoroso dos preceitos constitucionais, com o aperfeiçoamento dos mecanismos eleitorais e de representação.

sileira, erradicando seus componentes obsoletos. Inaugurada sob o signo dos anos entrópicos, a República oligárquica, após três décadas de relativa estabilidade, protagoniza, ao fim dos anos da década de 1920, uma situação trágica e absurda: a operação regular de seus atributos substantivos e de seus procedimentos resultou em decadência.

O absurdo ronda a história política brasileira. Os anos do Império testemunharam o desempenho de uma elite política obcecada pela reforma das instituições representativas e da legislação eleitoral, configurando uma conduta assemelhada à de Sísifo. De que outro modo poder-se-ia representar o comportamento de uma elite que passou décadas a alterar as leis eleitorais e que sabia que tanto a sua glória como a sua desgraça políticas não dependiam de eleições?

O absurdo dos anos entrópicos foi igualmente abundante. A emergência selvagem do mundo da "distribuição natural do poder", a bestialização do *demos* e o salvacionismo dos que insistiam em identificar a República com *res publica* contracenaram com um padrão de governo que agravava a entropia. A cada decisão tomada com objetivo de dotar o sistema político de um mínimo de ordem e rotina, seguiam-se, como se viu, novas formas de anarquia e confusão.

Campos Sales, em toda essa história, representou o papel de um construtivista moderado ou realista. Seu modelo buscou combinar o reconhecimento da espontaneidade do mundo político com a definição do governo como agente regenerador do tecido social. O efeito foi a geração de um artefato que, se por um lado contribuiu decisivamente para impor à República alguma governabilidade, foi por outro incapaz de evitar a disparidade entre as premissas que lhe constituíam. Os desafios acabaram por ser maiores que as virtudes. Em outras palavras, para muitos obsoletas, a natureza humana venceu o artifício: como exigir uma ordem altruística e desinteressada a partir do reconhecimento da plena autonomia de sujeitos políticos que agiam segundo premissas egoísticas?

O embate final, em 1930, entre procedimentos e valores não eliminou o absurdo. Os derrotados de 1930 visavam abandonar a parte constitucional do pacto, bem como os procedimentos da parte não constitucional e criar um novo mundo público constituído por um *demos* reduzido à sua dimensão produtiva e por uma *polis* e um governo voltados à pura administração. Os liberais, para consumo externo, apareciam como comprometidos com o resgate da parte constitucional do pacto, mas de fato contentavam-se com a continuidade da ortodoxia dos procedimentos não constitucionais. A solução para o conflito dilatou o absurdo: ganharam os "liberais" para, logo a seguir, abandonar tanto o pacto constitucional de 1891 como os procedimentos do Modelo Campos Sales e, em seguida, para aderir à sua parte substantiva. Alguns dos intelectuais que antes serviram ao Partido Republicano Paulista, visceralmente antiliberais, encontraram plena legitimidade na nova ordem inaugurada com os desdobramentos da Revolução de 1930, na direção de um Estado autoritário e técnico. Os valores por eles reclamados durante a campanha presidencial de 1929 e 1930, com o novo regime inaugurado no pós-30, puderam ser aplicados, sem as travas da política obsoleta e dos arcaicos formalismos liberais da Constituição de 1891.

A falha dos intelectuais "paulistas" foi, se calhar, a de não ter percebido que uma das virtudes do cinismo oligárquico era a sua versatilidade. Graças a ela a maximização da premissa particularista gerou, dialeticamente, a conquista do governo em nome dos valores altruístas.

> Reduzamos o idealismo festivo da monarquia latifundiária às questões de produção imediata e de modificação do trabalho. Reduzamos o idealismo constitucional da República às suas funções administrativas e reais. Sejamos trabalhadores de sol a sol. E sem confusões exóticas, aprendamos a bem produzir e bem condensar... O momento exige administração[261].

A passagem acima reproduzida é típica do espírito do Partido Republicano Paulista, do fim dos anos 1920, nostálgico dos valores de Campos Sales. Isso não impediria a sua aplicabilidade aos novos tempos, inaugurados pela vitória dos representantes da "política obsoleta". Isso seria suficiente para configurar algum absurdo. Mas ainda há mais. O autor da passagem aludida já havia, na altura, escrito algumas das páginas mais libertárias da literatura brasileira, tais como *Serafim Ponte Grande* e *João Miramar*. Se calhar, foi essa a primeira aplicação política do princípio da antropofagia, tão caro ao genial Oswald de Andrade. Mas isso não deve espantar: os profetas do caos como os da ordem são igualmente sensíveis às vicissitudes do absurdo.

---

[261] O texto é de autoria de Oswald de Andrade, publicado no *Correio Paulistano*, em 6/8/1930.

CONCLUSÃO

Apesar de acreditar que o trabalho intelectual possui acentuado parentesco com a anarquia, procurei estruturar este ensaio dentro de padrões minimamente coerentes, em torno de uma sequência de passos, creio que, ordenados. A despeito de o tema central da análise ter sido o que defini como *Modelo Campos Sales,* optei por iniciar a exposição a partir de uma incursão exploratória sobre o legado institucional do Império. Minha justificativa maior para essa arqueologia baseou-se na constatação de que a República de Campos Sales possuía maiores afinidades com o Modelo Imperial do que com a experiência dos dez anos iniciais do regime inaugurado pelo golpe de 1889. Assim demonstrou a opção por uma verticalização da ordem política, através da exclusão do *demos* e do controle governamental sobre a dinâmica legislativa e sobre a geração de ações coletivas legítimas.

Meu tratamento do legado imperial procurou combinar duas estratégias distintas de exposição. Por um lado, importava indicar que a ordem imperial possuía respostas claras para os principais problemas macropolíticos, tais como: a geração dos atores coletivos, as relações entre Legislativo e Executivo e a interação entre Poder Central e poderes regionais. Por outro, evitei aderir à sensação de que a experiência política do Império foi imune ao absurdo. Por isso, procurei apresentar o legado reformista do Segundo Reinado a respeito de questões ligadas à estrutura da representação política. O resultado, creio, foi a detecção de um *padrão absurdo* no qual a despeito da obsessão por leis eleitorais verdadeiras, o Poder Moderador aparecia como único instrumento capaz de evitar que uma facção circunstancialmente majoritária erradicasse a minoria.

De qualquer forma, para o restante do livro, a importância da análise sobre o legado monárquico foi a de melhor mensurar o vazio institucional provocado pela aventura republicana. O golpe republicano, conforme sugeri, abriu caminho para uma década de enorme incerteza política, na qual os canais de integração entre *demos, polis* e governo ficaram abertos ao acaso e à astúcia. Em termos concretos, os primeiros dez anos da República não geraram respostas duradouras aos problemas deixados em aberto pelo abandono do marco institucional do Império. As ações coletivas que incidiam sobre o âmbito da política formavam-se de modo errático, configurando um leque de comportamentos que incluíam a articulação parlamentar de segmentos da elite agrária e a proliferação do insurrecionismo militar, sem excluir a conduta irredenta dos jacobinos da rua do Ouvidor, na cidade do Rio de Janeiro. As relações entre poder central e os estados caracterizavam-se por uma sucessão de intervenções federais, com o contraponto de levantes de militares radicais a afastar em vários estados juntas de governo.

O pacto constitucional de 1891, de forma perversa e paradoxal, injetou mais incerteza naqueles anos caóticos. A autonomia federativa dos estados e a do Poder Legislativo federal, dotado inclusive do atributo de se autofabricar, contracenaram com a definição de um Executivo forte e politicamente irresponsável. Conforme argumentei, a Constituição de 1891 resultou de um pacto centrífugo, pelo qual todas as partes componentes da ordem política ganharam máxima autonomia, o que proporcionou pesado leque de problemas de compatibilidade entre suas partes. Não havia, como no Império, um poder superior para arbitrar as tensões entre as partes do modelo institucional. O governo de Prudente de Moraes (1894-1898) exibiu de modo exemplar esse padrão de dificuldades, pela contínua tensão entre Executivo e Legislativo e pela possibilidade de geração e operação de um ator coletivo – o Partido Republicano Federal – fora do controle do governo central.

Os anos caóticos definiram a moldura da infância da República. O governo de Campos Sales (1898-1902) partiu de uma proposta de institucionalização do regime, tomando por referência negativa não o Império, mas a experiência dos dez anos imediatamente posteriores à Proclamação da República. O resultado foi a combinação entre uma retórica construtivista, presente na obsessão regeneradora de um governo de "pura administração", e o reconhecimento de uma *distribuição natural do poder* – na fina expressão de Raymundo Faoro – entre as oligarquias estaduais. O dilema de Campos Sales pode ser descrito da seguinte forma: os oligarcas locais eram os atores mais apropriados para a definição de um pacto circunstancial, capaz de definir regras mínimas de governabilidade. Mas isso não garantia que fossem atores aptos a desempenhar as funções pedagógicas e altruísticas, definidas na parte substantiva de seu modelo. A adesão dos oligarcas ao pacto proposto por Campos Sales foi certamente pragmática: a "política dos estados" congelou a competição regional, permitindo a eternização no poder das facções que naquele momento possuíam vantagens comparativas.

Os procedimentos do Modelo Campos Sales implicaram a condenação à irrelevância da prescrição constitucional, que fazia da cidadania, definida em termos liberais, a fonte do poder público. Para Campos Sales, o poder estava nos estados, concepção que elevou os chefes estaduais à condição de titulares em um grande condomínio oligárquico, verdadeiro auferidor da soberania popular. O desempenho da ordem evitou, pois, o alargamento da incorporação do *demos*. A atividade política relevante concentrou-se na disputa por posições privilegiadas no âmbito da *polis*.

Na maior parte das sucessões presidenciais, o modelo mostrou sua plena virtude, na medida em que o consenso oligárquico patrocinou enfadonhas eleições com candidatos únicos. Os problemas começam a surgir a partir de duas contingências: o surgimento de dissidências oligárquicas, dotadas de recursos suficientes para persistir na oposição, e a disparidade entre as suas premissas, a dos procedimentos e a substantiva.

O primeiro problema aparece nas sucessões presidenciais de 1910 (Campanha Civilista), 1922 (Reação Republicana) e 1930 (Aliança Liberal). Nos três momentos, importantes segmentos do condomínio oligárquico foram, por distintas razões, preteridos para fins de sucessão presidencial. Em todos eles, o comportamento dos atores dissidentes seguiu padrão semelhante: acenar para o *demos*, com vagas promessas de regeneração do regime, como mecanismo de obtenção de posições mais competitivas no corpo da *polis*.

O segundo problema torna o Modelo Campos Sales aparentado à esquizofrenia. Enquanto os *procedimentos* legalizam o comportamento egoísta, interessado e extralegal das oligarquias, no tratamento de suas parcelas do *demos*, os *valores* de

Campos Sales desenham uma política nacional voltada para a pura administração, na qual a ideia tradicional de competição política aparece como inessencial e nefasta. A sensibilidade para esse problema não é comum aos analistas do período. Interessante exceção é representada por Azevedo Amaral, que, em 1930, conta a história da República Velha de modo bastante distinto do usual, a sugerir periodização alternativa. Em sua fina análise, a homogeneidade harmoniosa da política do "café com leite" desaparece, e passa a configurar um período marcado pela oposição entre dois estilos políticos: o "padrão paulista" e o que ele chama de "política obsoleta". O primeiro corresponderia à plena materialização dos valores do Modelo Campos Sales, enquanto que os outros se caracterizam por comportamentos extremamente adequados a seus procedimentos. De um lado, os paulistas modernizadores e altruístas. De outro, a legião de oligarcas extralegais a sufocar o *demos* e o Tesouro Nacional.

A análise de Azevedo Amaral permite ver na elite política paulista do fim da década de 1920 não mais uma concentração de reacionários a defender o "estado atual" da República contra o assalto dos reformadores liberais. O que parece emergir na interpretação é uma concepção com fortes afinidades com os valores do Modelo Campos Sales, e que manifesta forte insatisfação com o predomínio da "política obsoleta".

O problema todo consiste no fato de que o Modelo Campos Sales autoriza tanto o dito "padrão paulista" como a chamada "política obsoleta". Aqui, cabe lembrar a cínica exposição de Campos Sales a Rodrigues Alves, a respeito da *teoria da presunção*, tratada no quarto capítulo deste livro: em caso de dúvida nos resultados eleitorais, a presunção de vitória pertence ao candidato apoiado pela política oficial de seu estado. O conteúdo cínico da teoria não fica nada a dever ao estilo do campeão oligárquico da ética do compromisso, o mineiro Antonio Carlos de Andrada, campeão da "política obsoleta". Por outro lado, as exposições de Campos Sales, tratadas no quinto capítulo deste livro, a respeito da missão administradora do governo e da correlação necessária entre proliferação de descontentes e persecução do interesse nacional, poderiam ser subscritas por qualquer dos paulistas que, em 1929 e 1930, viriam a formar a Concentração Conservadora, ao lado do candidato à presidência da República Júlio Prestes de Albuquerque.

Todos, portanto, de Washington Luís à Aliança Liberal, foram, em 1930, fiéis a Campos Sales. Nessa fidelidade protagonizaram a maior cisão oligárquica da Primeira República, que, como sabemos, alterou a identidade político-institucional do país e de suas elites. Se essa suposição for plausível, o Brasil oligárquico parece confirmar o axioma do escocês Adam Ferguson: nossos passos e movimentos no âmbito da história são executados em contexto de ignorância diante do futuro; o que se deposita ao longo do tempo é produto da ação humana, e não de seus desígnios.

ANEXOS

I
Messiânicos e *carcomidos:* simbologia e conflito político na campanha presidencial de 1930 (uma análise retórica das plataformas eleitorais de 1930)

Na dinâmica política da Primeira República brasileira, as sucessões presidenciais representaram momentos afetados por razoável grau de incerteza. Novas eleições exigiam novas alianças e acordos, nem sempre de fácil solução. A imagem de tranquilas sucessões presidenciais, presididas pela "hegemonia" mineiro-paulista, dificilmente resiste à inspeção menos desatenta. Longe de ser calmos momentos de passagem, as sucessões presidenciais sempre abrigavam alguma instabilidade política potencial, ainda não estudada de forma satisfatória[262]. O desprezo por indicadores de instabilidade provavelmente se deve ao privilégio concedido, para fins analíticos, aos *resultados* dos acordos, e não aos *processos* que presidiram sua produção. Uma constante em tais processos de sucessão presidencial foi a presença da *plataforma* – uma "situação retórica"[263] que manifestava os

---
[262] Alguns momentos de desacordo intraoligárquico são ilustrativos: a Campanha Civilista (1910) e a Reação Republicana (1921), para não mencionar a dissidência aberta pela Aliança Liberal, em 1930. Mesmo nas sucessões julgadas tranquilas, os mecanismos de seleção de candidatos implicavam tensas escolhas e exclusões.
[263] Cf. Lloyd Bitzer. "The rhetorical situation". *Philosophy and Rhetoric*, 1, # 1, January 1968. Para Bitzer, uma "situação retórica" exibe a seguinte com-

propósitos e ideias do candidato a respeito de problemas que considerava relevantes.

No entanto, diante da indagação a respeito do significado e da relevância das plataformas presidenciais, um primeiro impulso sugere resposta negativa. A percepção imediata, com efeito, conduz ao raciocínio de que nada de relevante pode ocorrer nesses discursos, marcados pelo supérfluo e pela fantasia, quando não pelas artes de ilusão, já que tudo parece ter sido oligárquico na ordem oligárquica brasileira. O ritual de leitura de plataforma, pelo candidato, prática corrente na Primeira República brasileira, seria apenas o costume e o gosto de uma encenação, de resto inessencial para a dinâmica "real" da política[264].

Duas formas de reflexão a respeito do significado das plataformas presidenciais podem, contudo, ser apresentadas, com incidência sobre dois domínios distintos: o domínio do *texto* e o domínio do *ritual da leitura*, ou seja, o *texto* e sua *ence-*

---

binação: (i) *exigence*: algo à espera de ser feito, através do discurso; (ii) *audience*: conjunto a ser afetado pelo ato retórico em suas alternativas de ação e de decisão; e (iii) *constraints*: circunstâncias que afetam o *rhetor and can be brought to bear upon the audience*. Devo a sugestão desse argumento a Edmundo Campos Coelho, em conversas inesquecíveis, havidas em 1986.

[264] A regra na experiência da Primeira República brasileira era a do predomínio de sujeitos políticos que faziam da oportunidade seu programa. Tal é o sentido da fina avaliação da personalidade de Antônio Carlos de Andrada (presidente de Minas Gerais entre 1926 e 1930), feita por Costa Rego: "Ecletismo, puro ecletismo em finanças, e ecletismo em tudo o mais, ecletismo sobre tudo e, principalmente, na ação política por ele sempre desenvolvida, sem nenhum fanatismo pelas fórmulas." Ao que acrescenta Barbosa Lima Sobrinho: "Na hora das retiradas, ninguém realmente o excederia em habilidade; no instante da ofensiva, ninguém o venceria em prudência." Ambas as citações podem ser encontradas em Barbosa Lima Sobrinho. *A verdade sobre a Revolução de Outubro*. São Paulo, Unitas, 1933. João do Rio, em coletânea de artigos publicada em seu livro *Tempos de Wenceslau*, dedica um saboroso ensaio sobre o "sorriso" do "Sr. Antonio Carlos". Ver João do Rio. *Tempos de Wenceslau*. Rio de Janeiro, Villas-Boas, 1915, pp. 27-34.

nação. Com relação ao domínio da encenação, que não estará aqui sob foco, pode-se afirmar que está longe do irrelevante o papel da ritualística como mecanismo de legitimação e de reforço da solidariedade política. Há, sem dúvida, um nexo – que conecta a fala do candidato, sua postura, a assistência dos seus iguais e a divulgação ao público, através da propaganda e da imprensa – a ser desvendado em seus significados e simbologias.

Ao domínio do texto, propriamente dito, é tradicional a pergunta a respeito do "programa" do candidato. A expectativa é a de que o domínio do texto se apresente como oportunidade para que "interesse" e "ideologia" se plasmem em um arranjo inequívoco e transparente. O texto, assim posto, é um espaço de encontro que traduz, pela "ideologia", os "interesses" normalmente inscritos na esfera da vida econômica e prática, definidores das condições "reais" de sua produção.

Um aspecto essencial da assim chamada "ideologia"[265] no regime oligárquico brasileiro – especialmente da *ideologia política* –, considerada em termos de conteúdos dominantes, foi a tendência a evitar qualquer método político que pudesse ter consequências mobilizadoras[266]. Aí estão, certamente, ausentes grandes visões a orientar a conduta prática dos atores políticos. O imaginário político não se apresenta como conjunto de significados que se impõem à prática política, como que a antecedê-la, mas sim como universo de valores e condutas ali produzidas, indissociáveis do próprio contexto sobre o qual incidem. Os mecanismos próprios da política oligárqui-

---

[265] Evitando tediosa e inútil discussão "teórica", tomo por equivalentes, para minhas finalidades, os termos, ideologia, imaginário, simbologia, imaginações e tantos outros.
[266] Cf. Bolivar Lamounier, "Ideologia em regimes autoritários: uma crítica a Juan Luiz", *Estudos Cebrap*, nº 7, 1974, p. 87.

ca teriam promovido uma espécie de adaptação ao "real", de modo que o discurso dos atores teria se reduzido a manifestar o movimento "concreto" dessa política pragmática e utilitária, sem o vincular a qualquer visão mais abrangente a respeito do social. A ideologia, desse modo, é reduzida à manifestação de um projeto global de transformação ou conservação da sociedade, elidindo a interessante questão de saber como o sistema político oligárquico pode operar na ausência de uma tese geral a respeito da organização da sociedade. Nessa identidade entre ideologia e projetos globais, matrizes teóricas com premissas distintas acabam por convergir.

De um ponto de vista contratualista, a esfera da ideologia transita a órbita do interesse. A persecução do interesse, por sua vez, faz com que, na esfera do simbólico, emerja um conjunto de valores e ideias "adequados" à realização do objetivo prático e material. De uma perspectiva teórica distinta, voltada para o tema do papel das ideologias em regimes autoritários, Juan Linz instituiu uma distinção entre "ideologia" e "mentalidade": ideologias seriam aspectos presentes em ordens totalitárias, configurando "sistemas de pensamento mais ou menos elaborados e organizados intelectualmente, frequentemente em forma escrita, por intelectuais ou pseudointelectuais"[267]. "Mentalidades", por sua vez, seriam "modos de pensar e sentir, de base mais emotiva que racional (e) servem como meios não codificados para se reagir diante de determinadas situações"[268]. Os regimes meramente autoritários seriam, nesse sentido, desprovidos de uma esfera ideológica. Para mantê-los ordenados e coesos bastavam as "mentalidades autoritárias".

---

[267] Juan Linz. "Authoritarian Regime: Spain" In Erik Allardt & Yrj Littunen (orgs.) *Cleavages, Ideologies and Party Systems*. Helsinki, The Academic Press, 1964, p. 209, apud Bolivar Lamounier, op. cit., p 71.
[268] Idem, p. 71.

Ambas as visões operam com a ideia de que o campo das ideologias políticas, uma vez dadas as condições de sua gênese, se caracterizariam por conter um conjunto de enunciados, coerentes e intencionais. À dificuldade de compreensão do fenômeno ideológico, soma-se o hábito mental de pensar a simbologia política como *efeito* e *resultado*. O campo das ideologias seria efeito de embates e conflitos que, em "última instância", ocorrem no seu exterior. Seu papel ficaria reduzido, assim, à ação de uma linguagem *exterior*, e não instituidora, do conflito, e cujas motivações não poderiam ser aprendidas por meio de uma análise da dinâmica "visível" da política.

Para as finalidades deste texto, duas objeções podem ser estabelecidas à ordem de problemas acima aludidos:

Com relação à percepção da ideologia como resultado de processos anteriores, talvez seja mais útil pensá-la como aspecto instituidor, e portanto contemporâneo, dos chamados "processos reais", para seguir notação naturalista; como *componente institutivo do social*, e não como seu resultado refletido. A caracterização da ideologia levar-nos-ia, dessa forma, à reflexão sobre o imaginário social, como conjunto de percepções e utopias organizadoras da trama social e da configuração de retratos objetivos do mundo.

A segunda objeção diz respeito à identidade entre ideologia e saber autoconsciente e intencionalizado. De fato, a reflexão sobre a ideologia enquanto perspectiva de pensamento ou sistemas de ideias constitui um domínio fundamental do campo simbólico. No entanto, quando a indagação a respeito do fenômeno ideológico tem por interesse os processos da gênese e reprodução da ordem pública, a ênfase deve ser deslocada para sua abordagem em termos de uma "variável operativa na vida política"[269]. A ausência de uma "política ideológica" não implica, inequivocamente, o "fim das ideologias", mas sim o fato de que elas podem também ser percebidas como discursos localizados que operam sobre o campo social, sem o necessário acompanhamento de reflexões totalizantes a respeito do significado do mundo.

A ênfase desloca-se, então, para os processos de persuasão política e para a multiplicidade de conexões entre os símbolos produzidos, a diversidade do campo político e, por fim, para as formas de organização do poder. Na medida em que os símbolos operam no âmbito de um sistema de competição política, é possível imaginar que formas discursivas aparentemente vagas e amorfas se convertam em armas agudas, com vasto leque de consequências para a dinâmica dos conflitos. Vale dizer que o processo de ativação de símbolos políticos, por não importa que sujeitos, está submetido a uma dinâmica de efeitos desejados e de consequências não antecipadas, o que instaura a necessidade de uma dupla atenção por parte dos *rectores*, no sentido de produzir símbolos e controlar seus significados marginais.

A incerteza quanto aos resultados da ativação de símbolos políticos possui incidência variada no contexto aqui analisado, o do confronto entre as plataformas presidenciais de Getúlio Vargas e Júlio Prestes, na campanha pela sucessão presidencial de 1930. Do ponto de vista de um discurso de oposição, condensado no texto da plataforma da Aliança Liberal, a indeterminação quanto aos resultados da comunicação política adquire contornos de extrema utilidade. A multiplicidade de efeitos dos símbolos, na medida em que são produzidos de

---

[269] Bolivar Lamounier, op. cit., p. 77.

forma ampla e genérica, permite a configuração de diferentes tipos de interlocutores, com um correspondente acréscimo de significados por parte de quem os recebe.

A propaganda liberal procede por meio de uma grande difusão de símbolos, através da imprensa, na qual, a depender dos tipos de jornal e de público, a crítica política adquire contornos e alcances distintos. A eficácia da crítica depende, em grande parte, da capacidade de, por meio da ativação de símbolos políticos variados – "política liberal", "saneamento moral do país", "anistia", por exemplo –, ditos nos lugares apropriados, construir mecanismos sólidos de agregação de apoios. Certa indeterminação simbólica e ausência de rigor doutrinário, em termos de simbologia política, são recursos pertinentes, quando se trata de constituir uma agenda negativa. A adesão de interlocutores é, em grande medida, negativa, o que pode coexistir com um vasto universo de símbolos. A indeterminação dos conteúdos e a heterogeneidade das direções estariam inscritas em um mecanismo de "polivalência tática dos discursos"[270].

No contexto da plataforma eleitoral de Júlio Prestes, o problema da comunicação política e da produção da legitimidade adquire contornos específicos. O tom do discurso, não emotivo e austero, e sua incidência, a esfera da administração, possuem registro distinto do registrado no campo liberal. As relações entre discurso e política não são contingentes, mas adquirem regularidade na medida em que os sujeitos do discurso oficial possuem tarefa específica: a gestão de um Estado Nacional e a produção de obrigações políticas daí decorrentes. Em outras palavras, o seu desempenho político deve garantir

---

[270] A expressão foi empregada por Michel Foucault, em *História da sexualidade*, vol. 1. Rio de Janeiro, Graal, 1976.

um mínimo de suporte e agregação para viabilizar a tarefa. A forma pela qual o desafio foi historicamente enfrentado talvez tenha algumas implicações para o problema da ideologia na política oligárquica.

Nos limites da fábula do liberalismo clássico, na qual o mercado emerge como forma social de agregação, o individualismo pode ser lançado como peça de discurso capaz de registrar simbolicamente esse laço. Ou seja, a ideologia, como esforço que produz tanto súditos como obrigações políticas, pode ser percebida como mecanismo social de instituição básica da sociedade. No marco da distinção weberiana entre "coalizão de interesses" e "organização formal", a primeira aparece como forma definidora das relações sociais.

A produção de súditos e de obrigações políticas, nos marcos do antiliberalismo oligárquico, trilha caminhos opostos. O mercado não é uma instituição universal e suficiente para a manutenção de laços de solidariedade política; a intervenção política deve construir o referencial agregador e as regras de pertencimento à comunidade política. O específico nessa forma de institucionalização é o papel do Estado como agente "criador da nação" e a perspectiva de despolitização da ordem social. Trata-se, mesmo, de um dilema de institucionalização autoritária e oligárquica: a transformação dos poderes públicos em fontes geradoras de solidariedade política, ao mesmo tempo que a sociedade é percebida como corpo a ser despolitizado e administrado. Toda a questão consiste em saber até que ponto a opção por um critério especificamente político de agregação social pode ser congruente com a meta de reduzir os espaços da atividade e da reflexão política autônomas.

Nesse caminho de construção de uma identidade política e social, os instrumentos privilegiados serão os recursos da intervenção autoritária e a oferta utilitarista de "benefícios colaterais" e/ou sanções a grupos e elites que interagem com vistas à configuração de pactos de poder. Considerações de ordem mais geral, acerca da "nação" e do "governo", operam nos limites de um discurso administrativo que, longe de supérfluo, evidencia modos de pensar e de classificar o social. Assim, do ponto de vista da plataforma oficial, a ativação de símbolos políticos dá-se nos termos de um marco "realista". Circunstância que não impede que, uma vez desafiado por uma oposição que se apresenta como um outro político, esse discurso venha a explicar-se, acrescentando à retórica administrativa e "realista" uma imaginação política com fortes tons conservadores, presentes na própria estética do texto. Mas, mesmo nesse caso, o discurso oficial não se confunde com a sua propaganda. A plataforma política de Júlio Prestes se mantém, em termos dominantes, nos limites de uma visão administrativa da vida, e os apelos de ordem mais doutrinárias e abstratas são veiculados através da imprensa[271].

Tomar esses discursos políticos – as plataformas "liberal" e "conservadora" – como recursos políticos e como "situações retóricas" não implica necessariamente confiná-los a uma conjuntura imediata e precisa. O discurso, como recurso político, não se limita à percepção do imediato, já que põe em ação memórias e perspectivas a respeito da história anterior. A análise do que dizem as plataformas, desse modo, deve supor seu caráter multifacetado. Em outros termos, além de se constituírem como discursos colados em uma dinâmica

---

[271] O lado doutrinário da campanha oficial pode ser encontrado em artigos de jornal, notadamente no *Correio Paulistano*, órgão do Partido Republicano Paulista, e em *O Paiz*, do Rio de Janeiro. Uma série de intelectuais já importantes comparece na defesa da alternativa Júlio Prestes. Cabe menção a, entre outros, Cassiano Ricardo, Menotti del Picchia, Oswald de Andrade, Rangel Pestana e Plínio Salgado.

política datada e precisa, eles veiculam visões mais amplas a respeito dos significados do poder e das obrigações políticas, o que nos permite tomá-los, também, como formas de conhecimento e de revelação do que significa a ordem política, em um plano mais geral.

ALIANÇA LIBERAL: A FABRICAÇÃO RETÓRICA DA CRISE

> A campanha da Aliança Liberal foi um episódio similar ao da independência, ao da libertação dos escravos e maior do que da República. Pela sua extensão e profundidade, não foi um movimento político, mas uma crise de opinião, uma reação nacional, uma transformação social. Só os cegos não viram na sombra da luta o madrugar de uma nova jornada.
>
> OSVALDO ARANHA

Acostumamo-nos, na reflexão sobre o ocorrido em 1930, a pensar nas manifestações da Aliança Liberal como marcadores de uma crise: a decadência final da ordem política vigente durante a Primeira República brasileira. Nessa justaposição entre um *processo político* – o da dissidência aberta pela Aliança Liberal – e seu *resultado* – o processo revolucionário de 1930 –, a estrutura e o sentido da intervenção liberal vinculam-se a duas ordens de sentido: negação da ordem política anterior, com o falseamento de suas justificativas, e afirmação de uma posteridade moderna, enfim realizada no pós-1930.

Com efeito, a avaliação do que se passou no biênio 1929/1930, como abrigo de uma crise final, bem como a fusão do experimento da Aliança Liberal com o episódio revolucionário de outubro, no interior de um mesmo acontecimento, decorrem de um vício retrospectivo. Contudo, a percepção da "crítica liberal" como registro de uma última crise resulta de uma possível armadilha do discurso, contida em uma visão catastrófica da realidade, ativada pelos propagandistas da Aliança Liberal. De fato, a versão que os líderes aliancistas procuraram impor ao momento, como "verdadeira" avaliação do que então se passava, sempre esteve pontuada por referências explícitas à "crise" e à "hora crepuscular do regime"[272]. Como não acolher, então, evidências tão claras de que os atores "percebiam a crise que se avolumava"? Como evitar a sensação de que a "crise" se apresentava como algo inequivocamente real e exterior às representações?

Diante dessas evidências, dois cursos de reflexão podem ser tomados. Em primeiro lugar, pode-se estabelecer, de forma genérica, que a vivência empírica de uma situação de crise não se deve confundir com representações *a posteriori* produzidas sobre seus eventos. Em uma segunda ordem de reflexão, de cunho mais concreto, deve ser levado em conta o fato de que a trajetória das plataformas de oposição, ao longo da história política da República Velha, apresenta como eixo comum a caracterização da "situação atual" como algo insuportável[273]. Um dos fundamentos desse discurso crítico é a definição do "atual" como em desencontro com a história. As premissas analíticas do discurso assim construído podem ser definidas através do seguinte modelo retórico:

– Caracterização de uma realidade doente.

---

[272] Salvo indicações em contrário, as citações pertencem ao texto eleitoral da Aliança Liberal, cuja autoria é atribuída a Lindolfo Collor.
[273] O mesmo viés catastrofista, presente na Plataforma da Aliança Liberal, pode ser encontrado nas plataformas oposicionistas da Campanha Civilista, de Rui Barbosa, em 1910, e da Reação Republicana, de Nilo Peçanha, em 1921.

– Afirmação de que a intervenção crítica, que se procura fazer, é imposição do tempo histórico ("necessidades atuais"), em contraste com o desencontro da matriz oficial.
– Certeza de que o discurso crítico possui os recursos necessários para a produção de uma alternativa verdadeira.

Com a devida suspensão do juízo a respeito da existência real de uma crise latente, que teria determinado os resultados do processo político, tais como se deram, é possível distinguir o discurso crítico que ativa a ideia de "crise" das caracterizações posteriores, mais ou menos sociológicas, da "crise final de 1930". A análise das manifestações "catastróficas" pode, assim, ocupar-se menos de aspectos de predição, do que de indagar a respeito da eficácia do discurso como ato que visa obter situações favoráveis de poder e como potência simbólica instituidora da ideia de crise. A Aliança Liberal produziu dois documentos nos quais procurou condensar e formalizar aquilo que os seus atores máximos definiam como o ideário do movimento. O mais extenso é o "Manifesto Dirigido à Nação Brasileira", apresentado à convenção aliancista de 20 de setembro de 1929, escrito por Lindolfo Collor. É o texto desse Manifesto que aparece condensado na Plataforma lida por Getúlio Vargas em praça pública, contrariando a praxe tradicional, na Esplanada do Castelo, no então Distrito Federal, em 20 de janeiro de 1930.

DESENHO DO TEXTO

O texto do Manifesto é composto, além de uma introdução, por trinta e seis itens, que podem ser ordenados em três classificações. A primeira diz respeito às origens "morais e políticas" do regime e da história da dissidência liberal, ocupando metade do texto, isto é, dezoito itens, dispostos na seguinte ordem:

– Introdução
– Credenciais Políticas
– Uma Aliança Política
– Contra uma aliança, um conglomerado
– Renegação de princípios
– Aliança Liberal
– Duas Mentalidades
– Anistia
– O Direito dos Direitos
– A Nossa Tradição
– A Política Rio-Grandense
– A Voz de Murtinho
– O Verbo de Rui Barbosa
– A atitude do governo Wenceslau
– Ontem e Hoje
– A opinião do Sr. Borges de Medeiros
– Chefe de Facção
– Apelo para o futuro

A segunda parte compõe-se de quatro pontos, nos quais a reflexão anterior é aplicada à reflexão sobre "problemas atuais" da organização política nacional.

– Regime Eleitoral
– Voto Secreto
– Punição das Fraudes
– Poder Político e Poder Partidário

A parte final reúne uma série de pontos, tratados na órbita da ordem administrativa, como problemas concretos a enfrentar, a partir do momento em que as reflexões de ordem geral já estão dadas. A distribuição é a seguinte:

– Instrução Pública
– Higiene
– Ordem Social
– Justiça
– Funcionalismo
– Ordem Econômica
– Transporte
– Balança Comercial e Balança de Pagamentos
– Tarifas
– Finanças
– Distrito Federal
– Exército e Marinha
– As obras contra as secas

O texto finaliza com mais dois itens e retoma o tipo de reflexão apresentado na primeira parte, enriquecida com as "evidências" didaticamente demonstradas:

– Nossos Candidatos
– Nosso Apelo

O CÍRCULO RETÓRICO: DA INVENÇÃO
DA CRISE AO APELO À ORDEM

O momento inicial do texto liberal é marcado pela necessidade de definir, na "situação atual", o conjunto de problemas a exigir intervenção alternativa. O regime estaria a viver a sua "hora crepuscular", na qual o "abuso" se transforma em "normalidade funcional das instituições públicas". A crise define-se pelo desencontro manifesto entre o poder público e a nação. A Aliança Liberal pode falar à "nação" e "comunicar-lhe a medida da corrupção, que aflige a República". A intervenção crítica assume, também, contornos normativos, na medida em que opera como contrapeso ao desencontro entre governo e país; como antídoto à "incerteza generalizada de contornos e propósitos de origem e finalidades, de métodos e afirmações". A situação de "hora crepuscular do regime" e de predomínio do "abuso" e da "incerteza" torna necessário exibir "as duas correntes de pensamento que se entrechocam".

A primeira caracterizar-se-ia pela não obediência à Constituição e pelo abuso de poder do presidente da República – Washington Luís. A outra fixa sua legitimidade na necessidade de "harmonizar os nossos costumes partidários com o império da lei", para evitar o "despotismo, que é sempre véspera fatal da anarquia".

Pelo texto da introdução percebe-se que o argumento liberal está estruturado em torno de três movimentos:

– Mostrar a "medida da corrupção que aflige a República".
– Mostrar "as duas correntes de pensamento que se entrechocam".
– Ressalvar que "a nossa atividade cívica não lhe agravará os males, mas procurará evitar, por todos os meios legais ao nosso alcance, que a prepotência do mando, a fonte viciosa dos poderes constitucionais venham a ter no Brasil a chancela do irremediável".

Nessa lógica, o discurso evidencia uma recusa de parceiros, compensada simbolicamente através de vínculo direto com o povo. A partir de tal dinâmica, o discurso liberal fabrica sua própria legitimidade. Diante da exigência de demonstrar sua legitimidade, a reflexão crítica não dispõe dos recursos do discurso oficial. Esse tem como fonte de legitimidade a própria evidência do lugar que ocupa – o espaço do poder institucionalizado. Ali, a legitimidade aparece assentada na mera referência ao espaço institucional que ocupa e materializada em "realizações" práticas e administrativas. No caso da reflexão crítica, a exigência deve ser cumprida inicialmente no interior do próprio discurso.

Nessa perspectiva, o texto do Manifesto Liberal subordina a possibilidade do "movimento de regeneração dos nossos costumes cívicos" à prévia demonstração de "credenciais políticas". Sua ostensão deve ser suficientemente persuasiva, a ponto de provar que a Aliança Liberal não recepciona apenas o que de melhor houve na história republicana, mas a própria verdade e essência desse regime.

Por outro lado, a definição de "credenciais" é resposta à objeção dos "conservadores", que afirmam ser a Aliança Liberal um agregado doutrinário heterogêneo e sem unidade. A resposta do Manifesto, a tal ataque, estabelece que "essas divergências se fundem hoje na mais perfeita das concordâncias, enquanto se refere ao nosso protesto contra a faculdade atribuída ao presidente da República de escolher e impor o nome de quem lhe há de suceder". A configuração da "trama" representa uma ofensa "ao pacto fundamental da República", como que a justificar a intervenção regeneradora capaz de restituir "ao povo o que só ao povo pertence".

A atitude aliancista, em 1929, procura apresentar-se como desdobramento de uma "doutrina" fixada pelo ex-presidente do Rio Grande do Sul, Borges de Medeiros, segundo a qual o presidente da República, na ausência de partidos nacionais, deve orientar e coordenar a escolha dos candidatos. Com a ressalva de que a responsabilidade do presidente não deve ser "arbitrária e despótica", e nem pode ser "exercida à revelia dos órgãos legítimos da opinião política". Essa postura crítica abre caminho para a acusação aliancista predileta à política oficial: "O presidente da República não é chefe de partido, mas o chefe da nação. Como tal, deve pairar acima dos interesses de facção, e nunca alimentá-los com atitudes de premeditada parcialidade." A acusação a Washington Luís – "chefe de facção" – é o que permite à Aliança Liberal apresentar-se como força unificadora e pacificadora, e não como movimento disruptivo, de oposição. É ao presidente que cabe a "responsabilidade de dividir conscientemente as forças políticas do país". A própria apresentação da candidatura dissidente, a Washington Luís, tem contornos específicos: "apressamo-nos em levar diretamente à S. Exa. as seguranças de que os nossos candidatos não seriam obstáculos à pacificação". A definição da perspectiva liberal, não como oposição clássica, mas como correção da ação governativa, justifica a ironia de Barbosa Lima Sobrinho, ao comentar a apresentação da aliança mineiro-gaúcha, por Antonio Carlos, a Washington Luís: "Estava bem no feitio irônico do Andrada, apresentar o nome de um candidato de oposição como homenagem ao presidente da República[274]."

No entanto, a inviabilidade em transformar a candidatura de oposição em escolha do presidente transforma-o em "chefe da facção". A partir daí o discurso pode desenvolver sua premissa básica: o governo é uma espécie de alienação da consciência nacional. Alienação que só será superada com a fusão dessa consciência com o poder público, em uma inte-

---

[274] Barbosa Lima Sobrinho, op. cit., p. 80.

ração harmônica. Isso só se tornaria possível nos marcos de uma intervenção que fala ao povo, e desconhece, no discurso, o campo oficial como parceiro legítimo.

O movimento do texto tem como ponto de fixação a demonstração das "credenciais aliancistas". A Aliança Liberal é apresentada como uma "aliança de partidos políticos", como uma "coligação partidária". As coligações são legítimas, na medida em que movidas por um "motivo capital":

> Em determinado momento da história política do Brasil, vários partidos, separados, ainda ontem, pelos pontos de vista restritivos de cada um, sentiram e compreenderam que um princípio fundamental à dignidade da República estava sendo violado pela ação do Poder Executivo.

Essa evidência, por si só, aparece como princípio capaz de unir as diferentes correntes partidárias, conferindo-lhes, ainda, legitimidade[275]. O fator capaz de garantir a manutenção da coligação, enquanto formato positivo, é o impedimento à integração de elementos "doutrinariamente irreconciliáveis entre si". Mas, talvez não apenas como prova de que não há "doutrinas irreconciliáveis", mas, mais do que isso, de que não há, simplesmente, doutrinas, pois o marco agregador que serve como princípio comum da coligação é a Constituição de 1891:

> Toda aliança será desde logo legítima e defensável, se os seus participantes aceitarem os princípios essenciais vazados na constituição de 24 de fevereiro, se estiverem de acordo com o nosso sistema atual de governo, se não propenderem a modificações radicais de substância de forma nas nossas instituições.

---
[275] O âmbito da coligação abrangida pela Aliança Liberal incluía os partidos oficiais nos estados do Rio Grande do Sul, Minas Gerais e Paraíba, além das oposições gaúcha – Partido Libertador – e paulista – Partido Democrático.

A totalidade dos membros da Aliança convergiria para tal princípio. As divergências se reduzem a "simples questões adjetivas", tais como voto secreto, ou "meros procedimentos de administração, como no que diz respeito à atual orientação da nossa política financeira". No entanto, o fato de serem "questões adjetivas" não impede que o problema do voto secreto e a política financeira sejam os principais pontos de ataque à política oficial. Além disso, a margem de liberdade para acrescentar significados particulares ao significado geral da "ideologia liberal" é ampla, e age como fórmula política e retórica capaz de garantir solidariedade entre forças políticas, em termos históricos e circunstanciais, divergentes. A adoção de critérios simbólicos de agregação, os mais amplos possíveis, tem como efeito evitar que as palavras se transformem em obstáculos para os arranjos políticos concretos.

Nessa direção, o projeto da Aliança é, antes de tudo, a reafirmação da República "como a imaginação dos seus apóstolos fundadores". A "renovação política do Brasil" não seria outra coisa senão o resultado de uma intervenção revolucionariamente conservadora[276], presente na proposta de "republicanização da República". Ou seja, trata-se de recuperar uma origem que em um determinado momento se perdeu ou foi falsificada.

As credenciais aliancistas são apresentadas por meio de contraste com um adversário que, em função do desencontro com o país, é portador de uma "anarquia indefinível de princípios". O confronto pode ser posto através de um jogo de contrários:

---

[276] Uma frase de Osvaldo Aranha tornou-se paradigma dessa postura: "Sou revolucionário porque sou pela Constituição."

"Nós" (Aliança)	"Eles"
1. "procuramos definir os nossos rumos"	1. "se cotovelam na confusão"
2. "afirmamos"	2. "tergiversam"
3. "nos constituímos em torno de ideias"	3. "se aglomeram ao redor de interesses"
4. "somos uma corrente formada de vários desaguadouros"	4. "são o marasmo, que não pode pretender a alegria límpida e saudável das águas em movimento"

O contraste é apresentado como contraponto entre uma heterogeneidade anárquica e uma heterogeneidade ordenada, invertendo as posições, na medida em que apresenta a ação disruptiva da oposição como a "ordem" e a ação governamental com a "desordem" e a "anarquia".

O compromisso da Aliança com a ideia de "ordem" ultrapassa o âmbito das obrigações políticas imediatas e busca fixar uma relação de adequação com as tradições republicanas e com a necessidade de salvaguardá-las. Esse pressuposto é utilizado na resposta à objeção que aponta a denominação "liberal" como supérflua, "já que a vida em República provoca necessariamente instituições liberais".

De acordo com o Manifesto, o nome "liberal" teria sido "conferido pelo povo", pois "o instinto divinatório das multidões dificilmente se engana". Por aí, pode ser percebido que a adoção do rótulo não é responsabilidade política da Aliança, mas sim uma contrapartida de sua iniciativa em falar ao "povo" e à "nação", demonstrando a falsidade do sistema político.

> Se, 40 anos depois de fundada a República no Brasil, reaparece, na mais impressionante das espontaneidades, um dístico partidário, que parecia relegado com o antigo regime, é porque, sem dúvida possível, se operou profunda involução no nosso mecanismo

político. A República é, na verdade, pela própria definição, um sistema liberal do governo. Mas se, em plena vida republicana, sem premeditação de quem seja, o povo sente a necessidade e impressionante exige o aparecimento de uma corrente liberal, que significa isso senão que a República, entre nós, está abastardada e carece de ser renovada na própria fonte das suas doutrinas?

O argumento é útil, pois permite perceber o papel estratégico da categoria "povo" e o significado atribuído ao termo "liberalismo". O "povo" aparece como representação nos momentos nos quais o discurso aproxima-se de situações de risco político. Em tais momentos, é tático dizer que os limites da ação política são postos por exigência desse ator coletivo. "Liberalismo", nessa mesma chave, não tem como implicação qualquer menção a direitos individuais – as liberdades liberais clássicas –, mas sim a um marco de solidariedade política definido pela adesão dos governantes à soberania popular. O liberalismo aparece, pois, como marca retórica de um movimento que parte das elites, portadoras de calma e sóbria vontade política, e deságua no "povo", portador não domesticado do desejo de mudança. Em tal contexto, "modificações" radicais de substância e forma nas nossas "instituições" não aparecem como necessárias à soberania popular. Para a sua vigência bastaria a substituição da elite governante, de corte egoísta e irresponsável, por outra elite de índole pública, altruísta e capaz de pensar a "nação" como totalidade.

"Liberalismo" adquire, assim, duplo sentido. Em termos genéricos, aparece como forma de organização institucional, presente no tipo de convivência política adotado em uma República. Ser "liberal", portanto, significa ser fiel às instituições republicanas. Por outro lado, na medida em que as instituições republicanas falseiam, o termo "liberalismo" passa a indicar a necessidade de um conjunto de procedimentos de reforma política.

Quer como organização institucional, quer como conjunto de procedimentos de reforma política, tudo parece indicar que a reflexão liberal, ao menos entre as elites políticas da altura, não se estrutura conforme a matriz individualista clássica, no que diz respeito aos temas das liberdades políticas e da esfera de ação econômica. Sobre esse último ponto, o capítulo do Manifesto Liberal é o mais inespecífico possível. A premissa geral é o "amparo à agricultura", o que, dadas as condições gerais do país, não chega a ser uma proposta renovadora.

A reflexão liberal emerge como forma difusa de questionamento ao arranjo oficial de poder, mas parece operar nos limites de uma resposta a pressões democratizantes, ocorridas na década de 1920. Como catalisador dessa resposta, opera um princípio de redefinição da esfera de ação privada das elites governantes na ordem pública. A necessidade de "verdadeiros homens públicos" – premissa que deriva da ideia de que da qualidade das elites depende o sentido ético da ordem política – é posta como corretivo à suposta situação de anomia política generalizada.

O esquema governamental é apresentado como um conjunto de estilos individuais "arbitrários" e "despóticos" – presentes na ideia do "chefe de facção" –, o que faria com que a coisa pública fosse dissolvida na esfera dessas posturas privadas. Os "liberais", ao contrário, desenvolvem sua ação saneadora, na busca do estilo público e da "gestão honesta" da nação, diluída na determinação de realizar a coisa pública como dimensão reguladora dos apetites privados. A sociedade emerge, assim, como totalidade na qual "causas morais" delineiam os limites possíveis da convivência.

As "duas mentalidades" opõem-se. Na oficial, "os verdadeiros problemas da democracia são apenas de ordem prática", configurando a adoção do "materialismo" e do "sibaristismo" como esferas determinantes da interação social. Daí a ênfase, dada por essa matriz, à questão da defesa da moeda, "único programa que pode interessar à mentalidade oficial dos nossos dias". A segunda mentalidade, reflexo da "imensa maioria da opinião brasileira", baseia-se na premissa de que "a criação da riqueza é condicionada à preliminar observância de fatos morais".

A referência a "causas morais" abre caminho para a questão da anistia aos envolvidos no protesto tenentista da década de 1920, em particular os membros da Coluna Prestes, então em exílio na Bolívia:

> Não é humano que antes de curar dos problemas atinentes à riqueza pública, descorem os governos remover, em quanto lhes seja possível, as causas e os efeitos de uma guerra civil... Enquanto houver fora da pátria brasileiros sofrendo as agruras do exílio, o bem-estar no Brasil é uma burla e é uma afronta (...) Por isso a Aliança Liberal sustenta a bandeira da anistia.

Ou seja, a anistia não resulta de uma opção política, produzida a partir de uma avaliação do conflito, mas sim deriva dos "princípios" fundadores da própria percepção do social. As causas de sustentação dessa "bandeira" não são apresentadas como políticas, mas como éticas e morais e como resultado de um senso de adequação histórica. Diante da constatação, inevitável, de que membros importantes da Aliança, tais como Artur Bernardes e Antônio Carlos, foram contrários à anistia, a resposta aliancista convoca o conselheiro do Império José Justiniano da Rocha e seu princípio de "Ação, Reação e Transação"[277]: a "transação"

---

[277] Ver a respeito de José Justiniano da Rocha, e seu "panfleto", Raymundo Magalhães Júnior. *Três panfletários do Segundo Reinado*. São Paulo,

é necessária, pois, "só um povo de suicidas, só um povo incapaz de governar-se com dignidade, ficaria para sempre adstrito aos imperativos morais da ação e da reação".

No mais, a anistia é percebida como símbolo político capaz de transferir para os seus defensores virtudes e glórias dos possíveis anistiados. Trata-se de um cálculo que não deve ser desprezado, sobretudo se levarmos em conta o efeito do símbolo "anistia" em um *locus* político como o Rio de Janeiro, que abrigava hábitos políticos tradicionalmente menos reticentes aos arranjos oficiais.

É interessante, ainda, notar o fato de que justo na referência ao termo anistia, o Manifesto, pela primeira vez no decorrer do texto, faz referências explícitas às eleições presidenciais:

> ...que as urnas de 1º de março sentenciem se a nação quer homologar com os seus votos a divisão da família brasileira, a definitiva expulsão dos nossos irmãos refugiados em estranhas terras, ou se, pelo contrário, votando nos candidatos que desfraldam a generosa bandeira do esquecimento das lutas fratricidas, quer contribuir com a pacífica manifestação da sua vontade para que o Brasil se reintegre na paz entre os seus filhos e retome o caminho da concórdia, que ele é indicado pelo sentimento nacional e pelas experiências da sabedoria política... que nas urnas presidenciais se processe o soberano plebiscito do Brasil.

A partir das acusações das "causas morais" e da necessidade da "anistia", o texto passa a definir o "direito dos direitos", aquele que assegura ao povo liberdade na escolha de seus governantes. O foco do ataque é claro:

Companhia Editora Nacional, 1956, Col. Brasiliana, vol. 286. Além da fina análise de Raymundo Magalhães Júnior, o volume reproduz o texto de José Justiniano da Rocha.

>...como decorrência deste postulado, afirma-se em toda República normalmente organizada o princípio de que não é lícito aos homens, que a administram, indicar, escolher, e menos impor os seus substitutos.

Dessa premissa o manifesto deriva uma "reflexão histórica" a respeito da "nossa tradição", qual seja a da não intervenção do presidente na escolha do seu sucessor. O histórico remonta a Floriano Peixoto, e não deixa de apresentar a "política rio-grandense" como fator de interdição a candidaturas que não surjam "das espontâneas indicações nacionais", diretriz que teria sido fixada por Júlio de Castilhos. Nesse mecanismo constante de idealização do ausente, que faz com que a ação renovadora vista as roupas do passado na busca de uma "alma ancestral", a presença de Rui Barbosa, "grande voz liberal", é obrigatória, compondo uma figura político-simbólica de grande uso na política brasileira: a "reserva moral da nação".

No entanto, a volta aos *founding fathers* faz-se completa com a referência contemporânea capaz de sintetizar o que há de melhor na "tradição republicana": o "sr. Borges de Medeiros", verdadeiro elo entre passado e futuro. No texto do Manifesto, a última palavra a respeito da interferência presidencial aparece no item "A opinião do sr. Borges de Medeiros". O argumento é idêntico ao já citado, mas o importante é notar o trajeto do texto, vinculando as "tradições republicanas" a sujeitos políticos notáveis como afirmação da legitimidade de suas pretensões.

Definidas as credenciais, a história e a missão regeneradora da Aliança Liberal, essa pode apresentar seus candidatos em um discurso em que emergem "as causas do dissídio" e os critérios de responsabilidade política dos candidatos.

>Pareceriam as conquistas mais altas da nossa consciência coletiva, retrocederiam quase meio século sobre luminosos trechos já per-

corridos dos destinos nacionais, se a voz do nosso protesto não levantasse contra a usurpação nacional, que se pretende consumar. O nosso protesto contra o desvirtuamento atual do regime fortalece-se nos exemplos do passado e, através de todas as dificuldades e vicissitudes do presente, apela para a decisão do futuro (...) A par em perfeita concomitância com as razões fundamentais e imediatas da nossa atitude que são a de não reconhecer ao presidente, capacidade para escolher e impor o seu substituto, e a de fazer da própria eleição um plebiscito em que o povo brasileiro se manifesta a favor ou contra a anistia, outras se levantam que carecem aqui de sucinta explanação.

Justifica-se a longa citação, pois demonstra de forma clara as "razões fundamentais e imediatas" do dissídio aliancista. O combate à intervenção indevida do presidente indica a ênfase na crítica processual, que privilegia, no discurso, aspectos formais do campo político. Daí o fato de que a correção proposta, como veremos adiante, incida sobre o campo dos procedimentos políticos: o "regime eleitoral".

Outro aspecto importante mostra-se na definição dos critérios de responsabilidade política dos candidatos. Por defender os "direitos do povo brasileiro", tanto sua legitimidade como sua consagração já estão dadas, como que por direito histórico. Tal compromisso deriva da "consciência do Brasil", e não de sujeitos concretos e singulares. A "consciência" aparece como manifestação da vontade popular, mediada por um tipo de relação na qual, pela falsificação do regime, ela se mostra deslocada. Sua recuperação só é possível na medida em que sujeitos políticos de corte altruísta, não movidos por cálculos utilitários, se propõem a administrá-la. No domínio da lógica utilitária, todos os custos da intervenção de combate à "usurpação" incidem sobre as elites dissidentes, enquanto que os benefícios pertencem à "consciência" e à "vontade popular".

Contudo, apesar de o discurso aliancista sugerir um viés contratualista – o poder como delegação da vontade popular –, o sucesso eleitoral é concebido não como ato de fundação do contrato, mas sim como a confirmação de um laço que não pode ser reduzido a circunstâncias particulares. Em outros termos, a adequação aliancista às "necessidades brasileiras" antecede qualquer teste eleitoral, posto que emerge como somatório das trajetórias virtuosas dos seus próceres e como síntese das "reservas morais da nação". Os principais critérios de agregação são morais e éticos. A correção da política dá-se pela via da afirmação do bem público, como realização de uma vontade nacional que não necessita dos processos instáveis da política – tais como eleições – para se afirmar. A fusão entre "vontade nacional" e afirmação do bem público depende da índole e do estilo das elites que administram a sociedade. Se elas forem de corte altruísta, a relação entre aquelas esferas será de correspondência total. Do contrário, decorrem a falsificação da República e a evidência de uma "hora crepuscular do regime".

A correção prática que se impõe é a da reforma do sistema eleitoral. Nesse ponto, encontramos a proposta de Joaquim Francisco de Assis Brasil, classicamente resumida no lema "Representação e Justiça". O argumento do Manifesto, a esse respeito, sustenta que o atual sistema eleitoral "não corresponde às necessidades e aspirações do país", pois não permite a "exata representação das opiniões políticas". Na constatação, opera a crença de que arranjos de engenharia política e institucional constituem-se como canal necessário, para que o campo da política possa emergir de modo genuíno e natural. Na medida em que a Aliança se representa como a expressão verdadeira dessa naturalidade, a reforma política deve incidir sobre as travas que impedem a sua afirmação enquanto movimento político.

A postura sintetiza de forma clara um movimento constante no texto aliancista. As críticas imediatas ao campo governamental localizam-se, em sua maioria, na crítica contingente a procedimentos, tais como a conduta do presidente, a malversação de fundos do Banco do Brasil, entre outros pontos. Já as críticas substantivas, ou "doutrinais", operam como modos de construção da legitimidade histórica e moral dos aliancistas e de falsificação da história dos "conservadores".

A preocupação que parece presidir a produção do texto é a de obter um máximo de simbologia oposicionista, com um mínimo de risco em termos de dissídio com o esquema governista. De fato, os limites reais para a transformação do "chefe de facção" em "chefe de nação" são muito tênues, e cabe ao discurso evitar qualquer trava à possível reconfiguração do espaço político. Postura, aliás, fiel ao clássico lema castilhista: "Nem oposição sistemática, nem apoio incondicional." No entanto, esse não é o único esforço do texto. Há, ainda, a preocupação interna de compatibilizar a diversidade das posições políticas presentes no campo aliancista. Tal esforço aparece na referência feita ao problema do voto secreto.

O texto sustenta a necessidade de uma "exata representação das opiniões políticas", como "caminho seguro para evitar as desordens políticas, os sobressaltos na tranquilidade pública e prevenir definitivamente os desastres de guerra civil". Para tanto, faz-se urgente a eliminação do "grosseiro regime de mistificação eleitoral". A dificuldade reside no fato de que a ênfase na busca da verdade eleitoral não implica a defesa de qualquer forma eleitoral específica. O único ponto definitivo é o que postula a obrigatoriedade do voto.

> Em princípio, pode preconizar-se, como supremo ideal, a liberdade, que assiste a todo indivíduo, de votar ou não. Mas em país

como o nosso, cujo maior defeito é, talvez, o do absenteísmo eleitoral, afigura-se-nos aconselhável, com experiência, a obrigatoriedade do voto.

No entanto, a respeito das condições de exercício do voto – se secreto ou se público –, o texto opta pela defesa da "honestidade eleitoral" como regra geral para qualquer regime particular, sem mencionar os fatores que determinariam a "mistificação eleitoral".

Não entremos, agora e aqui, na pesquisa das razões profundas, que determinam esse alheamento popular pela vida funcional da República. Observemos, apenas, que corre ao legislador a obrigação de, por medidas oportunas, evitar, enquanto ele esteja ao alcance, esse afastamento do povo dos comícios eleitorais.

A diversidade de respostas ao problema do tipo de voto a ser adotado é evidente na ressalva feita à visão dos republicanos gaúchos.

Os republicanos rio-grandenses, na verdade não são chamados a esse debate, que se circunscreve, praticamente, aos partidários do voto secreto. Mas, por uma simples questão de lógica, de bom-senso e ainda de defesa doutrinária do voto público, eles não poderiam, à plena evidência, acumpliciar-se com os que nada têm feito e querem continuar fazendo do que desmoralizar, na mais indefensável das acomodações, tanto o voto público quanto o secreto.

A discussão acaba deslocada para o tema das fraudes eleitorais. As medidas de reforma eleitoral não têm sentido "se todas elas não forem completadas por um conjunto de disposições que cominem severa punição por fraudes cometidas em todas as fases do processo eleitoral". A discussão sobre o regime eleitoral converge para a certeza de que qualquer melhoramento depende de um problema de administração. A definição dos critérios corretos de administração reforça a ideia da separação entre esfera política privada e ordem pública.

> O poder partidário faz o poder público, mas o poder público, por nenhuma forma, deve fazer o partidário. No Brasil, a prática, que se pode dizer quase uniforme, tem consistido precisamente no contrário: é o poder público, é o governo que faz, ampara, tonifica, aparelha de recursos e poder partidário, no qual, por sua vez, descansa e confia...
> ...é a oligarquia, é a doença mais grave da República. Urge, pois, separar o poder público do poder partidário, por meio de adequada legislação, que dê aos partidos existência legal, que lhe defina a personalidade, os deveres e as responsabilidades.

Com essa referência ao problema das fraudes eleitorais, o texto do Manifesto conclui a demonstração das premissas gerais e a indicação dos "problemas atuais". Uma vez definidas as características e a legitimidade do seu sujeito político, o texto pode nomear alguns problemas concretos, unificados no discurso a partir da definição de propostas de regulação. O próprio ordenamento dos temas – Instrução Pública, Higiene, Ordem Social, Justiça, Funcionalismo, Ordem Econômica –, aparentemente aleatório, apresenta uma sucessão de problemas a ser regulados por uma iniciativa governamental positiva.

De um modo geral, as propostas são vagas, e o discurso já não tem a ênfase e o tom polêmico apresentados na abertura: os temas são administrativos, assim como o discurso que os selecionou. Alguns itens dão a ver com clareza o ímpeto regulador.

No item "Instrução Pública", por exemplo, é perceptível a visão da totalidade social como algo a ser corrigido e melhorado. Há correlação explícita entre difusão da instrução e elevação do nível da política, o que conduz à "necessidade de a União despender gastos com a educação". A intenção reguladora brota com maior clareza na seguinte passagem:

> O Departamento Nacional de Ensino deverá ter as suas atribuições desenvolvidas e aumentadas de eficiência, podendo mesmo passar a constituir uma Secretaria de Estado autônoma, à qual incumba, também, provisoriamente, o trato com a ordem social.

Mesmo como proposta provisória, a subordinação dos temas ligados à ordem social na esfera da "Instrução Pública" indica uma compreensão do conflito social como algo a ser freado pela educação, pela definição de normas de solidariedade capazes de superar paixões e interesses privados. A "democracia" – palavra praticamente ausente no texto – é entrevista como um instrumento educador do social. Apesar de ser o "governo do povo", a "democracia" materializa-se sobre um espaço social precário, marcado pelo "despreparo" que atinge indistintamente as elites oficiais e o "povo". Esse, apesar de ser a fonte soberana do poder, pelo fato de viver sob um regime político desvirtuado, mostra-se incapaz para o autogoverno. O que resulta é uma proposta de educação do povo para a "vida política democrática", como mecanismo gerador de atitudes e de obrigações políticas.

A reflexão sobre "Higiene", que pode ser incluída em uma classificação mais ampla – associada à "Instrução Pública" e à "Ordem Social" –, vinculada à imagem da Higiene Social, indica a necessidade de regulação política bem definida: "a instrução, a educação e o saneamento formam a trilogia que está a reclamar o estudo e a ação de um governo verdadeiramente bem intencionado".

A ideia de "Higiene", de modo metafórico ligada à ideia de "saneamento geral do país", adquire, ainda, contornos "biológicos". Com efeito, a melhoria da "raça" apresenta-se como fator de bem-estar nacional. A proposta de criação de um Ministério da Saúde Pública seria condição necessária para que se enfrentasse, "pela primeira vez, com método de máxima amplitude, o problema da valorização da raça, sob o tríplice aspecto moral, intelectual e econômico."

O tema da "ordem social" tem sido normalmente avaliado como a maior inovação da Aliança Liberal, como índice de superação de uma perspectiva de corte puramente repressivo. A depender, contudo, do texto do Manifesto – supostamente elaborado por Lindolfo Collor, a quem se atribui a paternidade das primeiras preocupações oficiais com o assunto no pós-1930 –, o tema não parece receber tratamento inovador.

O texto do Manifesto indica que os aliancistas estão "convencidos, e convencida está a nação inteira, de que também aqui, como em todos os países civilizados, o problema social existe". A questão social existe por parte, e é tomada como representando um "fenômeno mundial" e como "demonstração de progresso". O reconhecimento da questão é o ponto de partida para o postulado da necessidade de uma intervenção reguladora do Estado, para que se cumpram compromissos com o Bureau Internacional do Trabalho e para garantir a "proteção aos interesses dos operários".

> A conquista das oito horas de trabalho, o aperfeiçoamento e a ampliação das leis de férias, dos salários mínimos, a proteção das mulheres e dos menores, todo esse novo mundo moral que levanta, aos nossos dias, em amparo ao proletariado, deve ser contemplado pela nossa legislação, para que não continue a ofender os brios morais dos nossos trabalhadores com a alegação de que o problema social no Brasil é um caso de polícia.

A referência às acusações de que, para a matriz oficial, a "questão social é caso de polícia" é retirada da plataforma eleitoral de Washington Luís, quando candidato ao governo de São Paulo em 1920. Nela, textualmente, lê-se: "...a agitação operária é uma questão que interessa mais à ordem pública do que à ordem social...". No entanto, essa plataforma, que antecede a Aliança em dez anos, demonstra a mesma intenção reguladora e idêntica definição da agenda dos "interesses operários" sendo inclusive mais explícita em alguns pontos.

> ...as aspirações operárias alhures são realizadas em São Paulo. A fornada de oito horas, praticamente em execução por todos, a regulação do trabalho da mulher e do menor, no código sanitário, já são observadas. A observância, porém, de tais preceitos deve ser imposta por lei da República, para, por bem agir, não se colocar o estado em inferioridade na produção econômica.

Na esfera da ação reguladora, o texto de Washington Luís, de 1920, ultrapassa o da Aliança Liberal na sugestão de criar juntas de conciliação e de arbitragem, a ser "entregues a magistrados, cuja independência e cuja imparcialidade, inerentes e essenciais ao cargo, serão abonadas da independência e imparcialidade das decisões". A rápida comparação justifica-se como ponderação do alcance da "inovação liberal". A maior ativação de propostas ligadas à "questão social", por meio de políticos e operadores aliancistas, deu-se, na verdade, em contexto do Manifesto, nos "jornais populares" do Rio de Janeiro[278].

Os pontos seguintes do Manifesto incidem sobre a necessidade de regulações mais efetivas, por parte de poder público.

---

[278] Sobretudo os jornais *A Esquerda* e *Combate*, no biênio 1929-1930.

Com relação à "ordem econômica", além da defesa do "amparo à agricultura", há uma ênfase no problema do café, "coluna mestra de nossa economia". Propõe-se a manutenção da política de defesa, com a ressalva de que "os métodos atuais de defesa precisam ser cuidadosamente revistos, por forma a darem maior elasticidade às iniciativas dos produtos e garantirem mais abundante colocação nos mercados de consumo". No entanto, e apesar da afirmação de que "a situação do café brasileiro nos mercados internacionais está gravemente ameaçada", o texto do Manifesto não esclarece que rumos tomar com relação ao problema. A única proposta positiva veiculada, ainda assim genérica, é a necessidade de incentivar outros produtos, além do café.

Sobre os pontos de ordem concreta, cabe uma última referência aos itens "Tarifas". Com relação ao primeiro, o texto do Manifesto se posiciona da seguinte maneira:

> Quanto às indústrias fabris, é necessário, em defesa delas, e dos consumidores, proceder a uma cuidadosa revisão das tarifas alfandegárias. O critério dessa revisão não poderá deixar de ser o protecionista. Mas por protecionismo não se pode licitamente estender a extensão de fatores à indústria artificiais, que importam do estrangeiro as matérias-primas e aqui se estabelecem apenas para, à sombra das nossas pautas tarifárias, encarecer os preços nos mercados nacionais.

Com relação ao problema das "Finanças" é proposta a continuidade da política de estabilização da moeda, "pois muito maiores seriam os prejuízos resultantes do seu abandono do que os benefícios pouco prováveis que pudessem ser colhidos com a adoção de outra diretriz".

Fica evidente, após a leitura geral do texto, o desequilíbrio entre sua primeira metade, composta por reflexões marcadas por um maior grau de abstração, e os itens restantes, divididos entre constatações concretas e soluções genéricas. A discussão mais detida a respeito desses problemas foge da esfera de ação do texto.

Nos itens finais, a título de conclusão, o Manifesto apresenta os seus candidatos, a reeditar o estilo crítico e genérico dos itens iniciais. A diferença, nesse ponto, é que o caminho já está percorrido. A adequação da causa liberal aos problemas nacionais está demonstrada, o que permite que a figura de seus candidatos emerja como resultado natural desse encontro. O maior destaque vai para o currículo do candidato Getúlio Vargas, no qual desfilam virtudes e feitos. Em um momento de inversão simbólica, a apresentação do candidato é consagrada por meio de citação de discurso do presidente Washington Luís, em sua homenagem, por ocasião de sua saída do Ministério da Fazenda. Homenagem na qual o talento administrativo apareceu como maior virtude.

Vale notar, ainda, o modo pelo qual o Manifesto Liberal alterna momentos de ativação oposicionista e reflexões que sugerem o seu oposto. A recuperação do discurso de Washington Luís pode, é claro, ser vista como sintoma de oportunismo político. Mas, é possível aí perceber um efeito de anticlímax, na medida em que a fala presidencial elogiosa atua em um lugar estratégico do texto – as conclusões – como um mecanismo legitimista e consagrador.

Uma última observação a respeito da estrutura do texto pode ser oportuna. Já assinalei, e procurei demonstrar, o caráter multifacetado do texto liberal. Sobre essa multiplicidade dificilmente poderíamos operar com os termos *discurso crítico* e *discurso da ordem* como categorias opostas, na medida em que a retórica liberal representa de forma simultânea os dois papéis. O compromisso com a ordem é, com efeito, duplo: manifesta-se no próprio fato de que a oposição nacional é, também, situação estadual; e, além dessa circunstância política concreta, vincula-se ao apego mais amplo e compartilhado com os valores da ordem e da estabilidade.

A PLATAFORMA ELEITORAL DE JÚLIO PRESTES: A FABRICAÇÃO RETÓRICA DO PRINCÍPIO DA REALIDADE

> A nossa época não é teórica, não comporta mais os liberalismos concebidos com a abstração da humanidade, que é hoje ação e movimento, trabalho e criação.
>
> Júlio Prestes

O privilégio concedido aos textos da propaganda liberal, como momentos de uma intervenção verdadeira e adequada ao momento político, tem como contrapartida lógica a constatação do desencontro, senão da irrelevância, da reflexão política dos atores e grupos localizados no campo oficial.

A derrota política vivida pela coalizão conservadora no episódio de outubro de 1930 projeta-se, para além das evidências imediatas do campo político, em direções opostas, no sentido tanto do passado como do futuro. Nessa combinação entre *derrota contingente* e *derrota histórica*, o passado emerge como espaço no qual o desencontro histórico desses perdedores é revelado com nitidez. Com relação ao futuro, afirma-se a ilegitimidade de memória perdedora como versão constitutiva do conflito que determinou seu insucesso.

Tal procedimento implica, entre outros efeitos, a seleção de eventos, em um momento político específico, julgados como fatores de progresso e como acontecimentos propulsores de algo designado como "evolução política". Na categoria dos fatores de progresso, normalmente são incluídas na análise sobre a revolução de 1930 as trajetórias de reflexões de atores políticos ligados ao "campo liberal". A matriz oficial é definida, por sua vez, de forma acusatória, como "conservadora" ou "carcomida", rótulos políticos que indicam compromisso inelutável com a permanência, senão com a retroação. Por essa via, a reconstituição histórica percebe o campo oficial como campo reativo às iniciativas do campo liberal, que jogaria o papel principal no embate político.

Poder-se-ia opor a tal enquadramento uma série extensa de argumentos. Em termos genéricos, sempre é importante ponderar que o entendimento da dinâmica dos conflitos políticos não pode dispensar a consideração do quadro de versões que operam em seu interior. A eleição de uma versão mais adequada ao momento traz em si a crença de que os conflitos políticos atualizam, de modo necessário, uma dinâmica estrutural e invisível, a operar um padrão de aferição do grau de verdade e erro das alternativas propostas.

A perspectiva presente nesta reflexão parte da ideia de que o que resulta dos processos políticos, notadamente em momentos de crise, é algo afetado por um padrão de imprevisibilidade propiciado pelas contingências e pela forma pela qual as versões se apresentam no conflito. Ou seja, a resolução do conflito, se tal expressão puder ser empregada e dada a vitória de uma das versões, é menos uma questão de adequação à verdade e mais um efeito da combinação entre política e retórica. A derrota das outras versões não representa falsificação de suas vivências parciais do espaço político nem a necessária identidade entre fracasso político imediato e irrelevância dos esforços de reflexão política e de entendimento do que está a passar.

Diante da ideia de "fracasso político", a questão que se põe é a de saber se a derrota sofrida em um momento político específico, por mais decisivo que seja, é índice suficiente para afirmar a vigência de um fracasso de corte totalizante. No caso das elites políticas identificadas com a matriz oficial, nos anos de 1928 a 1930, a resposta à questão anterior parece ser negativa. Vários dos diagnósticos a respeito do estado da República, apresentados por políticos, publicistas e intelectuais derrotados em 1930, somaram-se ao arsenal de avaliações desenvolvido pelos vitoriosos, ao longo das décadas a seguir. Notadamente, esse parece ser o caso de versões de mundo que enfatizam a necessidade de um papel regulador mais ativo do Estado e a aversão a desenhos políticos de corte liberal.

De nenhuma forma pode isso ser tomado como paradoxo. O repertório político-ideológico das elites oligárquicas mais significativas é bem representado pelo tipo de reflexão que, na conjuntura do final da década de 1920, é praticado por grupos que se situam no lado oficial. A matriz liberal, conjunto difuso de símbolos ativados em torno da Aliança Liberal, apesar de incorporar um protesto cristalizado e presente desde os anos 1920, em seu conjunto, representa um desvio temporário e contingente com relação aos formatos oficiais de reflexão sobre a ordem política.

A partir dessa perspectiva, os principais textos eleitorais – as duas plataformas dos candidatos à eleição presidencial de 1930 – podem ser confrontados, com o consequente reconhecimento de uma diferença fundamental.

O texto liberal pode *sobrevoar a ordem política*, pondo-se mesmo no seu exterior. Ele, com efeito, opera a partir do duplo pressuposto de que o "regime" encontra-se totalmente falsificado e de que, por consequência, o esforço aliancista é, mais que legítimo, verdadeiro, posto que herdeiro das tradições republicanas. Daí, como já foi notado, a emergência da proposta liberal como *renovação conservadora*, empenhada em criar condições para a recuperação do passado.

A reflexão oficial, em particular a plataforma de governo de Júlio Prestes, opera em registro distinto. Não se trata de perscrutar criticamente a ordem social, mas de tratá-la como um objeto real, permeável à regulação governamental. O próprio título do texto eleitoral de Júlio Prestes é significativo. Não se trata de uma "plataforma eleitoral", e tampouco se trata de um "candidato", mas sim de uma proposta de governo formulada por um sujeito político cuja legitimidade brota de sua trajetória de realizações concretas. Não há tempo a ser recuperado, ou origem a ser reposta, mas tão só problemas a resolver a partir do aperfeiçoamento das formas institucionais vigentes. Torna-se inteligível, assim, a ênfase em problemas concretos, com atenção a detalhes ausentes no texto liberal.

DESENHO DO TEXTO

O texto estrutura-se a partir de três pressupostos genéricos:

– A certeza de que os ordenamentos políticos vigentes são os melhores possíveis.
– A definição do governo como instrumento técnico, o que implica a necessidade de incrementar as regulações sobre a sociedade.
– A redefinição do papel do Estado, no sentido de torná-lo mais forte e atuante.

O texto de Júlio Prestes, lido no Rio de Janeiro a 17 de setembro de 1929, é composto por vinte itens, precedidos de uma introdução geral. A distribuição é a seguinte:

- Introdução
- Bancos
- Produção
- Indústria e Comércio
- Transportes e Circulação
- O Norte
- O Nordeste
- Centro e Sul
- Imigração
- Energia
- O homem e a Raça
- A Higiene e a Instrução
- Eleições
- Justiça
- Operariado
- Funcionários
- Classes Armadas
- Capital Federal
- Outros problemas
- Liberdade e Consciência
- A Ordem

Aos itens assim ordenados sucede um apelo final para a eleição.

Há dois segmentos distintos na estrutura do texto. A introdução e os dois últimos itens desenvolvem um estilo de reflexão de corte mais genérico e distinto dos demais, nos quais é visível um ânimo classificatório. O discurso, dessa forma, propõe-se a espelhar um mapeamento possível da ordem social brasileira.

UM MUNDO REAL ATRAVÉS DA REGULAÇÃO

A primeira preocupação é a de sustentar a legitimidade política do sujeito do discurso. A candidatura de Júlio Prestes é produto de uma "convenção que reuniu a maioria absoluta das municipalidades do Brasil"[279]. Esse corpo político, de "constituição genuinamente democrática", representa a "vontade nacional" e a "voz da própria nacionalidade". É importante notar a ênfase dada no texto à identificação precisa do que seria a "vontade nacional". Não se trata de uma figura abstrata, mas sim de um corpo político concreto – representantes de municípios, um formato que evidencia a preocupação simbólica de apresentar os poderes locais como fontes máximas de autoridade. Por outro lado, é evidente a definição dos limites da cidadania, circunscrita a esse mesmo corpo político.

O resultado da ação dessa "vontade nacional" é a defesa da "continuidade política e administrativa do governo". Esse, por sua vez, é definido como instrumento saneador dos "males profundos" que se apresentam ao país.

A partir da definição da diretriz geral – a "continuidade" –, tem-se a apresentação do candidato:

> Conhecido o meu passado, a minha atuação de homem público e proclamadas todas as manifestações de que fui alvo, desde o lançamento de minha candidatura, até o prestígio de que me vi cercado por todas as forças vivas da nacionalidade que me aclamavam como continuador da obra política e administrativa do sr. Presidente Washington Luís, estava implicitamente traçando o meu programa de governo.

---

[279] As citações a seguir, salvo aviso em contrário, pertencem à Plataforma Eleitoral de Júlio Prestes de Albuquerque.

Ao contrário do sujeito coletivo e impessoal, motor imóvel da retórica liberal, o texto oficial organiza-se em torno da primeira pessoa do singular. Mas, o que à primeira vista emerge como discurso dotado de tonalidade personalista, parece indicar com maior ênfase um contexto de autoria. Nele, o que conta não é a pessoa contingente que assume a autoria, mas a biografia daquele que é apresentado como autor. De modo mais explícito: o autor é a biografia, espaço no qual interagem a história pessoal do candidato e as virtudes republicanas. Menos um curso retilíneo de formação de uma personalidade e mais um espaço vinculante para o qual convergiriam a experiência e as virtudes das "forças vivas da nacionalidade"[280].

A biografia do candidato é o melhor índice de legitimidade, tão forte a ponto de o texto sugerir, de forma velada, a desnecessidade das eleições. O candidato sente-se "investido dos poderes de um mandato expresso para o fim especial de continuar o governo que a nação reclama". O texto acrescenta: "...dessa própria investidura nascia naturalmente o meu programa, já *a priori*, sancionado pelo voto consciente e espontâneo da maioria dos Estados Unidos do Brasil".

O diagnóstico de mundo apresentado pelo texto tem como referência velada o período de instabilidade política do governo de Artur Bernardes (1922-1926), para ressaltar, a seguir, as virtudes de Washington Luís:

> O Brasil – que já não suportava mais as agitações que comprometiam desde o seu trabalho até a sua dignidade, e que voltara a desenvolver-se dentro das normas constitucionais, na eleição de um governo que agia de acordo com as suas aspirações, fixando o valor de sua moeda, restaurando as suas finanças e restabelecendo

---

[280] Para o tema da autoria, ver A. Dawe. "Sociology: Autorship, Tradition and Conversation". *Sociology*, 12.2, May, 1978.

o seu crédito – não desejava retroceder ao período daquelas agitações prejudiciais e daquela anarquia financeira e monetária, que desfaziam os seus esforços, esgotavam as suas mais ricas energias e o deprimiam aos seus próprios olhos, colocando-o em posição de inferioridade com relação a outros países do continente.

O governo de Washington Luís é apresentado como fator de qualidade responsável pelo fato de que "os brasileiros recobraram a confiança, recuperaram o ânimo e conjugaram as energias da raça às forças latentes de nossas possibilidades econômicas e começaram a produzir".

A ideia de desordem é a antítese radical do projeto ao qual se procura dar continuidade. Na verdade, a desordem pode operar em três planos – social, político e econômico –, segundo uma hierarquia causal: "A desordem social origina-se da desordem econômica. O homem arruinado economicamente é um perturbado e, como tal, um elemento de perturbação e de desordem política e social."

A desordem econômica, através da mediação do indivíduo, projeta-se sobre a desordem política e social. A visão de indivíduo é eminentemente produtivista. Na relação estabelecida entre as elites políticas oficiais e o país, esse é percebido como conjunto de potencialidades econômicas concretas, à espera de regulação. Dessa perspectiva deriva a atribuição máxima do governo: "Defender os que trabalham e os que produzem sempre foi o supremo objetivo da política republicana."

A visão produtivista do indivíduo confina-o a um universo no qual a principal dimensão que o qualifica como parte do todo é a utilidade. O horizonte da trajetória individual é o de ser útil dentro de uma unidade mais ampla, a ser administrada. Na reflexão desenvolvida no item "liberdade de consciência" – identificada com liberdade de culto e crença religiosa –, o tema da liberdade aparece fixado no âmbito privado da esfera individual. É possível a isso associar uma referência ao comentário de Karl Mannheim, a respeito dos matizes do pensamento conservador:

> A solução consistiu em fazer da liberdade assunto que diz respeito ao lado privado e subjetivo da vida, enquanto que todas as relações sociais externas foram subordinadas ao princípio da ordem e disciplina[281].

A unidade mais ampla, que substitui a esfera da autonomia individual, emerge sob a forma de uma grande coletividade, essa sim, dotada de liberdade – a "vontade nacional" ou "as forças vivas da nacionalidade". No entanto, a liberdade dessa figura está limitada a uma espécie de impulso fundamental: a "vontade nacional" opera como força inicial e propulsora do governo legítimo. Uma vez legitimado, o governo pode operar de forma autônoma, por meio de operadores de classificação e regulação da vida social.

A reflexão sobre a liberdade traz para o texto a matriz conservadora, a propor o abandono da ideia de "liberdade abstrata", em favor de uma compreensão do mundo que o percebe como produto de fatores reais. A ênfase no concreto faz com que o mundo seja percebido não como lugar de potencialidades abstratas, e sim como um resultado objetivo e já presente. O passado e o presente são, assim, unos, constituindo-se ambos menos como momentos distintos no fluxo do tempo do que como figuras *conespaciais*[282].

---

[281] Trata-se da solução para o conflito entre a liberdade do indivíduo e a liberdade do Estado. Ver Karl Mannhein. "Conservative Tought" In Karl Mannheim. *Essays on Sociology and Social Psychology*. New York, Oxford University Press, 1953.

[282] O tema da conespacialidade é recorrente na agenda conservadora, pois permite introduzir a equivalência formal e moral entre passado e presente, senão a superioridade valorativa do primeiro sobre o segundo. O tema aparece

Essa dinâmica interpretativa, de inequívoco parentesco com a tradição conservadora, institui para o campo oficial os contornos da sucessão presidencial de 1930. Júlio Prestes é um continuador, mas isso não põe em cena uma relação de anterioridade ou posterioridade. A sucessão é espacial, já que não envolve a criação de um tempo qualitativamente distinto do anterior. A conespacialidade instaura-se na medida em que os elos da sucessão fazem parte de uma única agenda: a produção e a regulação da ordem social.

A rigor, não há tempo social autônomo, mas tão somente uma dinâmica de regulação. Ordem e Lei, instrumentos privilegiados da missão reguladora, são dotadas de duas propriedades básicas:

– Anterioridade com relação à interação social.
– Separação entre a esfera da ordem e da lei, com relação ao campo dos assuntos privados e relações singulares.

Os princípios da anterioridade e da separação fundem-se na afirmação de que "somente dentro da ordem e sob o império da lei foi que ele (o Brasil) conseguiu, sem moeda e com finanças vacilantes, organizar a economia e os recursos que lhe garantiram a subsistência". Os princípios mencionados sugerem, ainda, a presença de um mecanismo interno de autoverificação. A perfectibilidade da ordem diz respeito à sua intimidade, e não aos eventos do mundo que procura

---

com força em autores tais como Edmund Burke, Adam Müller e Joseph de Maistre. Para o ponto, ver o ensaio de Karl Mannheim, já citado. Karl Marx, na abertura do *XVIII Brumário de Luís Bonaparte*, faz menção explícita ao fenômeno, ao detectar a força simbólica da República Romana no imaginário da Revolução de 1789 e da presença desta na linguagem dos revolucionários de 1848.

regular. O espaço das coisas externas só adquire significação na medida em que se constitui como um *efeito da ordem*. A fala de Júlio Prestes, a esse respeito, é paradigmática: uma ordem autoverificável só pode legitimar um movimento: a continuidade.

A distinção entre as esferas da ordem e da lei, no plano das atividades privadas e singulares, não é mera reedição do contraponto entre as esferas pública e privada. Não se trata de distinguir esferas complementares e dotadas de simultânea legitimidade. O mundo da ordem e da lei é único e total, enquanto que os assuntos privados e singulares são marcados pela multiplicidade. Parece ser esse o pressuposto do discurso administrativo: o esforço retórico, mais do que perfilar monótonos registros de intenções e realizações técnicas, pretende, através de exaustiva classificação do mundo, ordenar a multiplicidade dos processos sociais, na suposição de que eles não possuem outra virtualidade que não seja a de se constituir como alvos necessários de regulação política.

Sob essa ótica, são apresentados os itens do texto eleitoral de Júlio Prestes a respeito de problemas concretos. Os assuntos ligados à ordem econômica são tratados em primeiro lugar, cabendo ao item Bancos a abertura: a reforma monetária é posta como condição necessária à estabilidade econômica. Sua implantação deverá exigir a criação de um Banco Central, como instrumento regulador e centralizador do sistema financeiro.

O maior e mais detalhado item da plataforma diz respeito à Produção. A comparação com a retórica da Aliança Liberal é útil, além de difícil desconsideração. Enquanto essa se refere de forma genérica à ordem econômica, o texto oficial desce a detalhes, a produto por produto e ao tipo de iniciativa governamental pertinente a cada um deles. Há ênfase clara ao incentivo à indústria de base, consideração ausente no texto da Aliança Liberal. Cabe a referência:

> ...há, ainda, por organizar, a fim de que possa corresponder, pelo menos, ao nosso desenvolvimento, a indústria metalúrgica, cujas possibilidades avultam no Brasil e se entremostram como a mais importante das indústrias nacionais.

Com relação ao café, além da perfunctória referência a seu papel de "base da riqueza nacional", o texto manifesta a preocupação de evitar intervenções protetoras por parte do Estado:

> Um dos poucos produtos, senão o único, que vinha resistindo à crise e mantendo-se em equilíbrio, era o café, cuja estabilidade de preços nestes últimos anos foi grandemente compensadora para todos. Mas, este mesmo se mantinha e ainda se mantém, devido à ação do governo e dos aparelhos que o defendem contra a especulação. A própria existência desses aparelhos – Instituto do Café, leis e convênios reguladores de armazenagem e embarques – era a prova da anormalidade de nossa situação, do excesso de produção sobre o consumo e do vigilante esforço que sempre despendemos para defender o produto.

A alternativa proposta é a de manter a defesa do café, "sem os excessos de uma política valorizadora e sem os riscos das intervenções oficiais, que, quase sempre, são desastradas". O tratamento, à primeira vista, parece destoar das premissas simbólicas de ordem geral que organizam o texto e a postura oficiais, sempre a apontar a esfera governamental como instrumento regulador e atribuidor de sentido ao mundo social. Ao tratar do café, a plataforma oficial se faz liberal, em termos clássicos, ao condenar a excessiva intervenção do Estado na vida econômica.

O argumento da inconsistência é tentador, mas não exclui a plausibilidade dos seguintes argumentos:

– A preocupação com a excessiva intervenção do Estado na atividade econômica não é incompatível com uma concepção da esfera estatal como instrumento de administração e de despolitização das relações sociais.
– Aquela preocupação é sustentada pelo caráter "desastrado" das intervenções. Cabe ponderar que o efeito de perturbação não tem como alvo exclusivo aquilo que é regulado, mas sobretudo a própria instância reguladora. Indicar "excessos" e disfuncionalidades associa-se à necessidade de aperfeiçoar as ações reguladoras.

Mas o café não se resume à economia e à regulação política. A estratégia retórica do texto evita, para ser persuasiva, o confinamento do tema a uma arena exclusivamente técnica. O café é apresentado como um símbolo de agregação, capaz de definir o nexo da "nacionalidade". Assim, a reflexão sobre o café pertence a um quadro maior, no qual a "fazenda" emerge como instância central:

> O fazendeiro é o tipo mais representativo da nacionalidade e a fazenda é ainda o lar brasileiro por excelência, onde o trabalho de casa, a doçura da vida e a honestidade dos costumes completam a felicidade.

No tratamento oferecido ao tema Indústria e Comércio, não há evidências que sustentem o suposto "anti-industrialismo" das elites oligárquicas de São Paulo. Ao contrário, as atividades industriais são vistas como essenciais; sua valorização articula-se com a defesa da intervenção estatal. Essa deveria incidir sobre a "reforma radical das nossas tarifas alfandegárias" e na modificação da lei das sociedades anônimas.
O texto não vacila em afirmar a necessidade de estímulo do poder público para o desenvolvimento das atividades in-

dustriais. Nos discursos desses supostos representantes dos agrários, não figura a tradicional distinção entre indústrias naturais e indústrias artificiais, presente no texto da Aliança Liberal. Uma agenda econômica modernizadora não parece estranha a intenções manifestas no discurso oficial. As continuidades administrativas, entendidas como manutenção das formas institucionais de processamento dos conflitos, devem conviver com instrumentos capazes de implantar a modernização da esfera econômica. Daí a preocupação em definir, com detalhes, para cada atividade econômica um conjunto específico de instrumentos de apoio e de mecanismos regulatórios.

A esfera econômica é uma coleção de potencialidades a maximizar. Sua unidade menor – o indivíduo econômico e útil – é universal, nos limites dessa ordem. Na representação do mundo econômico não operam divisões qualitativas entre os que compõem aquela coleção. A maior ou menor acumulação de recursos é fenômeno contingente e qualquer diferenciação é quantitativa. O trabalho é a variável definidora desses limites pela sua disponibilidade para todos, na medida em que o país é visto como dotado de uma abundância de fatores econômicos naturais.

Se o tratamento do mundo econômico descreve um universo indistinto, composto por sujeitos qualitativamente equivalentes, a ordem política é o lugar da diferença e da hierarquia, porque marcada por distinções qualitativas com relação ao uso dos recursos de poder. A anterioridade da lei e da ordem, com relação à interação social, em termos simbólicos, define de modo apriorístico quem são os seus gestores legítimos. As "forças vivas da nacionalidade" compõem um corpo político predestinado a administrar a multiplicidade do universo social.

Ainda no tratamento da esfera econômica, as propostas referentes à imigração são reguladas por valores de ordem mais geral, tais como a "formação da nacionalidade" e o "aperfeiçoamento da nação".

"O problema da imigração deve ser encarado, principalmente sob o ponto de vista da formação da nacionalidade, antes que o seja de braços para a produção."

O problema da imigração ultrapassa considerações exclusivamente produtivistas, já a importação de braços estaria associada à importação de ideias desviantes. A "realidade natural" do imigrante é radicalmente distinta da do trabalhador brasileiro: "Não temos, felizmente, as graves questões sociais que agitam as nações do velho mundo, e, por isso mesmo, não temos as reivindicações em que se debatem esses povos".

A diferença impõe a necessidade de determinar, para fins de regulação, o tipo de imigrante mais adequado: "Não temos receio da absorção estrangeira, mas devemos ter as cautelas necessárias, no estudo das raças que recebemos, para que a nossa pátria continue a manter o mesmo grau de civilização que atingiu."

Com relação ao tema imigração, a retórica oficial adquire maior elasticidade. Não basta representar o tema exclusivamente a partir da ótica da imaginação produtivista. O imigrante envolve também uma dimensão política potencial: pode se tornar um inimigo e, portanto, não há como confiná-lo aos limites do mundo da economia. As categorias de "raça" e "nacionalidade" procuram instituir marcos de referência mais amplos, definindo obrigações diante da ordem política.

No entanto, no item reservado ao Homem e à Raça, as metas mais amplas de agregação voltam a ser associadas à perspectiva produtivista: "Ao problema da educação, liga-se intimamente, o da cultura física para combater as deficiências e melhor aproveitar as capacidades individuais."

Talvez esse seja o momento mais apropriado dessa construção retórica, no sentido de identificar a representação da ideia de indivíduo que desfila no texto. Tomando como referência as premissas da perspectiva utilitarista clássica, o texto apresenta alguns contornos de afinidade com relação a alguns aspectos. A aproximação torna-se mais evidente na percepção do social como conjunto de utilidades a maximizar, composto por indivíduos dotados de um potencial produtivo capaz de garantir sua felicidade. Mas, esse indivíduo é apresentado mais como *útil* do que como *utilitarista*, pois a racionalidade que definiria e implementaria estratégias plausíveis para obter saldo positivo entre custos e benefícios é algo que pertence mais aos desígnios da regulação política do que à esfera dos cálculos privados. Em termos mais fortes, a interação social, apesar de constituir uma coleção de potencialidades e utilidades, se deixada à sua sorte, é incapaz de produzir um esforço competente maximizador.

A partir desse viés, a melhoria do "Homem e da Raça" emerge como ponto estratégico na agenda positiva do governo:

> O ensino secundário e o superior reclamam... uma orientação segura e de mais eficiência. Para imprimir essa orientação, assim como para que a obra de saneamento se estenda, devidamente, por toda parte, precisamos de um órgão técnico e especializado de saúde e instrução, que coordene, com os altos estudos de uma formação universitária, criadora do espírito de solidariedade e da unidade de pensamento, os problemas vitais da nacionalidade, chegando até à constituição de um ministério, logo que isso se torne possível.

A natureza da intervenção define-se a partir do privilégio concedido aos "fatores reais", com relação aos de ordem abstrata. O alvo velado é a retórica da Aliança Liberal, que privilegia o "reordenamento moral" do país como condição necessária para a boa interação social. Com claras afinidades conservadoras, o texto estabelece que

> (o) maior de todos os idealismos, ainda é aquele que visa desenvolver a produção e criar a riqueza, para que nela se assentem, com bases sólidas, todas as reformas sociais.
> Diante do problema das eleições, a terapia proposta não difere muito bem da liberal: nova lei eleitoral, justiça específica e "verdade eleitoral".
> A nossa lei eleitoral precisa ser profundamente modificada e melhorada. A sua reforma, pois, já se faz necessária para sejam instituídas maiores garantias, desde o alistamento até a apuração, chegando-se mesmo à adoção do voto obrigatório, se possível, para sanear os atos eleitorais das fraudes, porventura, provocadas pela abstenção do eleitorado.
> E mais: A criação de uma justiça especializada para os atos da vida civil e dos direitos políticos dos cidadãos será o primeiro passo para a regeneração dos costumes e para o triunfo da verdade eleitoral.

A neutralidade da justiça é apresentada como necessária ao exercício do voto. Com relação ao tipo de sufrágio – se secreto ou público –, tem-se a mesma indefinição presente no texto da Aliança Liberal: "Todo o sistema eleitoral depende mais da educação do eleitorado ou das autoridades que presidem do que das fórmulas que adote, pois a forma do voto é secundária desde que haja verdade eleitoral."

As propostas de aperfeiçoamento político não incluem o alargamento do corpo eleitoral, fixando-se em questões de procedimento eleitoral, regulado por instrumentos especializados – tais como Tribunais Eleitorais isentos de motivações privadas.

O tratamento asséptico e desapaixonado da ordem social tem como esfera mediadora o mundo do Direito. Os mecanismos de intervenção na vida social são constituídos por regulações legais. Na curta referência feita à questão social, no item Operariado, a ênfase é posta na necessidade de um Código do Trabalho. Trata-se de proposta de o aparelhamento da ordem legal permitir uma ação protetora por parte do Estado. As considerações restantes sobre o Operariado são inespecíficas: o Brasil é um país inexplorado, um lugar de abundância e privilegiado para uma atividade produtiva bem regulada[283].

Como comentário final, cabe destacar que o texto oficial não incorpora em sua retórica, de modo direto, o adversário. A Aliança Liberal não figura como parte explícita do discurso. Não cabe a ele definir-se por contraste. O desconhecimento, contudo, não é total. Ao final do texto, Júlio Prestes estabelece a diferença entre propostas "messiânicas" e propostas "realistas" com relação à sucessão presidencial. A acusação velada à Aliança Liberal retoma o contraste conservador entre a ideia de liberdade abstrata e a necessidade de uma visão do mundo que o perceba como produto de fatores reais: "Nunca desejaríamos uma Pátria messiânica, que encontrasse a felicidade apenas nas ideias abstratas e que vivesse tão longe dos nossos dias, que, dentro dela, apodrecêssemos como estranhos exilados."

---

[283] O caráter inespecífico das referências ao "Operariado", na Plataforma de Júlio Prestes, não constitui regra no campo oficial. No jornal *Correio Paulistano* é possível encontrar vários artigos de Rangel Pestana e de outros publicistas e intelectuais, a respeito da questão, com proposta clara de agenda protetora por parte do Estado, tema que viria a ser central a partir da década de 1930.

II

Oligarquias

O termo oligarquia, tal como boa parte do léxico político ainda hoje disponível, tem sua origem na linguagem desenvolvida pelos antigos gregos. Inventores da democracia, e do termo usado para designá-la, cunharam os gregos a palavra oligarquia, embora não seja, neste caso, correto e justo inferir que a tenham inventado enquanto experimento real. Na verdade, a palavra se referia a uma das formas possíveis de exercício do comando ou do poder, designadas pelos termos *arché* e *kratos*, presentes na experiência de várias cidades gregas – inclusive Atenas, antes de seu célebre momento democrático no século V a. C. Se o termo democracia nomeia um experimento político no qual a sede do poder se encontra no *demos* – isto é, em muitos ou em todos –, o termo oligarquia sugere forte contrafação, ao tomar como referente uma forma de domínio ou de governo no qual poucos (*oligoi*) exercem comando (*arché*).

O termo oligarquia, no entanto, não era o único a designar uma forma de governo controlada por poucos. Em grande medida, a aristocracia – outra forma nomeada pelos antigos gregos – também pode ser definida como um modo no qual poucos governam.

Contudo, o que, desde o início, qualifica a aristocracia como forma de governo específica não é tanto esse último traço – o de ser um governo de poucos –, e sim sua definição como governo no qual os melhores (*aristoi*) detêm o poder (*kratos*). É certo que tal traço tem muito de autoatribuição, mas, por outro lado, uma longa linhagem de pensadores políticos, de Aristóteles, no século V a. C., a Alexis de Tocqueville, no século XIX, verá na autoridade exercida por parte dos poucos/melhores uma forma de promoção do, e de cuidado com o, interesse comum. Há, portanto, uma distinção normativa nítida, acolhida pela tradição do pensamento político, entre os termos *oligoi* e *aristoi*, utilizados nas noções de oligarquia e aristocracia. Distinção que não escapou a Montesquieu, no século XVIII, pois, para ele, mais do que levar em conta quantos governam como critério de classificação de formas de governo, é importante observar *como* os governos são conduzidos e quais são as suas finalidades. É essa ênfase que permite perceber a aristocracia como forma virtuosa do governo de poucos, enquanto à oligarquia cabe a mácula da predação e do exercício desregrado do poder político.

Embora oligarquia e aristocracia tenham em comum sua oposição ao governo de todos – ou de muitos –, distinguem-se entre si de modo claro por suas finalidades opostas. Há uma suposição de que as aristocracias se orientam em função do interesse público, enquanto as oligarquias aparecem como forma de dominação voltada para o usufruto privado dos poucos que detêm o poder. Nessa chave, oligarquia aproxima-se de tirania ou despotismo, formas de dominação voltadas para o usufruto privado do governante. Oligarquia e tirania/despotismo pertencem, pois, a um domínio comum: são modos de dominação sustentados na predação e na apropriação privada dos recursos públicos. Pode-se dizer que são modalidades de um gênero mais amplo que poderia ser designado como cleptocracia, uma forma de dominação voltada para o saque e para a predação dos recursos e dos espaços públicos.

Não deve causar espanto, diante do exposto, o fato de o termo oligarquia – e seu operador, o oligarca – possuir conotação fortemente negativa. O termo aristocrata, se lançado como acusação em um debate público, por exemplo, indicaria antes uma posição social e tradicional, fundada em uma concepção hierárquica da sociedade, do que algo que releva, uma patologia política ou social, o que ocorreria necessariamente com o emprego do termo oligarca.

AS OLIGARQUIAS NO BRASIL

A marca negativa do termo oligarquia fez-se presente, de forma clara e inequívoca, no discurso público da Primeira República no Brasil. É vasta a quantidade de livros, opúsculos, panfletos, artigos de jornal, nos quais a vida pública brasileira, na altura, é apresentada como contaminada pela dispersão de oligarquias por todo o país. É certo que tal sensibilidade crítica diante de grupos minoritários agarrados aos negócios do Estado e do governo esteve presente já no Império, durante o século XIX, e mesmo logo a seguir à Independência. No entanto, a configuração institucional do país, com sua pretensão à hipercentralização, durante o regime constitucional monárquico (1824 a 1889), fez do Poder Moderador, atribuição exclusiva do imperador, não apenas a chave da organização política brasileira, mas o alvo de todas as acusações e críticas, com inclinações liberais e democratizantes. Em suma, o mote da crítica política durante o Império foi dado antes pela oposição ao "despotismo" do Poder do Moderador do que pela crítica às oligarquias. É o que pode ser depreendido de uma longa série de críticos ao longo do século XIX, tais como Sales Torres Homem, Ferreira Viana, Joaquim Nabuco, Tobias Barreto, Zacarias de Góis e Vasconcelos, Teófilo Otoni, entre outros. Todos eles sensíveis ao fato de que no país se exercia um governo de poucos, mas igualmente convencidos de que a chave para os males nacionais localizava-se na presença e na ação do Poder Moderador, não raro definido como despótico.

Na Primeira República, o mote seria a crítica ao "condomínio dos oligarcas", mais do que ao exercício despótico do poder por parte do presidente da República, ainda que tal percepção possa ser encontrada, tal como atesta a oposição feita a Artur Bernardes e seu governo (1922-1926). Talvez ninguém mais do que Silvio Romero, já nas primeiras décadas do regime republicano, tenha encarnado a posição de crítico implacável das oligarquias. Em uma de suas passagens mais significativas, no texto "As oligarquias e sua classificação", de 1908, formulou o seguinte juízo: "A verdade é que estamos divididos em clãs, com seus donos, em grupos, com seus chefes, em bandos, com seus cabecilhas: política, social, economicamente – é esse o espetáculo geral."

O próprio irmão do presidente Campos Sales (1898-1902), o positivista Alberto Sales, em um texto intitulado "Balanço político: necessidade de uma reforma constitucional", de 1901, não formulou juízo mais ameno:

> A política divorciou-se inteiramente da moral. Governadores e Congressos firmaram entre si pactos reprováveis, esquecidos e desprezados os deveres constitucionais, para se entregarem à gatunagem e à licença, enchendo as algibeiras com o produto do imposto e afugentando os honestos com a perseguição política.

Para ele, "o mundo oficial dos estados" não passaria de "verdadeiros grupos debandados, organizados à sombra da Constituição e das leis".

A formulação de Alberto Sales recepciona um aspecto central na ideia clássica de oligarquia, a de que, para além de abrigar o governo de poucos, a dimensão da predação e a compulsão cleptocrática que a propulsionam aparecem como componentes compulsórios. A mesma percepção, também no início da Primeira República, pode ser encontrada em Rui Barbosa ao avaliar a experiência dos primeiros governos republicanos até Campos Sales, conforme citado por Raymundo Faoro:

> O governo federal entregava cada um dos estados à facção que dele primeiro se apoderasse. Contanto que se pusesse nas mãos do presidente da República, esse grupo de exploradores privilegiados receberia dele a mais ilimitada outorga, para servilizar, corromper e roubar as populações.

As acusações são, como pode ser visto, variadas e fortes, mas importa saber, antes de tudo, o que permitiu a emergência do fenômeno e de que modo ele marcou a experiência política e institucional da Primeira República brasileira.

Um dos primeiros intelectuais brasileiros a refletir com alguma sistematicidade a respeito do fenômeno das oligarquias foi Silvio Romero. Convidado, em maio de 1908, a proferir conferência sobre a situação brasileira, escolheu como tema "As oligarquias e sua classificação". No texto, já citado, procurou seguir esta prescrição: "mister há mostrar por que se formaram (as oligarquias), como não poderia ser de outra parte, e, acima de tudo, que se há de fazer para sair delas". A fisionomia do país confundia-se, para Silvio Romero, com a visão de "vinte oligarquias fechadas, feudos escusos, pertencentes a vinte bandos de sicários". E mais: "Por toda parte campeiam o filhotismo, a denegação da justiça, o desconhecimento de direito aos adversários, a opressão das oposições, a impunidade dos amigos e correligionários."

Em seu texto, Silvio Romero propõe uma curiosa classificação das oligarquias brasileiras, fundadas em tipos social e doutrinariamente distintos: (i) as "oicocracias", marcadas por um "familismo primitivo", com feições de "casa reinante"; (ii) o "pequeno grupo", caracterizado pelo "grupismo semifamilista e amigueiro"; (iii) as oligarquias autofágicas, em luta interna e submetidas à ameaça constante da "traição"; e (iv) o "castilhismo positivoide", que, apesar da cobertura doutrinária, apoiar-se-ia na "dinheirama originada do contrabando".

Por mais confusa que possa ser, a classificação de Silvio Romero tem o mérito de buscar os vínculos sociais das oligarquias. Mais do que um governo de poucos, e com componentes predatórios, a oligarquia é um fenômeno assentado em diferentes configurações sociais.

Ênfase semelhante será dada por outro crítico ácido da dominação oligárquica, o paraense Valente de Andrade, em importante livro, *Evolução política: a queda das oligarquias; ensaio de crítica social*, de 1913. Entusiasmado com a "política das salvações", empreendida pelo presidente Hermes da Fonseca (1910-1914) contra algumas oligarquias estaduais, Valente percebe as oligarquias como "degenerescência do novo regime" republicano.

Um ponto de partida possível para compreender o peso e o papel das oligarquias no sistema político da Primeira República brasileira recomenda considerar sua origem sociológica, anterior à emergência do fenômeno como marcadamente político. Nessa perspectiva, o fenômeno é contemporâneo à história do país. Desde o século XIX, a despeito da organização política e administiva hipercentralizada – prescrita pela Constituição de 1824 e reforçada no Segundo Reinado formalmente iniciado em 1831, mas efetivado a partir de 1840, com o Golpe da Maioridade –, ilhas de poder privado fixaram-se por todo o território ocupado. Se, do ponto de vista formal, tratava-se de um Império unitário, do ponto de vista real vigorava um *federalismo de fato*: por todo o território se espraiavam sistemas autônomos de poder local ou privado, baseados na propriedade da terra e em vínculos patrimoniais, cuja dinâmica era independente da lógica do sistema político imperial.

A proclamação da República, em 15 de novembro de 1889, fez com que o Brasil amanhecesse no dia 16 sem Poder Moderador, isto é, sem a figura institucional que operava como um fator de nexo diante de um espaço social e geográfico altamente fragmentado. Nessa medida, a primeira década republicana foi marcada por acomodações, quase nunca pacíficas, nos estados brasileiros, no sentido de fixar, em cada um deles, que grupo exerceria o domínio. Tal instabilidade foi, em não pequena medida, estimulada pela Constituição de 1891, que, ao estabelecer o princípio federalista da autonomia dos estados, retirou do poder central, tal como em épocas do Império, a prerrogativa de estabelecer os marcos para a organização nacional. Não terá sido essa a única contribuição da Constituição de 1891 para a oligarquização política do país. Ao restringir o direito de voto – não obrigatório – aos adultos homens e alfabetizados, e sem definir um programa nacional e público de alfabetização, a Constituição, embora consagrasse dispositivos liberais, condenou o país a ser, por muito tempo, uma nação sem eleitores. E esse é um requisito altamente favorável ao domínio oligárquico: a ausência de um corpo eleitoral significativo.

O predomínio oligárquico, na falta de pressões democratizantes e a despeito do desconforto dos positivistas e de alguns líderes militares – Floriano Peixoto, por exemplo –, estabeleceu-se por meio de uma divisão natural do poder. De um modo geral, e sem formalidades jurídicas, em cada um dos estados do país oligarquias locais ocuparam-se do exercício da dominação política. Tal fato "natural" antecedeu, em muitos casos, a própria institucionalização formal da jovem República.

Tal precedência dos fatos com relação às normas constitucionais foi reconhecida de modo explícito pelo presidente Campos Sales. Dele pode-se dizer que foi o primeiro de uma linhagem expressiva e não extinta de governantes brasileiros a julgar que o país é ingovernável sem a presença de segmentos oligárquicos e predatórios na composição do poder político nacional. Após uma década de grave instabilidade política, que atravessou os três primeiros governos republicanos – Deodoro da Fonseca (1889-1891), Floriano Peixoto (1891-1894) e Prudente de Moraes (1894-1898) – Campos Sales pretendeu fixar o poder do presidente da República, como dotado de alguma autonomia, fazendo-o resultar de um acordo entre as principais oligarquias estaduais. Na altura, isso significava definir um projeto de poder e de governo assentado, no mínimo, nas situações dominantes nos estados de São Paulo, Minas Gerais e Bahia.

Tal como o próprio Campos Sales viria a narrar em seu livro *Da propaganda à presidência*, de 1908, tal movimento implicava desconsiderar as regras formais do sistema político, que estabeleceram a soberania popular – embora muito restrita – como única fonte originária, legítima e admissível do poder político. No lugar das formalidades liberais, buscou-se consolidar um arranjo entre o presidente da República e os "chefes estaduais" que, entre outros recursos políticos, controlavam suas bancadas no Congresso Nacional. A justificativa doutrinária para tal arranjo, encontramo-la, ainda, em Campos Sales: "o verdadeiro público que forma a opinião e imprime direção ao sentimento nacional é o que está nos estados". Para Campos Sales, é dos estados "que se governa a

República por cima das multidões que tumultuam, agitadas, nas ruas da capital da União". Sua política, por ele denominada "política dos estados" – também alcunhada de "política dos governadores", para além de oligárquica tinha um quê de antiurbana: as cidades são percebidas como lugar da anarquia, da identidade política difusa e arredia ao controle governamental.

Graças a um acordo interoligárquico, portanto, Campos Sales pôde obter maioria confortável tanto na Câmara de Deputados como no Senado Federal, durante o seu mandato. O fundamento realista desse arranjo partiu do reconhecimento de que os estados "falavam" pelos chefes que neles efetivamente exerciam controle político. Não caberia, pois, ao Poder Executivo nacional organizar a distribuição do poder político em cada um dos estados da nova Federação. Isso significa dizer que cada sistema político estadual tratou, do modo que lhe pareceu mais conveniente, da submissão das populações sob seu controle. Tal arranjo determinou, em quase todos os estados, a criação e a consolidação de sistemas de partido único – os diferentes Partidos Republicanos, dos quais os mais visíveis foram o PRP (São Paulo), o PRM (Minas Gerais) e o PRR (Rio Grande do Sul). Nessa moldura, o caso gaúcho discrepa em certa medida, dada a contestação tradicional exercida pelos federalistas locais e, mais tarde, pelo Partido Libertador, ao domínio do modelo implantado por Júlio de Castilhos. No geral, por meio daqueles partidos, os grupos dominantes em cada um dos estados manteve o controle político tanto da política estadual local como de suas expressões nacionais.

Campos Sales pode ser, ele mesmo, percebido como um indicador do fenômeno por ele tratado com explícito realismo político. Se a oligarquia é o governo de poucos, o conceito abrange de modo pleno a própria investidura de Campos Sales no posto de presidente da República. Em um país habitado, em

1900, por 17.318.556 seres humanos, o político paulista recebeu tão somente 174.578 votos, cerca de 1% da população, que o qualificaram para o posto pretendido. Esse é um requisito básico do governo oligárquico: a virtual ausência de eleitores.

O modelo impantado no governo Campos Sales estabeleceu as bases da convivência entre oligarquias estaduais e poder central. Os seus aspectos básicos podem ser resumidos da seguinte forma:

1. Controle do Poder Legislativo nacional, por parte do presidente da República, em função dos arranjos informais estabelecidos com os chefes estaduais. A chave desse controle residia na Comissão de Verificação de Poderes, estabelecida pela Câmara de Deputados, para verificar a legalidade dos diplomas eleitorais. Na ausência de Justiça Eleitoral independente – que viria a ser criada na década de 1930 –, cabia ao próprio Poder Legislativo a decisão final a respeito de sua composição. Durante toda a Primeira República, vigorou o princípio instituído por Campos Sales de que, em caso de dúvida e disputa a respeito de um diploma eleitoral, a presunção deveria ser a de que o candidato da situação deveria ser o eleito: "Como tenho dito, a presunção, salvo prova em contrário, é a favor daquele que se diz eleito pela política dominante no respectivo estado." O termo "degola" passou a designar as perspectivas de candidatos oposicionistas.

2. Partilha dos ministérios e postos governamentais entre os estados envolvidos no condomínio oligárquico. Esse aspecto revela a natureza compartilhada do poder político, entre o governo central e os chefes estaduais.

3. Controle político das populações por parte dos chefes regionais: a dominação oligárquica, exercida em cada estado e sem a ingerência de instituições nacionais, constituiu-se como limite à extensão da participação política e, por essa via, à democrarização política e social do país.

Esses aspectos, introduzidos por Campos Sales como um arranjo para viabilizar o seu governo, acabaram por se constituir na política real da Primeira República Brasileira, com vigência até 1930, a despeito do quadro constitucional estabelecido em 1891. A dominação oligárquica baseava-se no forte controle local das populações, pelos meios julgados cabíveis pelos chefes estaduais. O país, em 1990, tinha uma população rural constituída por 64% de seus habitantes. O critério de delimitação rural-urbano, deve ser notado, pode ser questionado, se levarmos em conta o fato de que as cinco maiores cidades brasileiras na altura – Rio de Janeiro, São Paulo, Salvador, Belém e Recife – somavam tão somente 1.416.455 habitantes. O que se definia então como malha urbana do país era algo fortemente marcado pela presença da dimensão rural brasileira, base física da dominação coronelística, invariavelmente associada ao controle oligárquico. Os resultados eleitorais, de forma também quase invariável, conferiam vitórias esmagadoras à situação. Não houve, durante toda a história da Primeira República, resultados eleitorais que possam ser percebidos como vitórias de grupos de oposição.

Em dois momentos importantes, o modo de dominação oligárquico acabou por ser contestado em campanhas nacionais. Rui Barbosa, em 1910, com a Campanha Civilista, e Nilo Peçanha, em 1921, com a Reação Republicana, questionaram de modo aberto o caráter oligárquico e antirrepublicano da República Brasileira. Foram ambos derrotados por candidatos com maior expressão política, nos termos do arranjo definido por Campos Sales. Caberia, por fim, a uma coalizão oligárquica liderada pelo Rio Grande do Sul e por Minas Gerais, em 1930, encerrar a trajetória da Primeira República brasileira. Pelas armas, posto que, pelas eleições, o modelo definido por Campos Sales era imbatível.

BIBLIOGRAFIA

AMARAL, Azevedo. *Ensaios brasileiros.* Rio de Janeiro, Omena e Barreto, 1930.

ARAÚJO, Braz Florentino de. *Do Poder Moderador.* Recife, Typografia Universal, 1964.

ARENDT, Hannah. *Eichman in Jerusalem: a report on the Banality of evil.* NewYork, Penguin Books, 1977.

_____. "Thinking and Moral considerations: a lecture". In: *Social Research,* Spring/Summer, v. 51, n. 1 e 2, 1984.

BARATA, Hamilton. *O assalto de 1930.* Rio de Janeiro, Civilização Brasileira, 1932.

BARCELLOS, M. *Evolução constitucional do Brasil.* Rio de Janeiro, Imprensa Nacional, 1933.

BARRETO, Tobias. *A questão do Poder Moderador.* Petrópolis, Vozes, 1979.

BASBAUM, Leôncio. *História sincera da República.* São Paulo, Alfa-Ômega, 1976.

BELLO, José Maria. *A História da República (1889-1902).* Rio de Janeiro, Civilização Brasileira, 1954.

BEVAN, Edwyn. *Stoics and Sceptics.* New York, Arno Press (1913), 1979.

BERLIN, Isahiah. *Four essays on liberty.* Oxford, Oxford University Press, 1975.

BINDER, Leonard et alii. *Crises and sequences in political developments.* Princeton, Princeton University Press, 1971.

BOHERER, George. *Da Monarquia à República*. Rio de Janeiro, MEC, 1954.

BORGES, Jorge Luis. "El idioma analítico de John Wilkins". In: Jorge Luis Borges. *Otras Inquisiciones*. Buenos Aires, Emecé, 1970.

_____. "Nueva refutación del tiempo". In: Jorge Luis Borges, *Otras Inquisiciones*. Buenos Aires, Emecé, 1970.

BRASILIENSE, Américo. *Os programas dos partidos e o Segundo Império*. São Paulo, Tipografia de Jorge Seckeer, 1878.

BROCHARDT, Victor. *Les Sceptiques Grecs*. Paris, J. Vrin (1887), 1923.

CAMPOS, Edmundo. *Em busca de identidade: o Exército e a política na sociedade brasileira*. Rio de Janeiro, Forense, 1976.

CAMPOS SALES, M. Ferraz de. *Manifestos e mensagens (1898-1902)*. Rio de Janeiro, Imprensa Nacional, 1902.

_____. *Da propaganda à presidência*. São Paulo, Typographia "A Editora", 1908.

CARDOSO, Fernando Henrique. "Dos governos militares a Prudente-Campos Sales". In Fausto, Boris (org.). *História geral da civilização brasileira: o Brasil Republicano,* vol. III/1, *Estrutura de Poder e Economia*, São Paulo, Difel, 1975.

CARONE, Edgar. *A Primeira República*. São Paulo, Difel, 1970.

_____. *A República Velha*. São Paulo, Difel, 1974.

CARVALHO, José Murilo. *A construção da ordem: a elite política imperial,* Rio de Janeiro, Campus, 1980.

_____. "O Brasil no Conselho de Estado: Imagem e Modelo". In *Revista DADOS,* v. 25, n. 3, 1982.

_____. "O Rio de Janeiro e a República". In *Revista Brasileira de História,* set./84/abr./85.

_____. *O teatro de sombras: A política imperial*. São Paulo, Vértice, 1987.

_____. *Os bestializados*. São Paulo, Companhia das Letras, 1987.

CASTRO, Sertório de. *A república que a Revolução destruiu*. Rio de Janeiro, Freitas Bastos, 1932.

CAVALCANTI, Amaro. *Regime federativo e a República brasileira*. Brasília, Editora da UnB, 1983.

COSTA, Emilia Viotti da. *Da Monarquia à República*. São Paulo, Ciências Humanas, 1979.

CUNHA, Euclides da. *À margem da História*. Porto, Livraria Chardron, 1909.

DAHL, Robert. *Poliarchy: Participation and Opposition*. New Haven/London, Yale University Press, 1971.

DEBES, Célio. *Campos Sales: perfil de um estadista*. Rio de Janeiro, Francisco Alves, 1978.

DUARTE, Nestor. *A ordem privada e a organização política nacional*. São Paulo, Editora Nacional, 1939.

FAORO, Raymundo. *Os donos do poder*. Porto Alegre/São Paulo, Globo/Edusp, 1975.

FAUSTO, Boris (org.). *História Geral da civilização brasileira*, v. III/1: *Estrutura de poder e economia*. São Paulo, Difel, 1975.

FIALHO, Anfriso. *História da fundação da República no Brasil*. Brasília, Editora da UnB, 1983.

FINLEY, Moses. *The World of Odisseus*. New York, The Viking Press, 1965.

FISHKIN, James. *Tyranny and Legitimacy: A critique of Political Theories*. Baltimore and London, The Johns Hopkins University Press, 1979.

FRANCO, Afonso Arinos de Mello. *Um estadista da República: Afrânio de Mello Franco e seu tempo*. Rio de Janeiro, José Olympio, 1955.

FREIRE, Felisberto. *História constitucional dos Estados Unidos do Brasil*. Brasília, Editora da UnB, 1983.

Fundação Casa de Rui Barbosa. *O governo presidencial do Brasil, 1889-1930*. Brasília, Senado Federal/FCRB/Pró-Memória, 1985.

GRAHAM, Richard. "Government Expeditures and Political Change in Brazil, 1880-1899." In *Journal of Interamerican Studies and World Affairs*, 19, 3, August 1977, pp. 339-368.

GUANABARA, Alcindo. *A presidência Campos Sales: política e finanças, 1898-1902*. Rio de Janeiro, Laemmert, 1902.

HAHNER, June. *Relações entre civis e militares no Brasil, 1889-1898*. São Paulo, Pioneira, 1975.

HAYEK, F. A. *Nuevos Estudios*. Buenos Aires, Eudeba, 1981.

_____. *Law, Legislation and Liberty*. Chicago, The University of Chicago Press, 1973.

HOLANDA. Sérgio Buarque de. *História geral da civilização brasileira*, v. II/5: *Do Império à República*. São Paulo, Difel, 1972.

HORNE, Thomas. *The Social Thought of Bernard de Mandeville*. London, Macmillan Press, 1978.

IGLESIAS, Francisco. *Política econômica do governo provincial (1855-1889)*. Rio de Janeiro, INL, 1958.

_____."Vida Política". In: Holanda, Sérgio Buarque de (org.). *História geral da civilização brasileira*. T. II/3: *Reações e transações*. São Paulo, Difel, 1969.

LAMOUNIER, Bolivar. *Perspectives on Democratic Consolidation: The Brazilian Case*, mimeo. 1986.

LEAL, Victor Nunes. *Coronelismo, enxada e voto*. São Paulo, Alfa-Ômega, 1975.

LESSA, Renato. *A ordem oligárquica brasileira: esboço de uma reflexão alternativa*. Rio de Janeiro, CPDOC, 1978.

_____. *As visões da esquerda*, mimeo. 1979.

_____. *Messiânicos e carcomidos: simbologia e conflito político na campanha presidencial de 1930* (esboço de análise retórica), mimeo. 1985.

LIMA, Barreto. *A numa e a ninfa*. São Paulo, Brasiliense, 1961.

LOVE, Joseph. *O regionalismo gaúcho*. São Paulo, Perspectiva, 1975.

_____. *A locomotiva: São Paulo na Federação Brasileira (1889-1937)*. Rio de Janeiro, Paz e Terra, 1987.

LYRA, Tavares de. "Regime Eleitoral (1821-1921). In: *Cadernos da UnB: Modelos alternativos de representação Política no Brasil e regime eleitoral, 1821-1921*. Brasília, Editora da UnB, 1981.

MAGALHÃES Jr., R. *Deodoro: a espada contra o Império*. São Paulo, Cia. Editora Nacional, 1957.

MAGALHÃES, Olynto de. *Centenário do presidente Campos Sales*. Rio de Janeiro, Irmãos Pongetti, 1941.

MARSHALL, T. H. *Cidadania, classe social e status*. Rio de Janeiro, Zahar, 1967.
MAXIMILIANO, Carlos. *Comentários à Constituição brasileira*. Rio de Janeiro, Jacintho Ribeiro dos Santos, 1918.
MERCADANTE, Paulo. *A consciência conservadora no Brasil*. Rio de Janeiro, Saga, 1965.
_____. *Militares e civis: A ética e o compromisso*. Rio de Janeiro, Zahar, 1978.
MONDOLFO, Rodolfo. *El Pensamiento Antíguo*. Buenos Aires, Editorial Losada, 1942.
MONTEIRO, Tobias. *A viagem do Dr. Campos Sales à Europa*. Rio de Janeiro, Imprensa Nacional, 1900.
MORAES, Evaristo de. *Da Monarquia para a República*. Rio de Janeiro, Athena, s/d.
MORRISON, J. D. 'The End". In *The Best of the Doors*. Los Angeles, Elektra, 1987.
NABUCO, Joaquim. *A intervenção estrangeira durante a Revolta de 1893*. São Paulo, Instituto Progresso Editorial, 1949.
_____. *O dever dos monarquistas*. Rio de Janeiro, Leuzinger, 1895.
_____. *Um estadista do Império*. Rio de Janeiro, Nova Aguilar, 1975.
OURO PRETO, Visconde de. *Advento da ditadura militar no Brasil*. Paris, F. Piehon, 1894.
PAIM, Antonio (org.). *Plataforma política do positivismo ilustrado*. Brasília, Editora da UnB/Câmara dos Deputados, 1980.
PEREIRA, Antonio (org.). *Reforma eleitoral*. Brasília, Editora da UnB, 1983.
PITKIN, Hanna F. *The Concept of Representation*. Berkeley, University of California Press, 1972.
QUEIROZ, Suely R. R. de. *Os radicais da República*. São Paulo, Brasiliense, 1986.
REIS, Elisa Pereira. "Interesses agroexportadores e construção do Estado no Brasil". In F. H. Cardoso, Bernardo Sorj e Maurício Font (orgs.). *Economia e movimentos sociais na América Latina*. São Paulo, Brasiliense, 1985.

RODRIGUES, R. Nina. *As collectividades anormaes.* Rio de Janeiro, Civilização Brasileira, 1939.
ROURE, Agenor de. *A constituinte Republicana.* Rio de Janeiro, Imprensa Nacional, 1918.
SANTOS, José Maria dos. *Bernardino de Campos e o Partido Republicano Paulista.* Rio de Janeiro, José Olympio, 1960.
_____. *A política geral do Brasil.* São Paulo, J. Magalhães, 1930.
_____. *Os republicanos paulistas e a Abolição.* São Paulo, Livraria Martins, 1942.
SANTOS, Wanderley Guilherme. "A Praxis Liberal no Brasil". In Santos, W. G. *Ordem burguesa e liberalismo político.* São Paulo, Duas Cidades.
_____. *Modelos endógenos de decadência liberal.* Iuperj, Série Estudos, n. 21, 1984.
_____. "O século de Michels: competição oligopólica, lógica autoritária e transição na América Latina". In *DADOS,* v. 28, n. 3, 1985.
_____. *Sessenta e quatro. A anatomia da Crise.* São Paulo, Vértice, 1986.
_____. *Crise e castigo: partidos e generais.* São Paulo, Vértice, 1987.
SARMENTO, Cléa. *Estabilidade governamental e rotatividade de elites políticas no Brasil imperial.* Iuperj, Série Estudos, n. 4.
SCHNEIDER, Louis. *The Scottish Moralists: on Human Nature and Society.* Chicago, The University of Chicago Press, 1967.
SCHWARTZMAN, Simon. *São Paulo e o Estado Nacional.* São Paulo, Difel, 1975.
SILVEIRA, Rosa Maria Godoy. *Republicanismo e federalismo.* Brasília, Senado Federal/FCRB, 1978.
SOARES, Martim. *O babaquara: subsídio para a História da oligarquia no Ceará.* Rio de Janeiro, s/ed., 1912.
SOBRINHO, Barbosa Lima. *A verdade sobre a Revolução de Outubro.* São Paulo, Editora Unitas, 1933.
SOUZA, Francisco Belisário Soares de. *O sistema eleitoral do Império.* Brasília, Senado Federal, 1979.

SOUZA, Maria do Carmo Campello de. "O processo político partidário na Primeira República". In: Motta, Carlos Guilherme (org.). *Brasil e perspectiva*. São Paulo, Difel, 1974.

STOUGH, Charlotte. *Greek Skepticistn: A Study in Epistemology*. Berkeley and Los Angeles, University of California Press, 1969.

TAVARES, Luiz Henrique Dias (org.). *Ideias políticas de Manuel Vitorino*. Brasília, Senado Federal/FCRB, 1981.

TOPIK, Steven. "The State's Contribution to the Development of Brazil's Internacional Economy, 1850-1930". *The Hispanic American Historical Review*. 65:2, May, 1985.

URICOECHEA, Fernando. *O Minotauro imperial: a burocratização do estado patrimonial brasileiro no século XIX*. São Paulo, Difel, 1978.

URUGUAI, Visconde de. *Ensaio sobre o Direito Administrativo*. Rio de Janeiro, Typographia Nacional, 1862.

VÁRIOS. *A década republicana*. Brasília, Editora da UnB, 1986.

VASCONCELOS, Zacaria de Góes e. *Da natureza e limites do Poder Moderador*. Brasília, Editora da UnB/Senado Federal, 1978.

VIEIRA, José. *A Cadeia Velha*. Brasília, Senado Federal/FCRB, 1980.

WINWOOD, Steve et alii. "Dear Mr. Fantasy". In: *Welcome to the Canteen*. London, Island, 1971.

WIRTH, John. *O fiel da balança: Minas Gerais na Federação Brasileira, 1889-1937*. Rio de Janeiro, Paz e Terra, 1982.

WITTER, José Sebastião (org.). *Ideias políticas de Francisco Glicério*. Brasília, Senado Federal/FCRB, 1982.

Impressão e acabamento